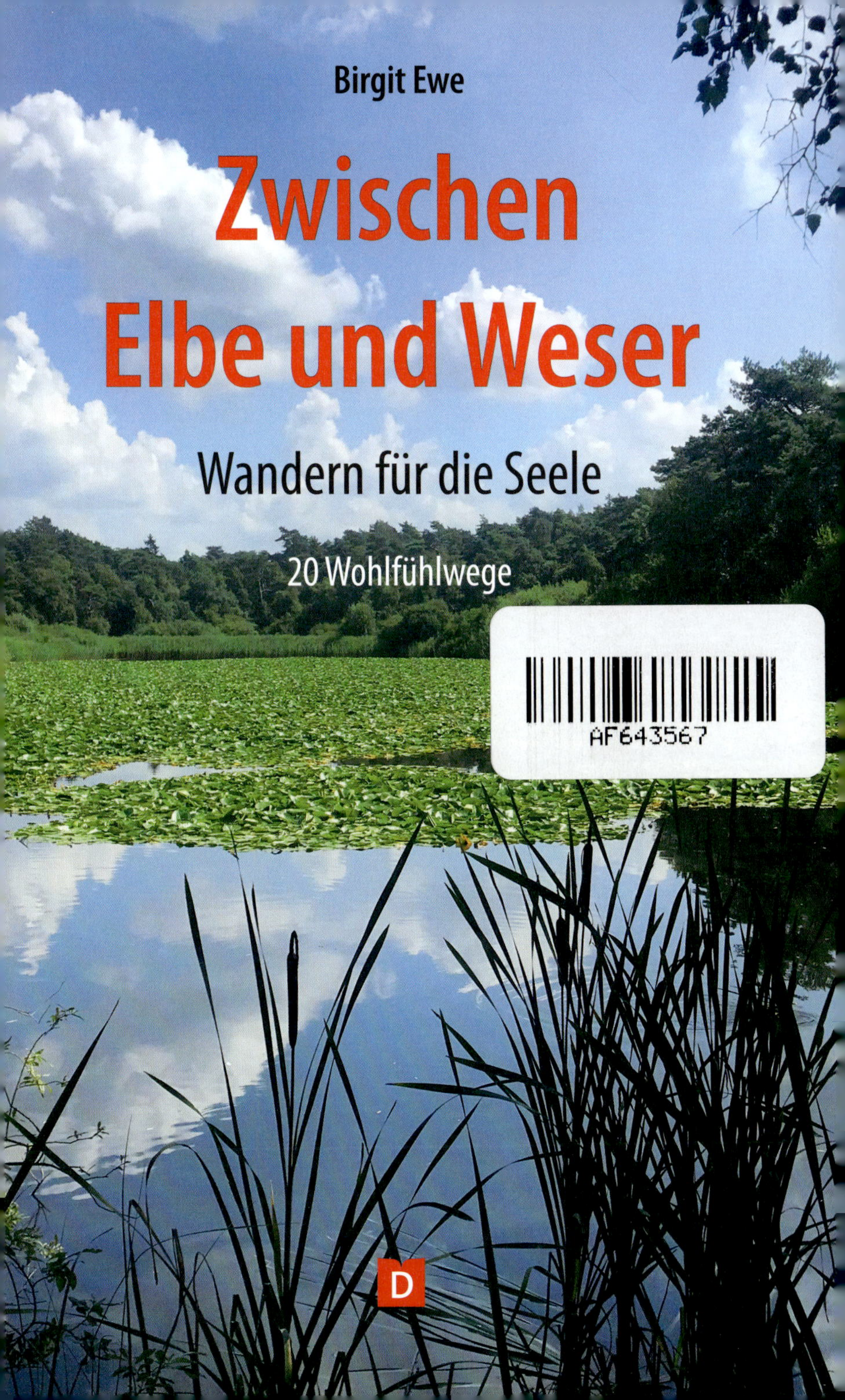

Birgit Ewe

Zwischen Elbe und Weser

Wandern für die Seele

20 Wohlfühlwege

D

Alle Touren auf einen Blick

AUSZEITEN

WEITBLICKE

GENUSS

ENTSCHLEUNIGUNG

ERFRISCHUNG

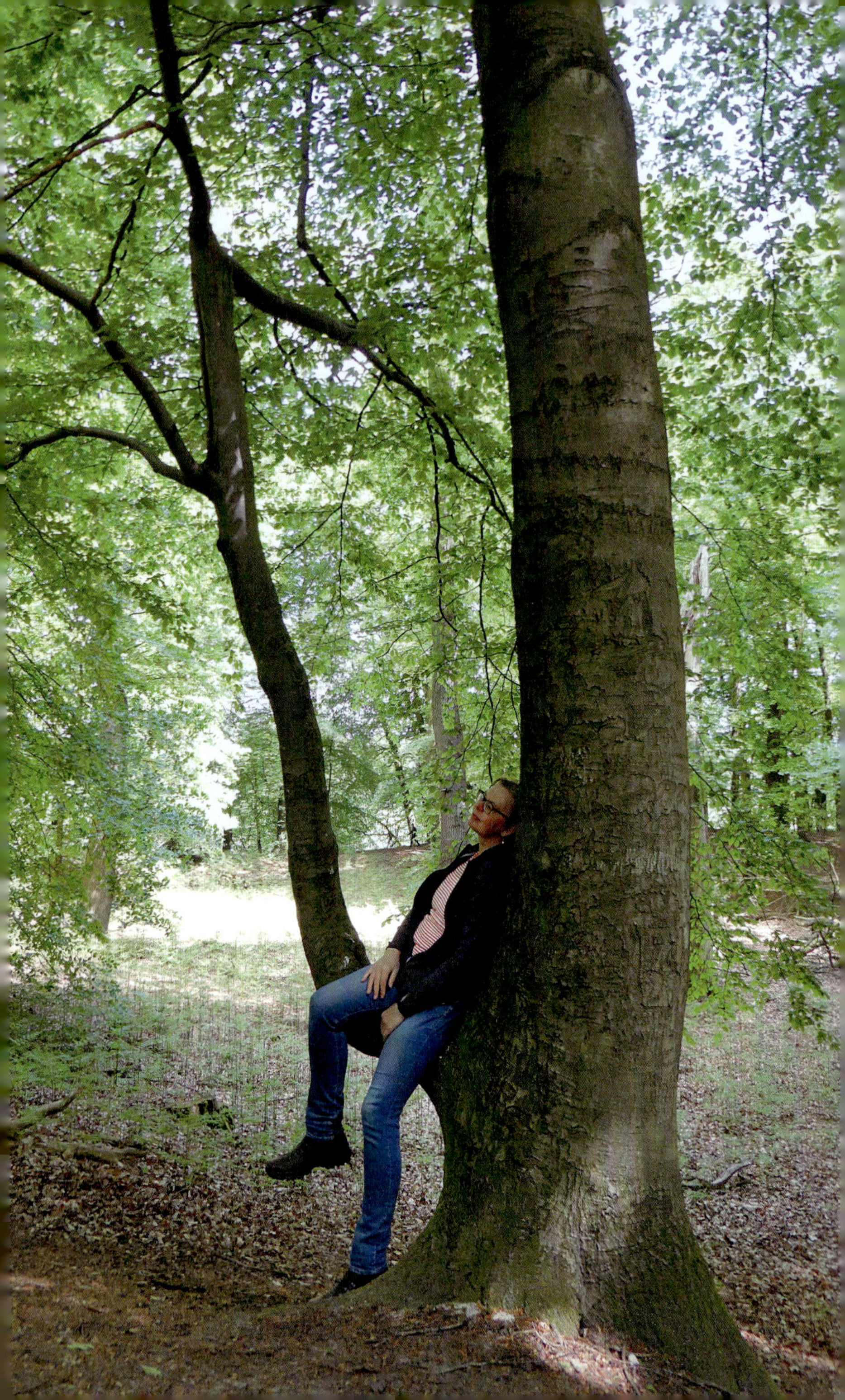

Liebe Auszeitsuchende,

Wandern macht mich glücklich, und ich hoffe, dass ich mit meiner Auswahl der Wanderrouten zwischen Elbe und Weser ganz viel Glück weitergeben kann. Denn Wandern kann man überall, dafür braucht es keine Berge. In diesem Buch sind wundervolle Touren an bekannten oder auch weniger bekannten Orten zum **Entspannen und Entschleunigen** versammelt. Die Seele in wunderschöner Natur baumeln zu lassen, sodass das Herz aufgeht, das ist mein Anliegen.

NATUR
KULTUR
GENUSS
TOUR
GPS-Tracks zum Download

Die **vielfältigen Landschaften des Elbe-Weser-Dreiecks** sind begrenzt durch die zwei großen Flüsse Elbe und Weser, die beide bei Cuxhaven in die Nordsee fließen. Hier ist nicht nur alles eben, sondern viele Geestrücken, die durch die vergangenen Eiszeiten entstanden sind, haben die flache Marsch durch etliche Erhebungen geprägt. Wir werden auf **Seelenpfaden** unterwegs sein und vielfältige Landschaften entdecken: Ob Marsch, Geest, Moor, Küste oder Heideflächen, sie alle faszinieren gleichermaßen.

Einkehrmöglichkeiten habe ich, wenn möglich, angegeben. Doch auch ein Picknick in der Natur ist immer ein besonderes Erlebnis, und für mich gibt es nichts Schöneres, als in der Natur zu rasten und es sich schmecken zu lassen.

Viele **wundervolle und magische Momente** auf diesen Wanderungen wünscht

Birgit Ewe

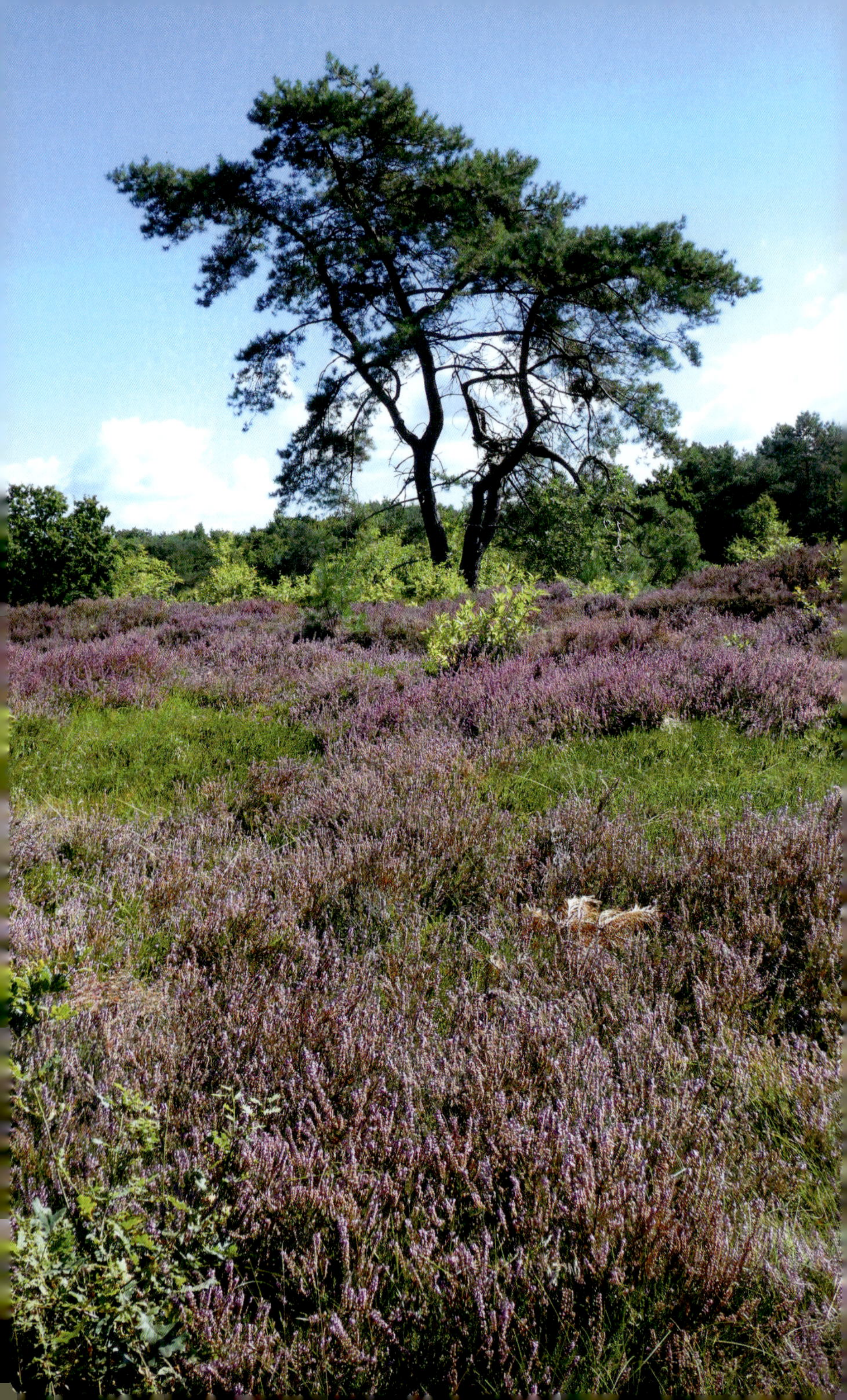

Küstenträume

Durch die Cuxhavener Küstenheiden

Vom Parkplatz aus gehen wir in nördliche Richtung und überqueren nach 100 Metern vorsichtig die **Holter Straße.** An der kommenden Abzweigung mit den Skulpturen von Pferd und Wisent halten wir uns rechts. Schon hier empfangen uns große Heideflächen, die im August wundervoll blühen. Dieses Meer aus lila blühender Heide ist die **1 Holter Heide** und sie begleitet uns bis zur nächsten Kreuzung. Geradeaus folgen wir dem Sandweg, der sich mit ganz sanfter Steigung bis zum Feldherrenhügel hinaufschwingt. Der links und rechts mit Heide gesäumte, muldenartige Weg ist ein wahrer Seelenweg. Außer dem Summen und Brummen der Insekten hört man nichts. Einfach nur sein. Unser Sandweg mündet auf einen Grasweg, wir gehen kurz links und folgen dann dem Pfad nach rechts. Bald darauf halten wir uns erneut links und ein breiter Grasweg führt uns hinauf auf die Anhöhe.

Wer lieber eine etwas ***kürzere Tour*** *unternehmen möchte, der lässt den Teil östlich der Holter Straße aus und verkürzt um 5 Kilometer. Wir bleiben dann auf der Seite des Parkplatzes und biegen nach gut 300 Metern links ein.*

Oben angekommen, laden zwei Bänke zum Verweilen ein. Hier nehmen wir uns eine Auszeit und genießen einen herrlichen **Panoramablick** auf die Niederung und die Altenwalder Heide. Es ist einfach nur traumhaft, hier eine Rast einzulegen und den Blick über die Weite dieser wundervollen Landschaft schweifen zu lassen. Das war nicht immer möglich, denn dieses Gebiet war vorher in Obhut der Bundeswehr, die hier bis Ende 2003 einen Truppenübungsplatz unterhielt. Ende 2004 wurde es dann unter Naturschutz gestellt. In der Ferne können wir die Koniks auf den Weiden grasen sehen. Diese robuste Pferderasse aus Osteuropa

Kilometer: 16
Höhenmeter: 110
Stunden: 4
RUNDWEG

ist eng verwandt mit dem ausgestorbenen europäischen Wildpferd (Tarpan). Lassen wir uns Zeit zum Verweilen, denn hier gibt es einiges zu entdecken oder einfach nur die Ruhe zu genießen. Wenige Meter neben uns befindet sich der mit Hagebuttensträuchern eingewachsene ❷ **Feldherrenhügel.** Ein schmaler, etwas steiler Stieg führt uns hinauf und verhilft uns zu einer noch besseren Rundumsicht.

Wir setzen unsere Wanderung fort, umrunden den Feldherrenhügel, gelangen zu einer Kreuzung und gehen in nördliche Richtung weiter. Östlich von uns befindet sich die **Höltjer Höhe,** die höchste Erhebung des Geestrückens Hohe Lieth mit ungefähr 30 Metern über Normalhöhennull. Mit sanftem Gefälle und vorbei an weiteren Heideflächen biegen wir an der nächsten, linksseitigen Abzweigung ein.

Nun folgt ein sehr abwechslungsreicher Abschnitt. Unser Weg schlängelt sich leicht abwärts vorbei an Büschen und Bäumen durch die würzig riechende Luft, bis wir zu einer Kreuzung gelangen. Geradeaus weiter-

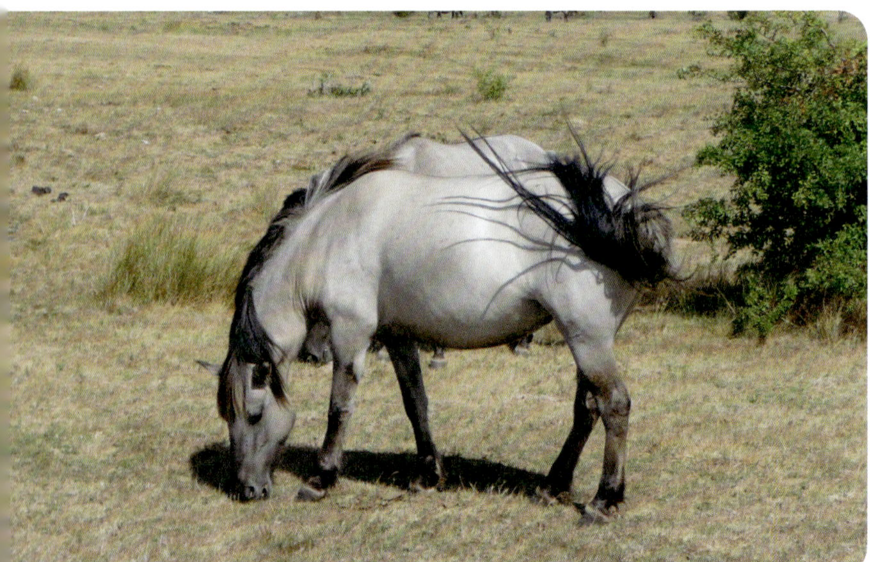

gehend tauchen wir nun in den Wald ein und atmen tief die frische, durch die Kiefern und Lärchen mit Terpenen angereicherte Luft ein. Am Ende des Waldweges biegen wir nach rechts ab und halten uns an der nächsten Waldkreuzung links. Dann ignorieren wir alle kommenden Abzweigungen, bis wir eine liebliche Lichtung erreichen und durchqueren. Anschließend tauchen wir wieder in den Wald ein und erreichen kurz darauf in einer Rechtskurve den Waldrand. Ein herrlicher Blick in die weite Landschaft der Holter Heide tut sich vor uns auf. Am Waldrand entlang halten wir uns an der nächsten Abzweigung links und spazieren über den Sandweg weiter. Links und rechts des Weges blühen bunte Blumen, Bienen summen und Schmetterlinge schweben von Blüte zu Blüte, bis wir wieder die **Holter Straße** erreichen.

Für die Seele

Heideflächen, Küstenwald und der idyllische Finkenmoorteich schenken uns wunderbare Wandermomente.

Wir überqueren vorsichtig die Landstraße und nehmen den spitzwinklig zur Straße verlaufenden Weg in Richtung Norden. Dabei wählen wir den schmalen Pfad ganz rechts, da sich links ein Reitweg befindet. Jetzt wandern wir über 1 Kilometer immer geradeaus auf wundervollen, abwechslungsreichen Pfaden, die geradezu zum Entschleunigen einladen. Anfangs am Waldrand entlang, erreichen wir bald die offene Wiesenlandschaft. Manchmal sind hier auch Schafe zu sehen. Nach der Kreuzung werden wir über einen Dammweg, der mit alten Eichen gesäumt ist, entlanggeführt. Nach einer Weihnachtsbaumschonung erreichen wir die Straße **Achtern Kugelfang.**

Schräg gegenüber erschließt sich nun die **3 Sahlenburger Heide.** Für diesen knapp 500 Meter langen, ganz besonders malerischen Abschnitt ein Tipp: einfach mal Ruhe! – Der schmale Sandpfad, der zum Teil mit Ginster gesäumt ist, schlängelt sich durch die sanft hügelige Heidelandschaft. Vereinzelt stehen hier ein paar Kiefern. Am Ende des bezaubernden Pfades gelangen wir unter ein Blätterdach und rechts von uns eröffnet sich ein Rasenplatz für Spielsport, in dessen vorderer Ecke ein ❹ **Picknickplatz** im Schatten der Bäume angelegt ist. Ein wunderbarer Ort für eine Rast.

Nachdem wir uns gestärkt haben, setzen wir unsere Wanderung mit neuer Frische fort. An der Kreuzung am Ende des Rasenplatzes halten wir uns links und wandern nun durch den Schatten spendenden ❺ **Wernerwald** in Richtung Westen oder in Richtung „Watt", wie wir manchmal auf Schildern lesen können. Immer am Waldrand entlang gelangen wir zu einem Geocaching-Punkt, wo wir nach rechts abbiegen. Ein wurzeliger, idyllischer Pfad führt uns zur **Nordheimstraße,** die wir überqueren und im Anschluss auf dem schräg gegenüber liegendem Rad- und Fußweg bis zum Ende weitergehen. Nun biegen wir nach links in die **Hamburger Straße** ein und spazieren an Einfamilienhäusern vorbei. Am Ende der Straße halten wir uns rechts und folgen der Straße **Am Flockengrund** im-

Blick vom Aussichtsturm

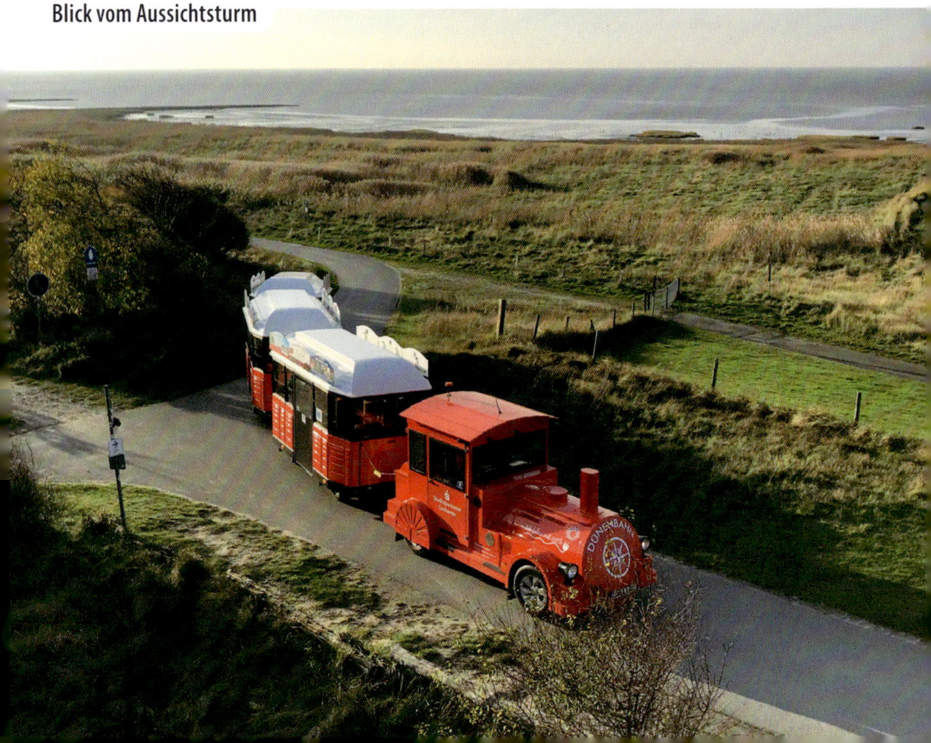

mer geradeaus. Die asphaltierte Straße wird bald darauf zum unbefestigten Feldweg, dem **Scharmoorweg,** und wenig später erreichen wir die **6 Duhner Heide.** Auch sie ist wieder ein ganz besonderes Herzensstück. Der sandige Pfad schlängelt sich durch die leicht wellige Heidelandschaft, die uns im August mit ihrer lila blühenden Farbenpracht verzaubert.

Am Ende stoßen wir auf einen Querweg und gehen nach links am Waldrand entlang weiter. Der sanfte Anstieg beschert uns bald einen ganz besonderen Augenblick. Gespannt schauen wir zum Horizont. Plötzlich taucht vor uns die Insel Neuwerk im Wattenmeer auf. Ein faszinierender Moment der Veränderung. Wenig später erreichen wir den Hauptweg und den hölzernen **7 Aussichtsturm.** Einen Aufstieg sollte man nicht versäumen, denn was gibt es Schöneres, als den Blick über die Weite des UNESCO-Weltnaturerbes Wattenmeer schweifen zu lassen? Der Ausblick ist einfach grandios. Bei guter Sicht ist Neuwerk ganz klar zu erkennen und dicke Pötte sieht man fast immer auf dem Weltschifffahrtsweg. Der Blick reicht über die grünen Salzwiesen, das Watt oder das Meer bis zum unendlichen Horizont zur einen und über die Heidelandschaft zur anderen Seite.

Nach dieser kleinen Auszeit setzen wir unsere Tour ganz beflügelt fort und wenden uns wieder der Duhner Heide zu. Wir nehmen den nach Südwesten verlaufenden Sandweg, der uns nun am Rande der Duhner Heide entlangführt. Dieser bezaubernde und in seiner Art einzigartige Kliffweg, der von Hagebuttensträuchern, Eberesche und Ginster gesäumt ist, lässt uns zur einen Seite in die leicht wellige Heidelandschaft und zur anderen Seite auf die Weite der Nordsee blicken. Am Ende führt er uns abwärts auf den **Dünenweg,** einen Rad- und Fußweg, dem wir gut 1,5 Kilometer lang folgen. Bald darauf kommen wir an dem 2015 eröffneten und architektonisch ansprechenden **8 Besucher- und Informationszentrum UNESCO-Weltnaturerbe Wattenmeer**

*Der Landschaftsraum der **Cuxhavener Küstenheiden** umfasst mehr als 2200 Hektar. Dieses Gebiet aus Marsch, Geest und Moor ist einmalig und das größte zusammenhängende Heidegebiet auf dem Festland der Nordseeküste. Es befindet sich auf dem Geestrücken Hohe Lieth.*

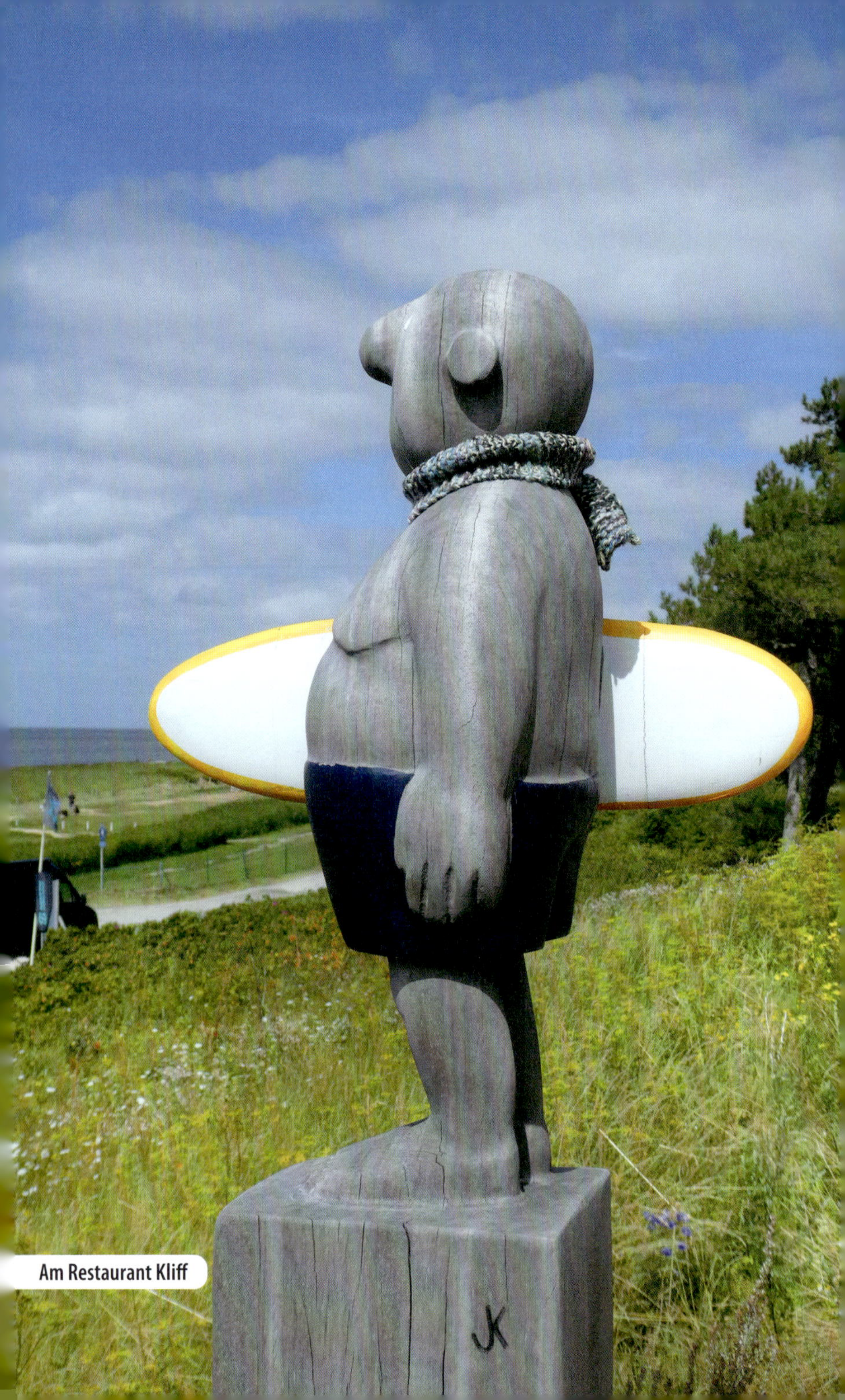

Am Restaurant Kliff

vorbei, das sehr anschaulich über Watt, Salzwiesen, Küstenheiden und Geestkliff informiert.

Nach der Rettungsstation wechseln wir auf die erhöht zur Straße liegende Promenade **Am Sahlenburger Strand** mit ihrem quirligen Treiben und spazieren vorbei an Ferienwohnungen, Campingplätzen und Lokalitäten, bis wir das **9 Restaurant Kliff** erreichen. Wie schon der Name verrät, liegt es oben auf dem Geestkliff. Hier nehmen wir uns eine Auszeit, denn von der Außenterrasse oder auch von innen haben wir eine wunderschöne Aussicht auf den Strand und das Wattenmeer. Dabei können wir bei Auflaufwasser nicht nur den Surfern und Kitesurfern zuschauen, sondern dabei gutes Essen sowie leckere Torten in schönem Ambiente genießen. Vor dem Restaurant bietet eine Surfer-Skulptur des Künstlers Jonas Kötz einen zusätzlichen Blickfang.

*Von Cuxhaven-Duhnen bis Berensch hat sich während der letzten Eiszeit vor rund 10.000 Jahren ein natürliches Kliff am Rande des Geestrückens Hohe Lieth gebildet. Auf rund 6,5 Kilometern Länge bildet dieses **Geestkliff** einen natürlichen Küstenschutz und ersetzt so den Deich.*

Nach dieser erholsamen Auszeit setzen wir unsere Wanderung in Richtung Süden fort und steigen bei dem zweiten Sandpfad hinauf zum Geestkliff. Oben angekommen, schenken wir uns einen kleinen Moment des Innehaltens, um einen letzten Blick zurück in Richtung Wattenmeer zu werfen und Abschied von der Nordsee zu nehmen.

Dann nimmt uns der Wernerwald wieder auf, wir halten uns rechts und erreichen nach wenigen Metern den malerischen **10 Finkenmoorteich** mit Bänken, die zum Verweilen einladen. Im Sommer entwickelt der Teich eine üppige Seerosen-Pracht. Wir umrunden den Teich entgegen dem Uhrzeigersinn und gelangen wenig später zu einem großen Findling, einen Gedenkstein zu Ehren des Gründers. Am Ende des Waldpfades halten wir uns links und nehmen den nach 200 Metern schräg nach rechts abgehenden und etwas unscheinbaren Weg, bis dieser auf einen Hauptweg mündet. Dort halten wir uns links und wandern über den von alten Bäumen gesäumten Weg bis zum Ende. Am Querweg angekommen, biegen wir nach rechts ein,

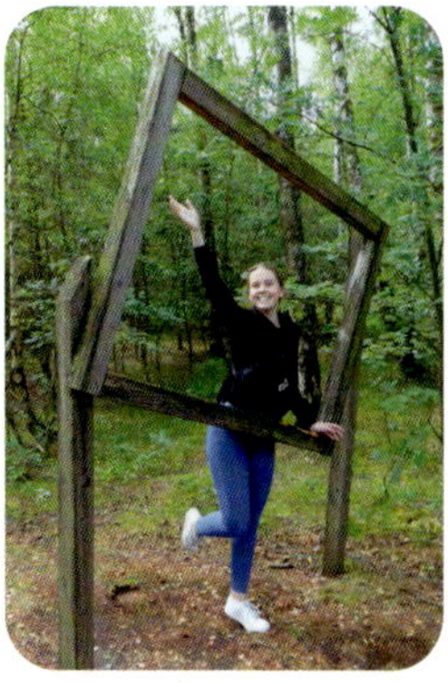

Der Amtmann Dr. Charles Anthony Werner veranlasste im Jahr 1880, dass ein Wald gepflanzt wird, der auf einer Fläche von ungefähr 315 Hektar entstanden ist. Dieser ***Küstenwald*** *ist einer von dreien an der Nordseeküste, die sich im direkten Übergang zum Wattenmeer befinden.*

und unmittelbar danach führt uns ein nach links abzweigender Pfad wieder aus dem Wald heraus.

Anfangs am Waldrand entlang, erreichen wir kurz darauf die freie Landschaft und werden zu einem breiten Sandweg geleitet, auf den wir nach rechts einbiegen. Nach 150 Metern zweigt ein schmaler Sandpfad ab, der uns auf unserer letzten Etappe durch die wundervolle **⑪ Spangener Heide** führt und auf einen breiten Sandweg mündet. Wir überqueren diesen und gehen bei leichter Steigung über den Grabhügel **⑫ Kahleberg.** Von oben können wir bereits unseren Ausgangspunkt, den Parkplatz an der K7, erkennen.

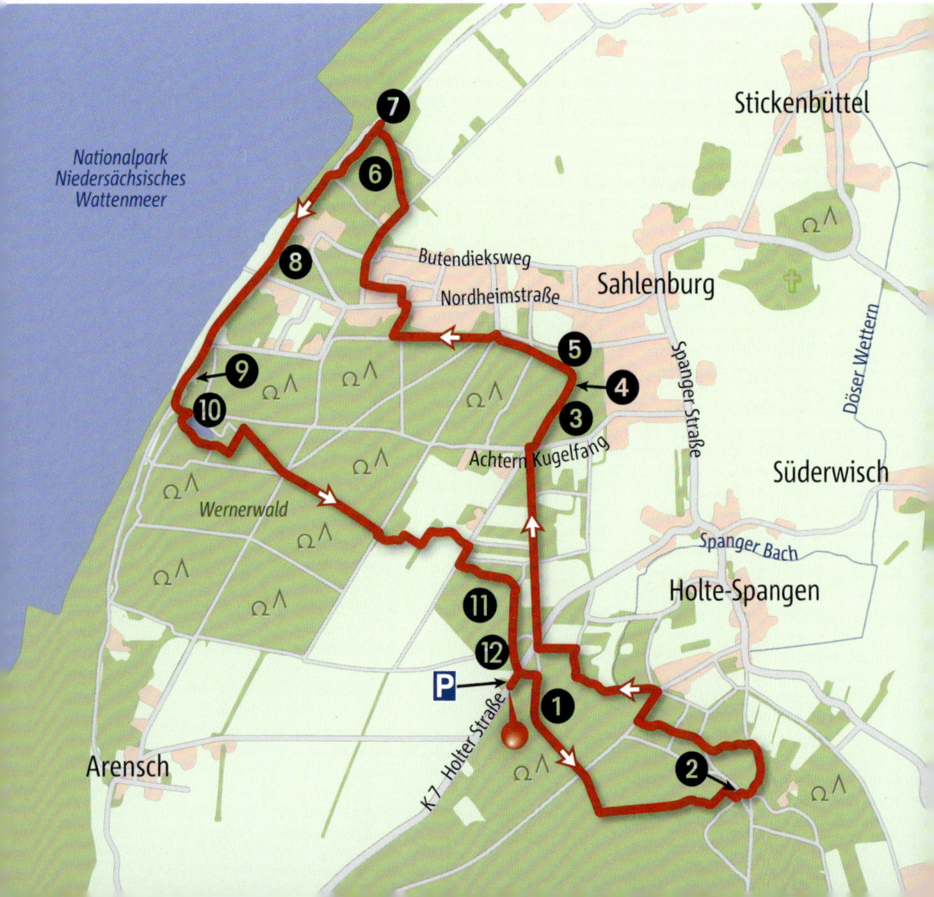

ALLES AUF EINEN BLICK

Entspannung ●●●●●
Abenteuer ●●●○○
Vielfalt ●●●●●

WIE & WANN

Überwiegend naturnahe Wege und kurze gepflasterte Passagen im Ortsbereich von Sahlenburg. Ganzjährig begehbar, beste Wanderzeit von April bis November, besonders schön zur Ginsterblüte im Mai oder zur Heideblüte im August.

HIN & WEG

Auto: Parkplatz an der K7, Holter Straße, 27476 Cuxhaven (GPS: 53.840132, 8.620593)
ÖPNV: Keine direkte Anbindung an die Strecke

ESSEN & ENTSPANNEN

9 **Restaurant Kliff,** Wernerwaldstraße 4, Am Sahlenburger Strand, 27476 Cuxhaven, Tel. (0 47 21) 5 91 87 47, www.kliff-restaurant.de

Etliche Einkehrmöglichkeiten in Restaurants, Imbissen und Cafés sind entlang der Wernerwaldstraße und an der Strandpromenade zu finden. Außerhalb der Saison oder für unterwegs bitte an Rucksackverpflegung denken.

ENTDECKEN & ERLEBEN

1 **Holter Heide**
2 **Feldherrenhügel**
3 **Sahlenburger Heide**
4 **Picknickplatz**
5 **Wernerwald**
6 **Duhner Heide**
7 **Aussichtsturm**
8 **UNESCO-Weltnaturerbe Wattenmeer Besucher- und Informationszentrum,** Nordheimstraße 200, 27476 Cuxhaven, Tel. (0 47 21) 70 07 04 00, www.cuxhaven.de/cuxhaven-entdecken-and-erleben/wattenmeer-besucherzentrum.html
10 **Finkenmoorteich**
11 **Spangener Heide**
12 **Kahleberg (Grabhügel)**

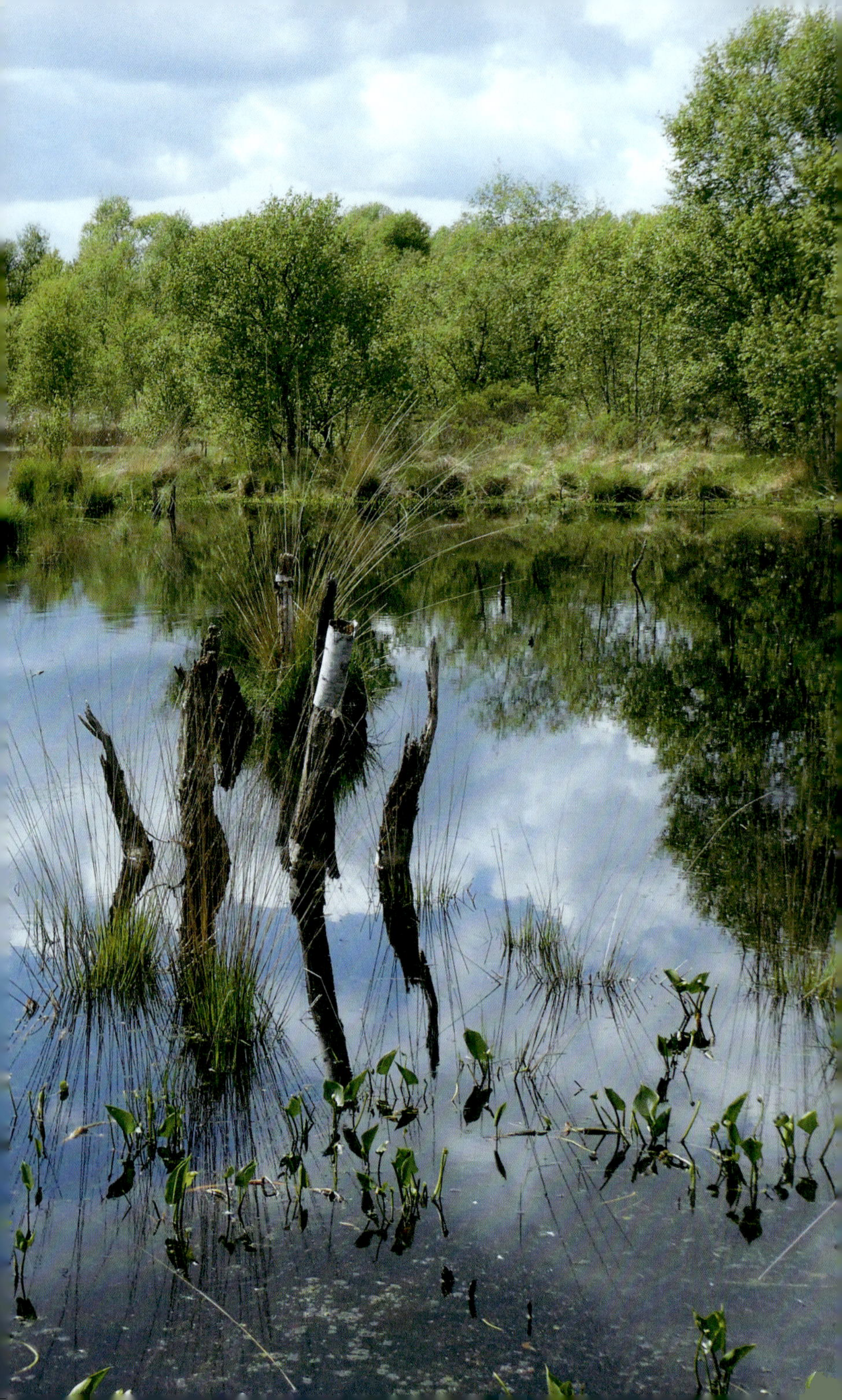

Die Burg am Moor

Durch das Königsmoor bei Hagen

Vom Parkplatz aus wenden wir uns zum südlichen Kreisel, nutzen zum Überqueren der **Burgallee** den Fußgängerüberweg und gelangen dann zum **Pferdehamm.** Nun gehen wir in südliche Richtung, vorbei am Tennisplatz, der Piratenburg, einem Indoorspielplatz für Kinder und dem Sportplatz. Am Wendehammer angekommen, zweigt ein unbefestigter Weg ab. Im Schutz des beidseitig von Weiden gesäumten, wunderschönen Wiesenweges gelangen wir in die Niederung der Drepte und überqueren sie wenig später über eine Brücke. Die Drepte ist ein Zufluss der Weser. An der **Möhlenstroot** angekommen, wenden wir uns nach rechts und biegen gleich darauf nach links in den **Fuchsbergdamm** ein.

*Das etwa 5000 Jahre alte **Hochmoor** hieß früher Ahemoor. Von 1820 bis 1845 hatte der König von Hannover es zum Torfstich verpachtet. Seitdem heißt es Königsmoor. Von 1971 bis 1996 wurde der Torf maschinell abgebaut, seit 1999 werden Teile wieder vernässt.*

An der nächsten Wegeinmündung befindet sich ein Picknickplatz und geradeaus weitergehend erreichen wir auch schon die Anfänge des ❶ **Königsmoors.** Und je weiter wir dahinschreiten, desto mehr zieht es uns in seinen Bann. Hier in der Abgeschiedenheit erfahren wir die Stille und können ganz loslassen. Lassen wir uns von der Schönheit des Moores verzaubern und staunen über die Vielzahl der Libellen, die uns umschwirren. Vielleicht entdecken wir sogar die Königslibelle. Das im Mai blühende Wollgras ist immer wieder ein besonderes Erlebnis. Doch zu jeder Jahreszeit ist das Moor faszinierend. Am Ende des Weges biegen wir nach rechts auf den **Königsdamm** ein.

Im Schatten der Baumreihen werden wir nach **Harmonie** zur **L135** geführt. Dort über-

Kilometer: 11
Höhenmeter: 60
Stunden: 3
RUNDWEG

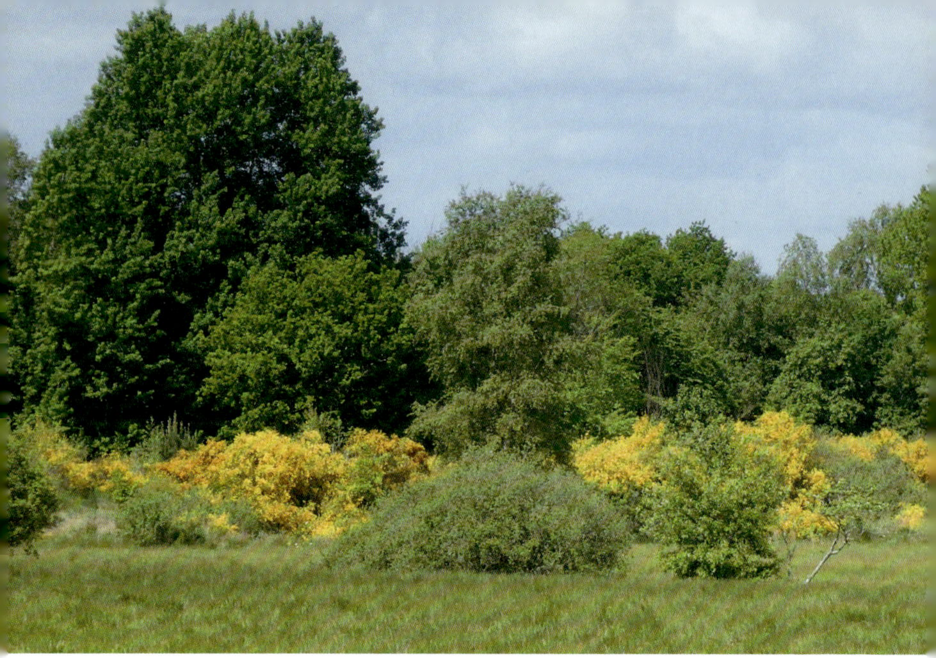

Ein lohnender ***Abstecher*** *führt dort, wo es rechts auf den Königsdamm geht, ungefähr 200 Meter nach links über einen Grasweg. Dann kommen wir zu einer beeindruckend großen, wunderschön eingebetteten Wasserfläche. Am Wegesrand lädt eine Bank zum Verweilen ein.*

queren wir vorsichtig die Straße und nehmen auf der anderen Seite den Fuß- und Radweg nach links. Nach nur 200 Metern wechseln wir erneut vorsichtig die Straßenseite. Nun wandern wir einen längeren Abschnitt auf einem von Bäumen gesäumten Feldweg, vorbei an Wiesen, Feldern und Teichen, bis wir zu einer **Kreuzung** gelangen. Während der Paarungszeit der Frösche können wir von dem verdeckt liegenden Teich ein beeindruckendes Froschkonzert erleben.

Wir halten uns links, wo ein sanft ansteigender Feldweg uns an Feldern und Wiesen vorbei zu einem breiten Querweg bringt, auf dem wir nach links einbiegen. Nach gut 600 Metern erreichen wir in einer leichten Rechtskurve eine Abzweigung. Wir nehmen diesen nach links führenden Wiesenweg, der uns zwischen Feld und Baumreihe zurück in das eindrucksvolle Königsmoor leitet. Zu unserer linken Seite liegt das **Naturschutzgebiet Südliches Königsmoor.** Dieses darf nicht betreten werden, also unbedingt auf dem Weg bleiben! Am Ende des Feldes verjüngt sich der Weg in einen schmalen Trampelpfad und nun tauchen wir wieder richtig in das Moorgebiet ein.

Schon bald merken wir, wie sich der Geruch und die Luft verändern. Es ist faszinierend, dies bewusst wahrzunehmen. Das Moor hat hier sein eigenes Mikroklima. Der Sauerstoffgehalt ist niedriger und es könnte sein, dass wir das bei der Atmung merken. Lassen wir uns ruhig Zeit, denn auf diesem Traumpfad lässt sich so einiges entdecken. Links von uns ein Graben mit Torfmoosen, am Rand Pfeifengras, Wollgras, Heidelbeersträucher und Heide, und zur rechten Seite wird schon bald der Blick in die wieder vernässten Moorflächen freigegeben. Faszinierend sind die dahinziehenden Wolken in der Spiegelung der Wasseroberfläche zu beobachten. Ein malerisches Bild, bei dem es schwerfällt, den Blick zu lösen und sich wieder dem Weg zuzuwenden.

Für die Seele

Wir erkunden das königliche Moor und erobern als krönenden Abschluss die Burg zu Hagen.

Wenig später rückt der ❷ **Aussichtsturm** in unser Sichtfeld, der uns zu einer Pause einlädt. Unterhalb des Turmes befindet sich eine Bank und Schautafeln an den Wänden informieren uns über das Königsmoor. Über eine Holztreppe gelangen wir hinauf auf den Turm, auf dem uns weitere Sitzbänke zu einer

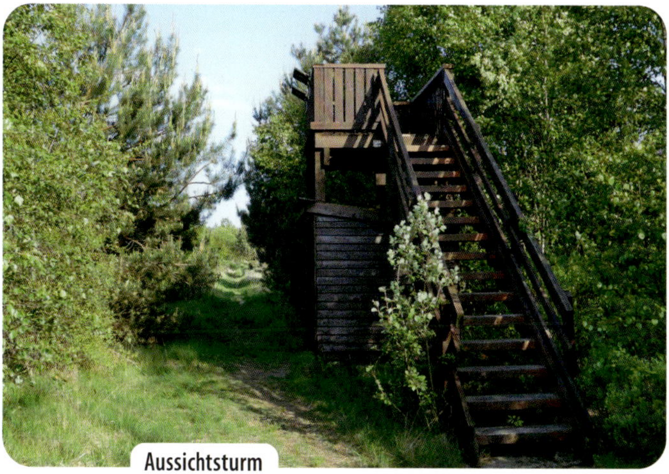

Aussichtsturm

Auszeit einladen. Von hier haben wir nun einen herrlichen Überblick auf die königliche Moorlandschaft, können uns dem süßen Nichtstun hingeben und einfach nur sein.

Nach der wohlverdienten Rast setzen wir unsere Wanderung fort und biegen an der nächsten Abzweigung auf den **Mittelster Damm** ein. Genießen wir dieses letzte Stückchen Weg durch das Königsmoor. Mit Glück können wir den inzwischen seltenen Kiebitz entdecken.

*Der **Kiebitz** stammt aus der Familie der Regenpfeifer, die zur Ordnung der Wat-, Möwen- und Alkenvögel gehören. Er ist ein Bodenbrüter und war 1996 Vogel des Jahres. Seit 2015 steht er auf der internationalen Roten Liste für gefährdete Vogelarten.*

Links und rechts des Dammes erhalten wir Einblicke in die wieder vernässten Moorflächen. Nehmen wir es mit allen Sinnen wahr: Libellen, die uns umtanzen, Frösche die laut quaken, oder den Ruf des Kiebitzes. Am Uferrand können wir die Sumpf-Calla vorfinden, die auch Drachenwurz genannt wird und nach dem deutschen Bundesnaturschutzgesetz besonders geschützt ist. Ein Meer aus blühendem Wollgras begegnet uns hier im Mai und lässt uns voller Bewunderung immer wieder innehalten. Dieses mindestens 5000 Jahre alte Moor soll eine Mächtigkeit von 5 bis 8 Metern haben. In nur 25 Jahren maschinellen Torfabbaus wurden jahrtausendealte Lebensräume von Flora und Pflanzen unwiederbringlich zerstört. Nun entwickelt sich hier wieder eine wundervolle Landschaft. Leider ist dieser schöne Moorweg irgendwann zu Ende, wir treten in die freie Landschaft und erreichen die **Möhlenstroot,** auf die wir nach links einbiegen. Dann spazieren wir unter dem Laubdach der mächtigen Bäume und gelangen wenig später zum schönen **Weidenweg,** der uns zurück durch die Drepteniederung und zum **Pferdehamm** leitet.

Von dort, wo wir wieder in die freie Landschaft kommen, und in der Möhlenstroot können wir hier und da ein Baumgesicht an den Eichenstämmen entdecken. Ein Spaß nicht nur für mitwandernde Kinder.

Doch bevor es zurück zum Parkplatz geht, spazieren wir noch weiter geradeaus und erreichen so die

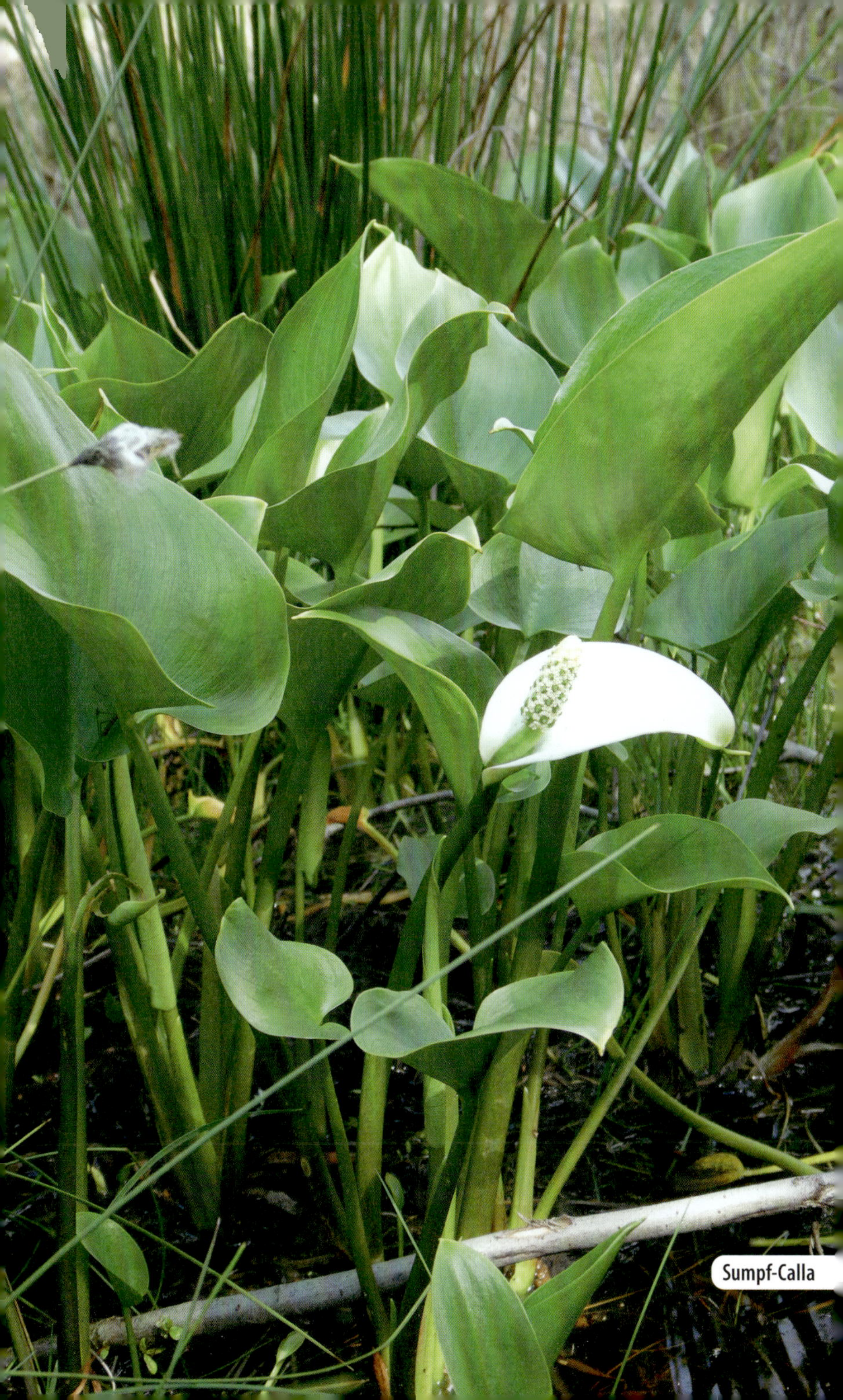

Sumpf-Calla

*Die **Burg zu Hagen** im Bremischen wurde um 1200 von Bremer Erzbischöfen erbaut und diente zum Schutz gegen Überfälle der Stedinger Bauern. Im Inneren gibt es wunderschöne Grisaille-Malereien. Außerdem finden hier viele kulturelle Veranstaltungen statt.*

Burgallee und die ❸ **Burg zu Hagen,** die den krönenden Abschluss unserer wunderschönen Wandertour bilden soll.

Vielleicht ist noch Zeit, der Burg einen Besuch abzustatten, was sehr zu empfehlen ist. Oder wir erkunden die von alten Eichen gesäumte Burgallee mit ihren zehn Mediensäulen, die 2021 neu errichtet wurden und mittels QR-Code spannende Geschichte hören lassen.

Nach der Besichtigung der Burg, ob von außen oder von innen, begeben wir uns zurück zum Parkplatz. Oder wir spazieren vom Kreisel ungefähr 150 Meter zum ❹ **Eiscafé Am Amtsplatz,** um dort einzukehren und die Wanderung ausklingen zu lassen.

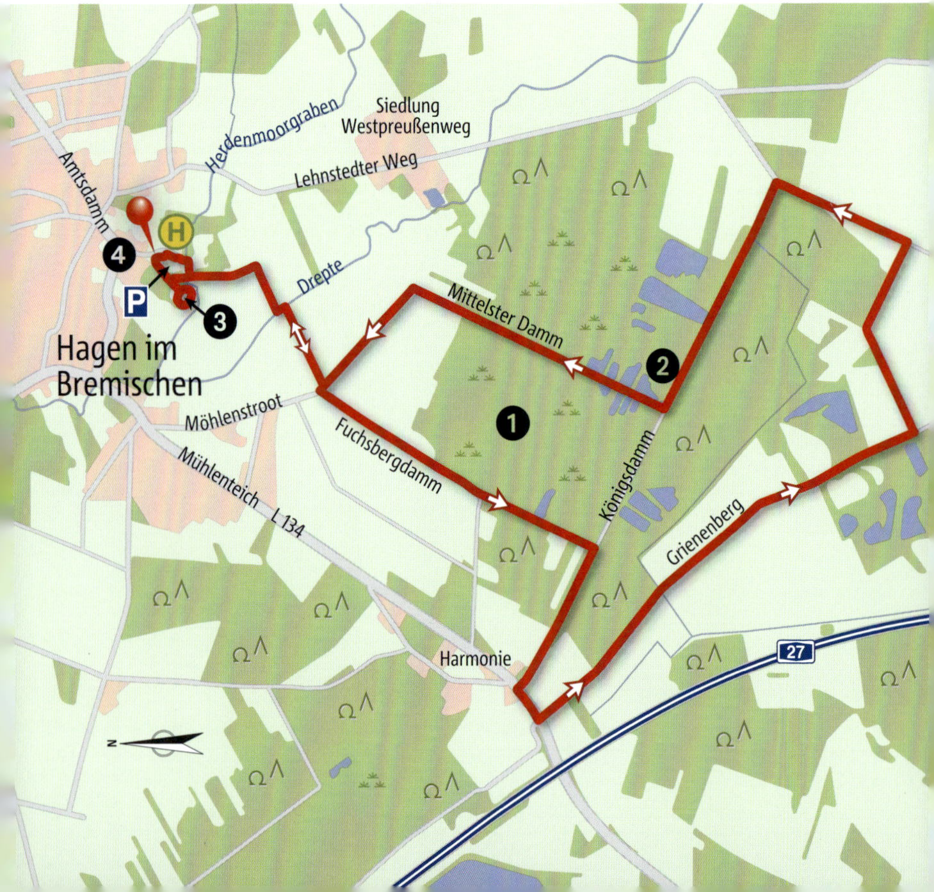

ALLES AUF EINEN BLICK

Entspannung ●●●●●
Abenteuer ●●○○○
Vielfalt ●●○○○

WIE & WANN

Überwiegend naturnahe und landwirtschaftliche Wege, kleine Etappen auf Asphalt. Beste Wanderzeit von April bis November, besonders schön zur Wollgrasblüte im Mai.

HIN & WEG

Auto: Parkplatz Burgallee, 27628 Hagen im Bremischen (GPS: 53.353263, 8.641429)
ÖPNV: Bus 530, 570, Haltestelle Hagen im Bremischen, Schulzentrum (sonn- und feiertags kein Linienbusverkehr)

ESSEN & ENTSPANNEN

4 **Eiscafé am Amtsplatz,** Amtsplatz 7, 27628 Hagen im Bremischen, Tel. (0 47 46) 7 26 06 95

ENTDECKEN & ERLEBEN

1 **Königsmoor**
2 **Aussichtsturm**
3 **Burg zu Hagen,** Burgallee 1, 27628 Hagen im Bremischen, Tel. (0 47 46) 60 43, www.burg-zu-hagen.de

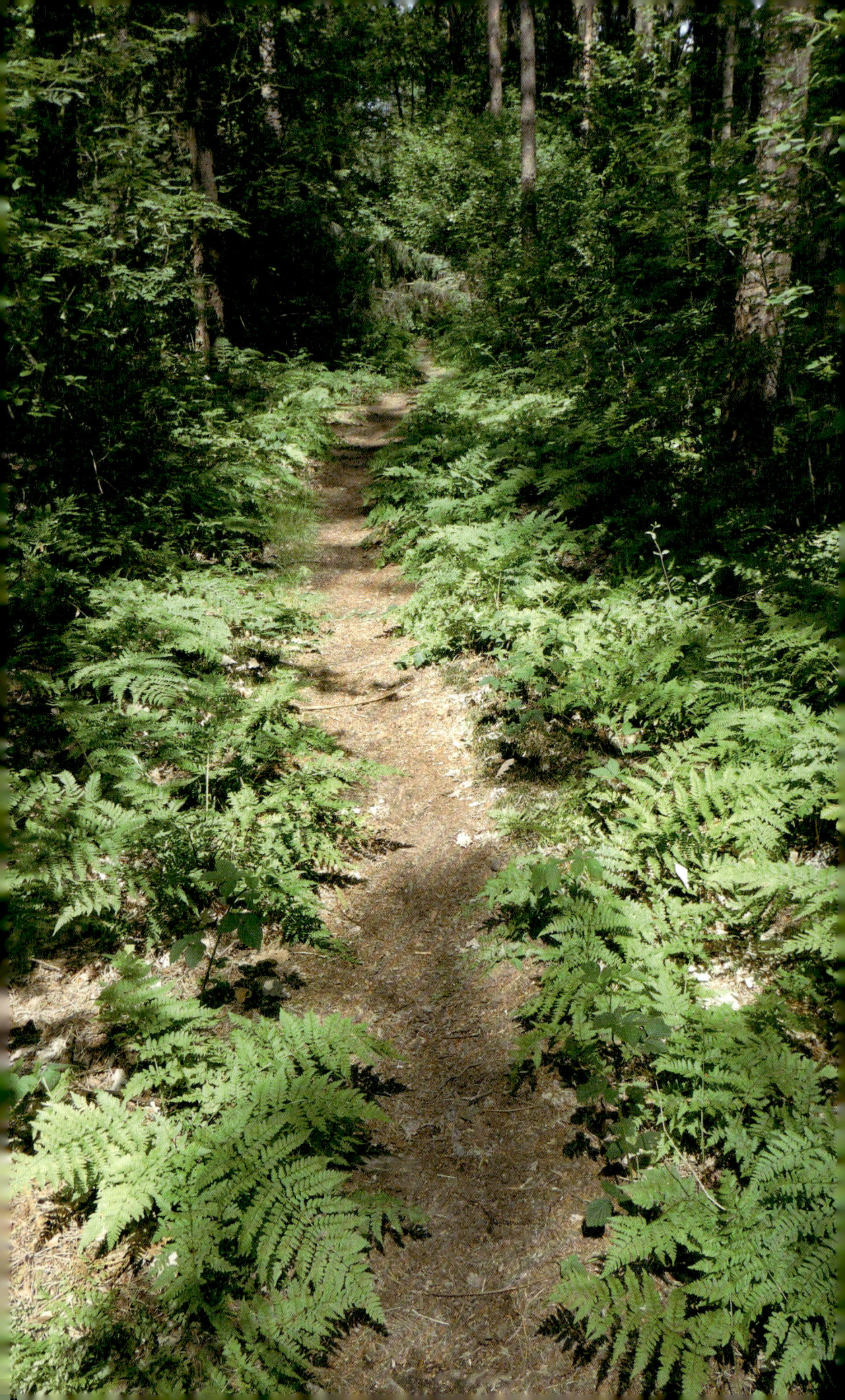

Zauberhafte Pfade

Am Rande des Teufelsmoors

Wir starten auf der Ostseite des **Bahnhofs Oldenbüttel.** Ein roter Briefkasten und ein kleiner rot-weißer Pfahl markieren den Einstieg in unsere Tour, der nicht auf den ersten Blick erkennbar ist. Der Weg beschert uns überraschend einen kurzen Anstieg. Oben angekommen, nehmen wir an der Weggabelung den linken Weg, der uns durch das ❶ **Oldenbütteler Holz** führt. Wir tauchen in den wundervollen Wald ein. Farn bedeckt den Boden und einfallende Sonnenstrahlen bringen ihn zum Leuchten. Herrlich, die würzige Waldluft lässt uns tief ein- und ausatmen.

Voller Genuss gehen wir den Weg weiter geradeaus und ignorieren alle Abzweigungen, bis wir an einen Querweg gelangen, auf den wir nach links einbiegen und zur **Oldenbütteler Straße** kommen. Wir queren die Straße und wandern genau gegenüber, neben dem Grundstück, weiter. Der Grasweg ist ebenfalls nur auf den zweiten Blick erkennbar und wirkt wie eine Auffahrt. Dann tauchen wir wieder in den Wald ein und halten uns am nächsten Querpfad rechts. Dort wächst eine Fichte und der nebenstehenden Infotafel entnehmen wir, dass das der Baum des Jahres 2017 war. An der nächsten Abzweigung halten wir uns links und wandern auf schmalen Pfaden weiter durch den idyllischen Wald, bis wir am Ende auf einen Querweg stoßen, uns nach rechts wenden und an der **B74** rauskommen.

Kilometer: 14
Höhenmeter: 130
Stunden: 3,5
RUNDWEG

An der Hauptstraße sind es nur wenige Schritte nach links, bis wir diese überqueren und auf der gegenüberliegenden Seite dem

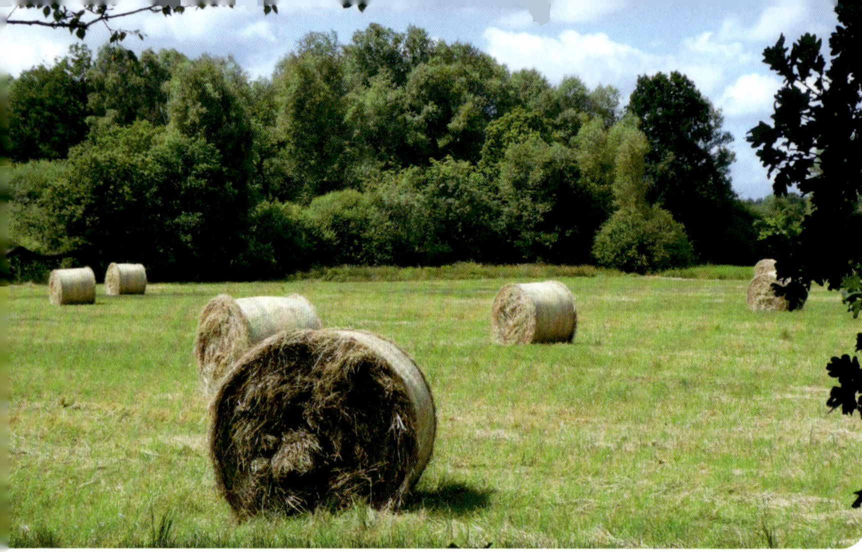

*Das **Hamberger Moor** und das **Niedersandhausener Moor** sind Randmoore des Teufelsmoors. Sie sind ehemalige oder teilweise wieder vernässte Hochmoore. Das Landschaftsbild wird geprägt von Moorbirkenwäldern und Grünland.*

Spreddiger Kirchweg bis zum Ende folgen. Dort wenden wir uns nach rechts in die **Mullstraße,** danach biegen wir links auf den **Damendamm** ein. Hier ist es jetzt ländlich und gleich anfangs sehen wir links ein Storchennest. Auf dem zunächst breiten Grasweg schlendern wir vorbei an Rindern, Wiesen und durch eine Allee, bis er nur noch ein ganz schmaler Trampelpfad ist, der uns in das wild-romantische **❷ Hamberger Moor** führt und uns verzaubert.

Heide, Kiefern, Birken, Gagel- und Blaubeersträucher säumen den Pfad. Kurz fragen wir uns, ob wir wirklich richtig sind, weil wir inmitten der Natur stehen und der Trampelpfad nur schemenhaft zu erkennen ist. Hier sind nur wir und die Natur, die wir mit allen Sinnen wahrnehmen. Die ersten Blüten der Glockenheide sind im Juli auszumachen. Die Luft riecht hier anders, trockener und würzig. Wir spazieren genussvoll bis zum Querpfad, wenden uns nach links und folgen ihm bis zum Ende. Zu beiden Seiten des Weges sehen wir Heideflächen und kleine Moorseen, die zum Teil mit Schwingrasen bedeckt sind und eingebettet in dieser malerischen Moorlandschaft liegen. Wir stoßen auf einen breiten Sandweg, halten uns rechts und folgen ihm bis zur nächsten Abzweigung, wo wir erneut nach recht auf einen Dammweg einbiegen.

Seitlich des Pfades sehen wir wieder wundervolle Moorseen, in denen sich die dahinziehenden Wolken spiegeln, und Libellen, die uns umkreisen. Einen Moment stehen bleiben, innehalten und das Einssein mit der Natur und tiefe Dankbarkeit spüren. So schlängelt sich der Dammweg, der im weiteren Verlauf beidseitig mit Heidelbeersträuchern bewachsen ist, dahin, bis er auf einen breiten, sandigen Wirtschaftsweg, den **Moorweg,** stößt, dem wir nach rechts folgen und der uns zur Ortschaft zurückführt. Nun sehen wir links und rechts des Weges landwirtschaftlich genutzte Randbereiche des Moores und erreichen bald die ersten Häuser von Spreddig und die Kreuzung **Schirrenburg/Spreddiger Straße.**

Für die Seele

Auf idyllischen Pfaden durchstreifen wir den Wald, lernen das Moor kennen und tauchen in alte Zeiten ein.

Wir wenden uns nach links und spazieren durch die schöne Allee der **Spreddiger Straße.** An der Schule biegen

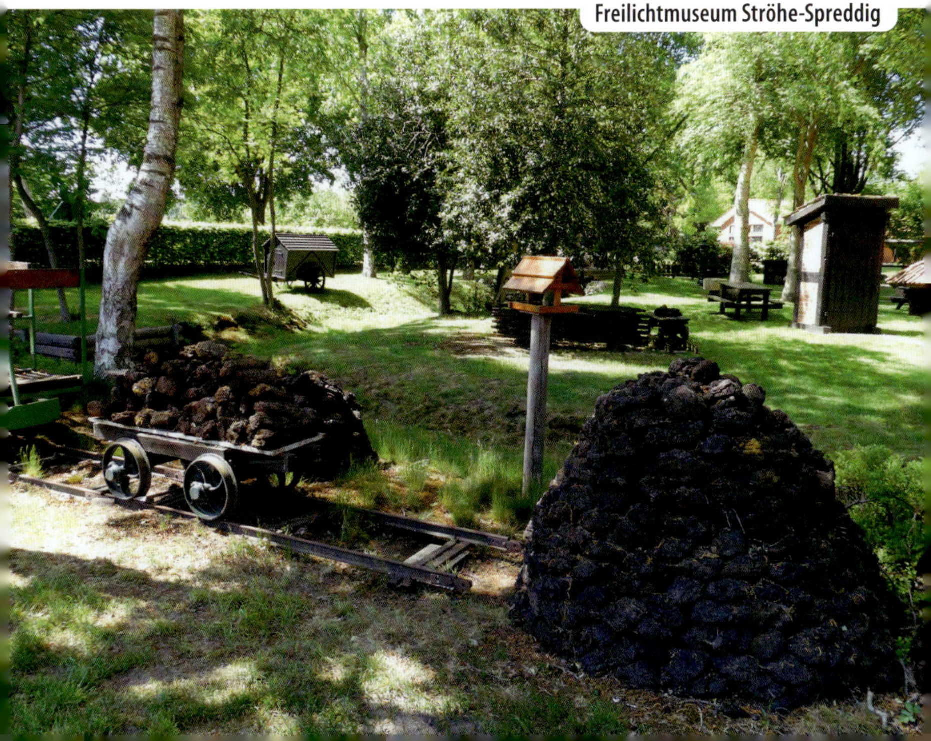

Freilichtmuseum Ströhe-Spreddig

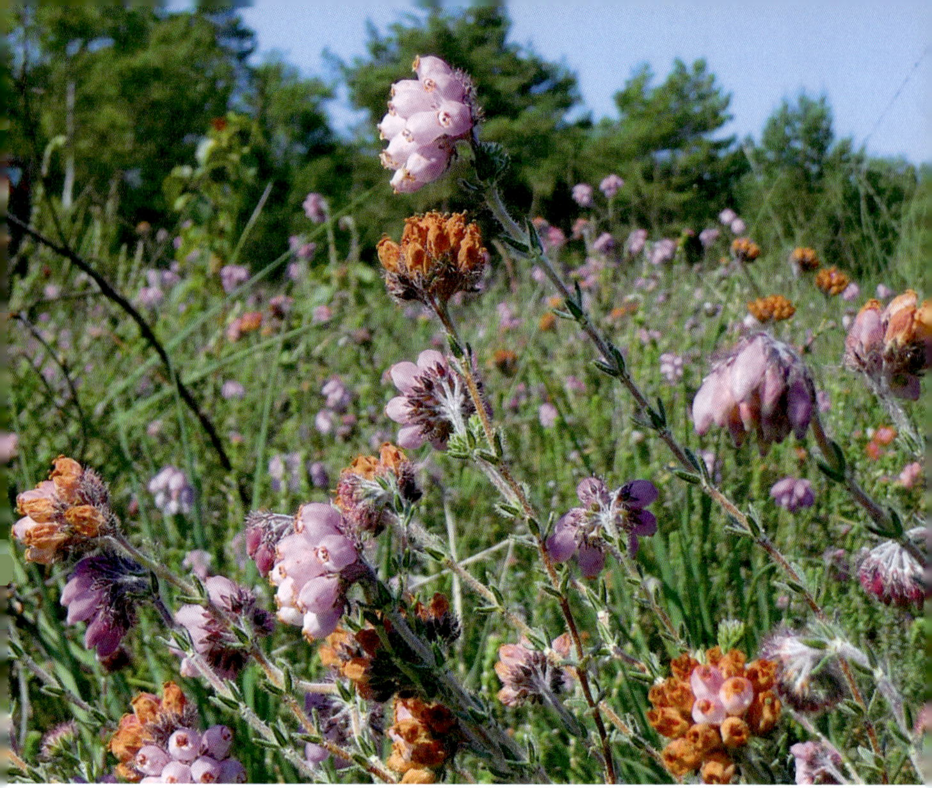

Das **Freilichtmuseum Ströhe/Spreddig** ist ganzjährig zugänglich. In regelmäßigen Abständen finden dort besondere Veranstaltungen statt, zum Beispiel Handwerkertage, Heringsessen oder Führungen durch das Moor.

wir nach links in die **Ströher Straße** ein und erreichen kurz darauf das ③ **Freilichtmuseum Ströhe/Spreddig.** Eine wundervolle Museumsanlage mit Moorkate, die vom Heimatverein Ströhe/Spreddig in liebevoller Arbeit errichtet wurde und ehrenamtlich gepflegt wird. Auf dem Gelände gibt es nicht nur viele Sitzmöglichkeiten, die zu einer Rast locken, sondern auch viel altes Werkzeug und Gebrauchsgegenstände aus früheren Zeiten, die zur Erkundung des Grundstückes einladen.

Neben dem schönen Bauerngarten der Anlage verläuft der **Peishamm,** den wir bis zur nächsten T-Kreuzung entlanggehen, dort wandern wir geradeaus weiter und wenig später gelangen wir auf einen Feldweg. Nach dem kleinen Parkplatz nehmen wir die zweite, linksseitige Abzweigung in das ④ **Niedersandhausener Moor,** folgen dem Grasweg und tauchen wenig später in das Moor ein, das sich erheblich vom Hamberger Moor unterscheidet. Dann kommen wir zu einem idyllischen Plätzchen mit zwei Bänken und einem alten **5 Torfstich,** wo wir einen Moment verweilen und der Stille lauschen. Eine Informationstafel klärt uns über die harte Arbeit des Torfstechens auf.

Anschließend setzen wir unsere Wanderung über den Grasweg fort und befinden uns wenig später inmitten eines Birkenwäldchens. Am Querweg halten wir uns rechts und gelangen dann zu einer offenen Fläche. Sie ist umrahmt von Birken und einzelnen Kiefern. Wir schlendern gemütlich durch die beidseits des Weges mit Gräsern, Heide, Blaubeersträuchern und Weißem Schnabelried bewachsene Fläche, die uns zum Träumen einlädt. Im Anschluss gelangen wir in einen zauberhaften Wald. Dort lassen wir uns von urigen Bäumen, moosüberwachsenen Flächen, Sumpf-Calla und Farnen im Unterholz begeistern. Rechts des Weges gibt es einen versteckt liegenden Moorsee, der früher als Hafen diente. Doch bleiben wir unbedingt auf dem Weg. Das Moor kann tückisch sein!

Alter Torfstich

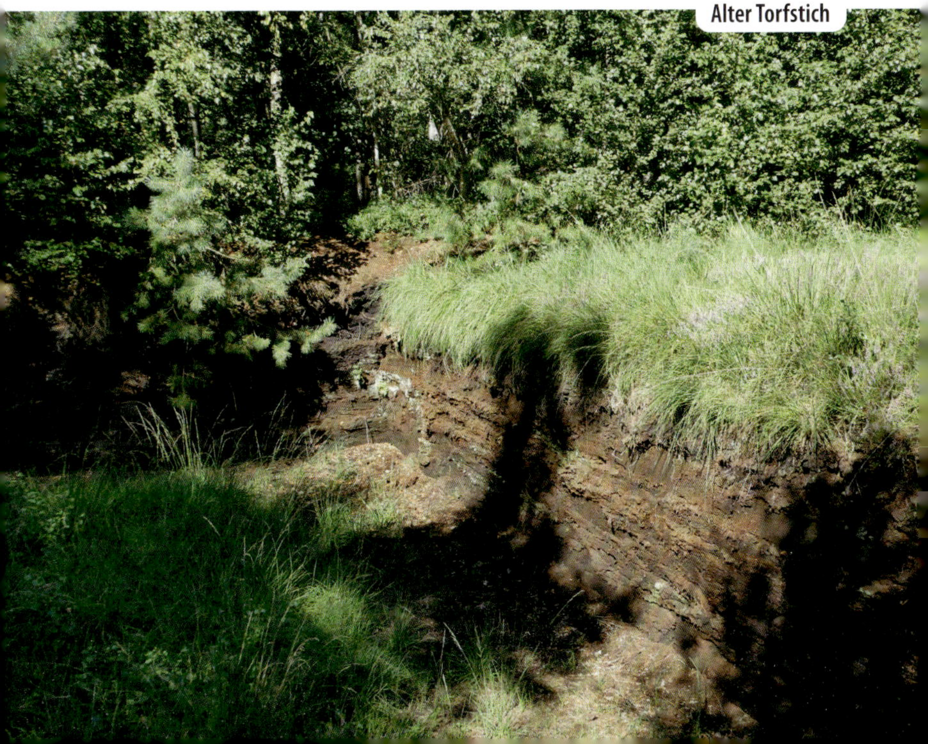

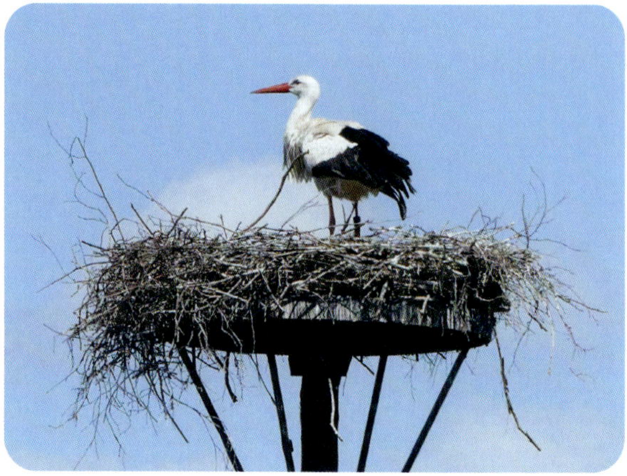

Der anfänglich lichte Weg wird im weiteren Verlauf zu einem tunnelartigen Pfad aus dichtem Gehölz, der uns dann wieder aus dem Moor herausleitet. Am **Ströher Damm** angekommen, schwenken wir nach links und wandern Richtung Ortschaft. Vor der Hofanlage sehen wir rechtsseitig ein Storchennest. Am Ende der Straße biegen wir nach links auf den **Peishamm** ein und gleich danach rechts. Nun folgen wir der Straße bis zur **B74,** queren sie und spazieren geradeaus auf dem Feldweg weiter, der uns wieder in das **Oldenbütteler Holz** führt. Gleich am Anfang steht eine schon abgestorbene, uralte ❻ **Rotbuche** als Naturdenkmal. Früher haben hier drei Buchen gestanden und Räuber sollen sich in ihren Kronen versteckt gehalten und dann vorbeifahrende Postkutschen oder Reisende überfallen und ausgeraubt haben. In früheren Zeiten verlief hier die Flämische Straße. Noch heute kann man einen Hohlweg erkennen.

*Diese **Rotbuche** wird auch Lusebaum genannt und gilt mit 250 bis 300 Jahren als eine der ältesten im Landkreis Osterholz-Scharmbeck. Leider wird sie langsam von einem Pilz zerstört, bietet so jedoch vielen Kleinstlebewesen einen Lebensraum.*

Unser Weg führt links daran vorbei. Nun geht es stetig mit sanfter Steigung aufwärts. An der nächsten Kreuzung halten wir uns erneut links. Der Waldweg führt uns dicht am Waldrand entlang. In einer Rechtskurve führt ein Weg aus dem Wald heraus und wir blicken in die Niederung mit landwirtschaftli-

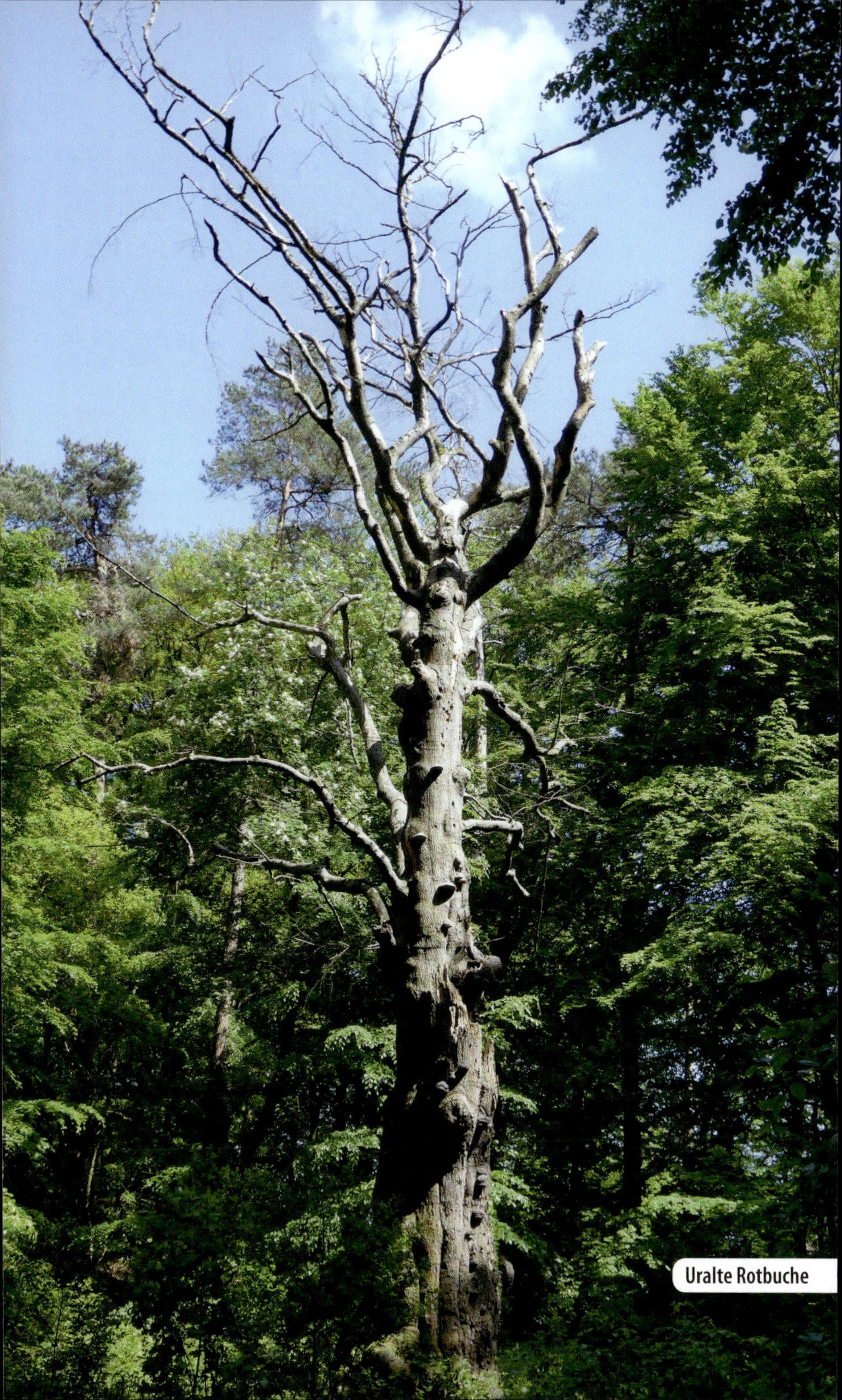

Uralte Rotbuche

*Im **Hofcafé Oldenbüttel** können wir drinnen und draußen in schönem Ambiente sitzen. Neben dem Hofcafé gibt es noch einen liebevoll eingerichteten Hofladen mit regionalen Produkten sowie Terrakotta-Artikeln, Pflanzen und Deko für den Garten zu entdecken.*

chen Flächen. Wir folgen dem Weg, der uns durch eine **Eisenbahnunterführung** und weiter bis zu einem Querweg leitet, in den wir nach rechts einbiegen. Nach wenigen Metern erreichen wir die **Freißenbütteler Straße,** gehen nach rechts weiter und kommen zum **7 Hofcafé Oldenbüttel.**

Dort können wir uns bei leckeren, selbst gebackenen Kuchen stärken und von der Terrasse den Blick sowohl in die schöne Niederung als auch in die Ferne, bis zum Weyerberg bei Worpswede, schweifen lassen und dabei den zwei Eseln, die neben der Terrasse grasen, zuschauen. Im Anschluss folgen wir der **Freißenbütteler Straße** nach Norden zurück zum Oldenbütteler Bahnhof.

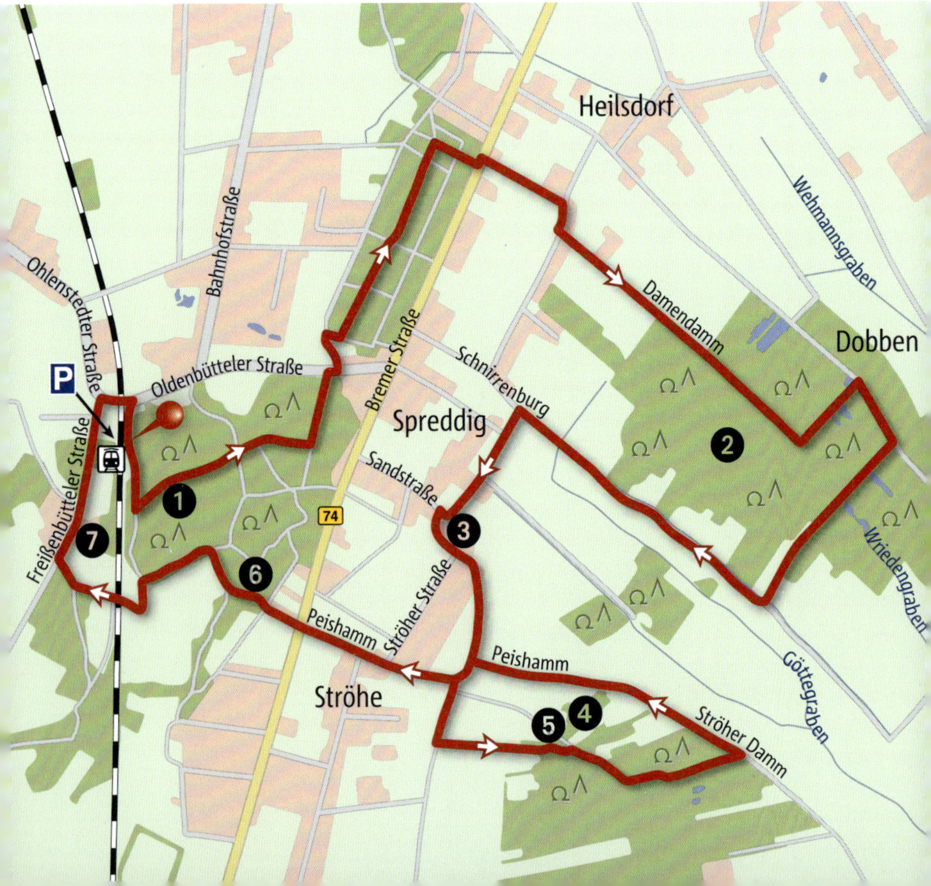

ALLES AUF EINEN BLICK

Entspannung 5/5
Abenteuer 3/5
Vielfalt 5/5

WIE & WANN

Überwiegend naturnahe Wald-, Moor-, Wiesen- und Sandwege, in kurzen Bereichen innerhalb des Ortes Asphalt-, Kopfstein- oder Betonsteinpflasterwege. Beste Wanderzeit von April bis November, besonders schön im Mai zur Wollgrasblüte oder im August, wenn die Heide blüht.

HIN & WEG

Auto: Parkplätze am Bahnhof Oldenbüttel, 27729 Hambergen
(GPS: 53.285268, 8.810942)
ÖPNV: Nordwestbahn RS2 oder Bus 680, Bahnhof Oldenbüttel

ESSEN & ENTSPANNEN

7 **Hofcafé Oldenbüttel,** Freißenbütteler Straße 2, 27729 Hambergen, Tel. (0 47 93) 8 00 97 51, www.hof-oldenbuettel.de

Bitte an Rucksackverpflegung für unterwegs denken.

ENTDECKEN & ERLEBEN

1 **Oldenbütteler Holz**
2 **Hamberger Moor**
3 **Freilichtmuseum Ströhe/Spreddig,** Sandstraße 32 a, 27729 Hambergen, Tel. (0 47 93) 95 37 37, www.heimatverein-stroehe-spreddig.de
4 **Niedersandhausener Moor**
5 **Torfstich**
6 **Naturdenkmal Rotbuche**

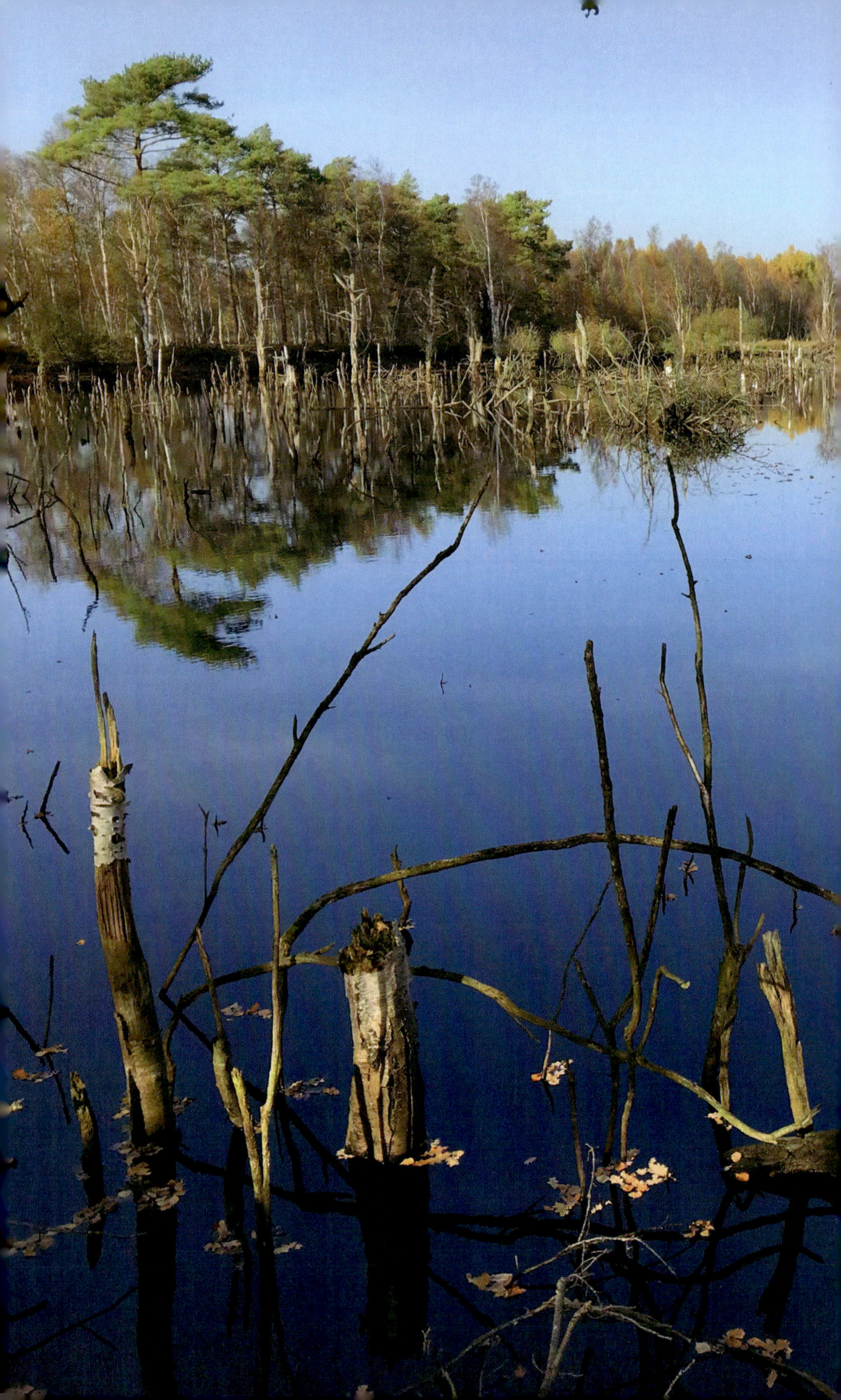

Mystisches Moor

Eine Runde um das Hohe Moor

Vom Parkplatz mit der Schutzhütte **Herberts Hütte** starten wir unsere einzigartige Moorwanderung durch das 6000 Jahre alte Regenmoor. Sie ist vergleichbar mit einer Symphonie, die ganz leise und beschaulich beginnt und in ihrem Verlauf an Dramatik zunimmt, bis wir an ihrem Höhenpunkt die spektakulären Momente erleben und genießen können. So wandern wir anfangs die asphaltierte Straße entlang, vorbei an extensiven Feldern, in südliche Richtung. An der nächsten Gabelung halten wir uns links und biegen am Querweg wiederum nach links ab. Nun folgen wir dem Feldweg, der von Laubbäumen gesäumt ist, bis wir bei einem Bauernhof auf die Straße **Überschuß** stoßen.

*Am Ende der Wanderung haben wir die Möglichkeit, eine **weitere, kleinere Rundtour** von 2,4 Kilometern Länge anzuschließen. Sie führt vom Parkplatz aus durch einen weiteren Bereich des Hohen Moores, mit großen Wasserflächen und über historische Wege.*

Hier am Waldrand biegen wir nach rechts ab und wenige Meter weiter, an der Kreuzung, nach links. Jetzt wandern wir durch den **Wald** mit seinem alten Baumbestand, atmen tief die herrliche Waldluft ein und merken, wie die Anspannungen des Alltags langsam von uns abfallen. Nach 600 Metern erreichen wir, bei einem Naturschutzschild, rechts die Einmündung zu einem schmalen Pfad. Wir spazieren ein kurzes Stückchen auf dem mit Bäumen gesäumten, dammartigen Grasweg. Der Boden ist hier weich und federnd. Dabei genießen wir den Blick zwischen den Bäumen in die Niederung des leicht welligen Geestgebietes, über die Wiesen bis zum Waldrand. So gelangen wir, geradeaus, zu einem breiten, unbefestigten Weg. Dieser ist nun Auftakt zum wieder vernässten Moorbereich und führt uns anfangs durch die Randmoore. Genießen wir

Kilometer: 7,4

Höhenmeter: 30

Stunden: 2

RUNDWEG

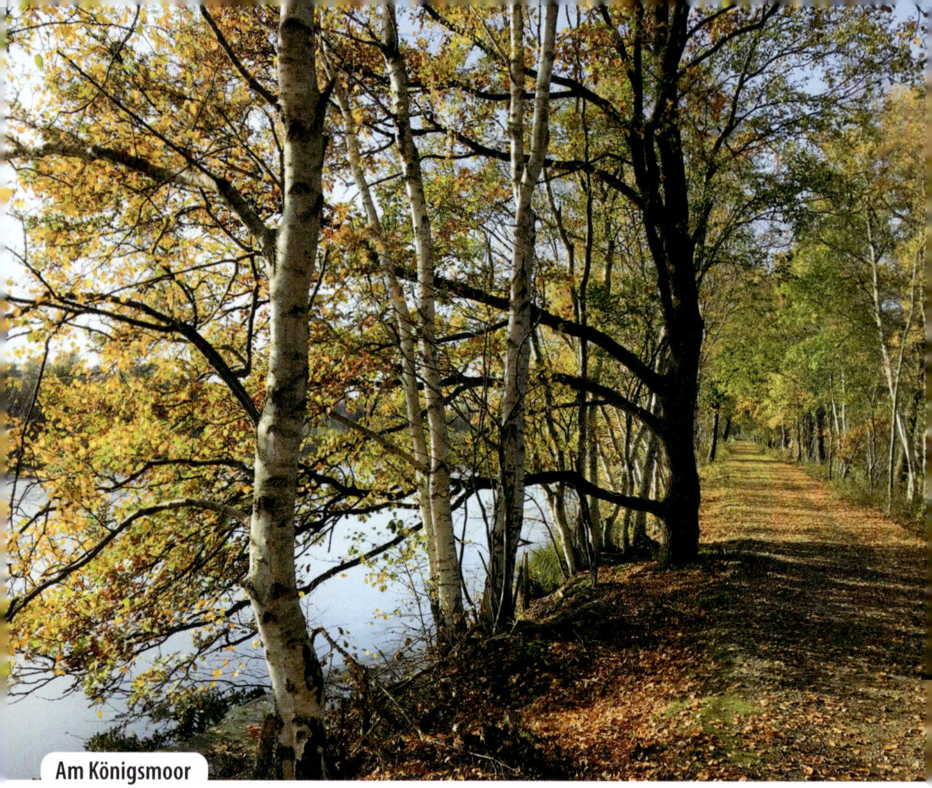

Am Königsmoor

die Strecke durch den beidseitig mit Birken, Erlen und Eichen bestandenen Weg, der uns Blicke in die angrenzenden Moorrandbereiche freigibt. Es ist spannend zu beobachten, wie sich das Landschaftsbild langsam verändert, bis wir in die wasserführenden Bereiche gelangen.

Vor rund 200 Jahren hat der Mensch dieses ***Moor*** *für sich entdeckt, Entwässerungsgräben gezogen und mit dem Torfabstich begonnen. Jedoch wurde hier nie industrieller Torfabbau betrieben. Bereits in den 1930er-Jahren wurden Teile unter Naturschutz gestellt.*

Zur rechten Hand erstreckt sich nun das **1 Königsmoor.** Bänke laden zum Verweilen und Beobachten ein. Nehmen wir Platz für eine Auszeit und genießen den Blick über die Wasserflächen und die sich darin spiegelnden, dahinziehenden Wolken. Urige abgestorbene Bäume, tanzende Libellen und eventuell das Trompeten der Kraniche in der Ferne. Einfach nur sein, im Hier und Jetzt und ganz eintauchen in diese wundervolle, einzigartige Landschaft. Wie hat es hier wohl früher ausgesehen?

Je weiter wir voranschreiten, desto mehr Wasserflächen, mit und ohne Moorrasen, bekommen wir zu sehen. Am Ende des Weges stoßen wir auf den ❷ **Königsmoordamm.** Geradeaus, hinter der vor uns liegenden Wasserfläche, befindet sich der 6 Hektar große Elmer See, einer von zwei Seen und der Größte in diesem Naturschutzgebiet, den wir aber leider nicht sehen können. Wir biegen nach rechts ein und spazieren in nördliche Richtung auf dem Dammweg weiter. Diese faszinierende und mystisch wirkende, bizarre Moorlandschaft lässt uns immer wieder innehalten. Lassen wir uns verzaubern und genießen den Augenblick.

Für die Seele

Eine Auszeit im Moor beschert uns unvergessliche Augenblicke, aus denen wir neue Kraft schöpfen.

Links und rechts des Dammes können wir die mit Wasser gefüllten ehemaligen Handtorfstiche und Gruben erkennen. Wichtiges Ziel des Naturschutzprojektes ist, die Neubesiedelung und das Wachstum von Torfmoosen zu fördern, was in großen Teilen sehr gut erkennbar ist.

*Wir sollten bei dieser Wanderung unbedingt auf den Wegen bleiben und die Augen offen halten. Im Naturschutzgebiet gibt es auch **Schlangen,** die sich gerne am Wegesrand sonnen und die Wärme genießen. Während die Ringelnatter harmlos ist, ist die Kreuzotter giftig.*

Hinter dem Königsmoor gelangen wir zum ❸ **Blumenthaler Moor.** Dort endet der Baumbewuchs des Weges, sodass wir eine offene Fläche erreichen, die in großen Bereichen sowie am Wegesrand mit Heide bewachsen ist. Im Blumenthaler Moor befindet sich auch die zentrale Hochfläche mit 21 Metern über Normalhöhennull. Außerdem gibt es noch einen 6 Meter dicken Torfkörper. Insgesamt hält die Moorfläche eine mindestens 30 Zentimeter dicke Torfschicht vor.

Wir spazieren auf dem Königsdamm weiter und gelangen zu einer T-Kreuzung, an der wir nach rechts in den Weg ❹ **Hinterer Königsdamm** einbiegen. Dieser Hauptdamm teilt das gesamte Moor in zwei Hälften; links und rechts des Dammes weitere Wasserflächen. Nutzen wir noch einmal die Gelegenheit, auf einer der Sitzbänke eine Auszeit zu nehmen und die Schönheit dieser wundervollen Moorlandschaft aufzunehmen, denn bald ändert sich die Landschaft wieder. Doch vorher kommen wir noch zum 3,6 Hektar großen ❺ **Oldendorfer See.** Das ist der zweite der beiden Moor-

Bis in die 1970er-Jahre wurde im Hohen Moor Torf gestochen. Die ***Renaturierung*** *begann in den 1960er-Jahren. Doch erst mit dem LIFE-Natur-Projekt der Europäischen Union von 2001 bis 2006 begann die richtige Wiedervernässung.*

seen in diesem Gebiet. Wenig später neigt sich unser Dammweg dem Ende zu und wir biegen nach links ab. Kurz darauf erreichen wir erneut die uns vertraute asphaltierte Straße, auf der wir uns wieder nach links wenden und wenig später am Parkplatz Herberts Hütte ankommen. Wer mag, hat jetzt die Möglichkeit, einen weiteren, kleineren und ebenfalls wunderschönen Rundweg über den historischen Erschließungsweg durch das Hohe Moor zu erkunden.

In der Straßenkurve, gegenüber der Parkplatzzufahrt, zweigt ein unbefestigter Weg ab. Dort befindet sich auch eine Infotafel. Anfangs entlang einer Baumreihe folgen wir dem Weg, der dann zum **6 Krummen Damm** wird, der zusammen mit dem Alten Damm wahrscheinlich einer der ältesten Erschließungswege im Hohen Moor ist. Nach 300 Metern erreichen wir eine große Wasserfläche, die von einem Damm unterbrochen wird. Bänke laden uns zu einer Rast oder einem Picknick ein. Herrlich, einfach hier zu sitzen, den Blick über das seenartige Gewässer schweifen zu lassen und die warmen Strahlen der Sonne auf der Haut zu spüren!

Nach unserer Auszeit setzen wir unsere Wanderung auf dem Krummen Damm fort, der seinem

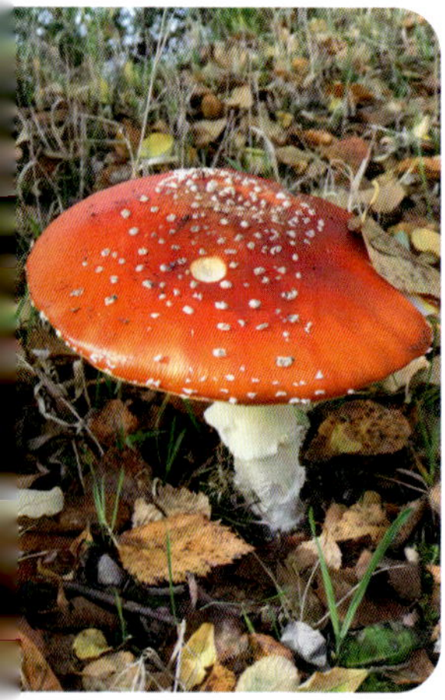

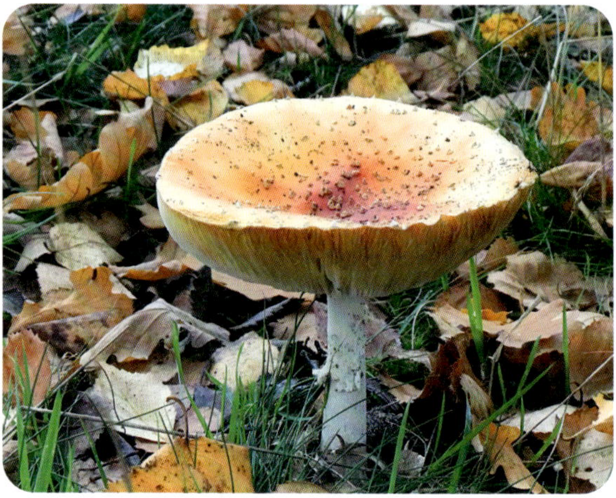

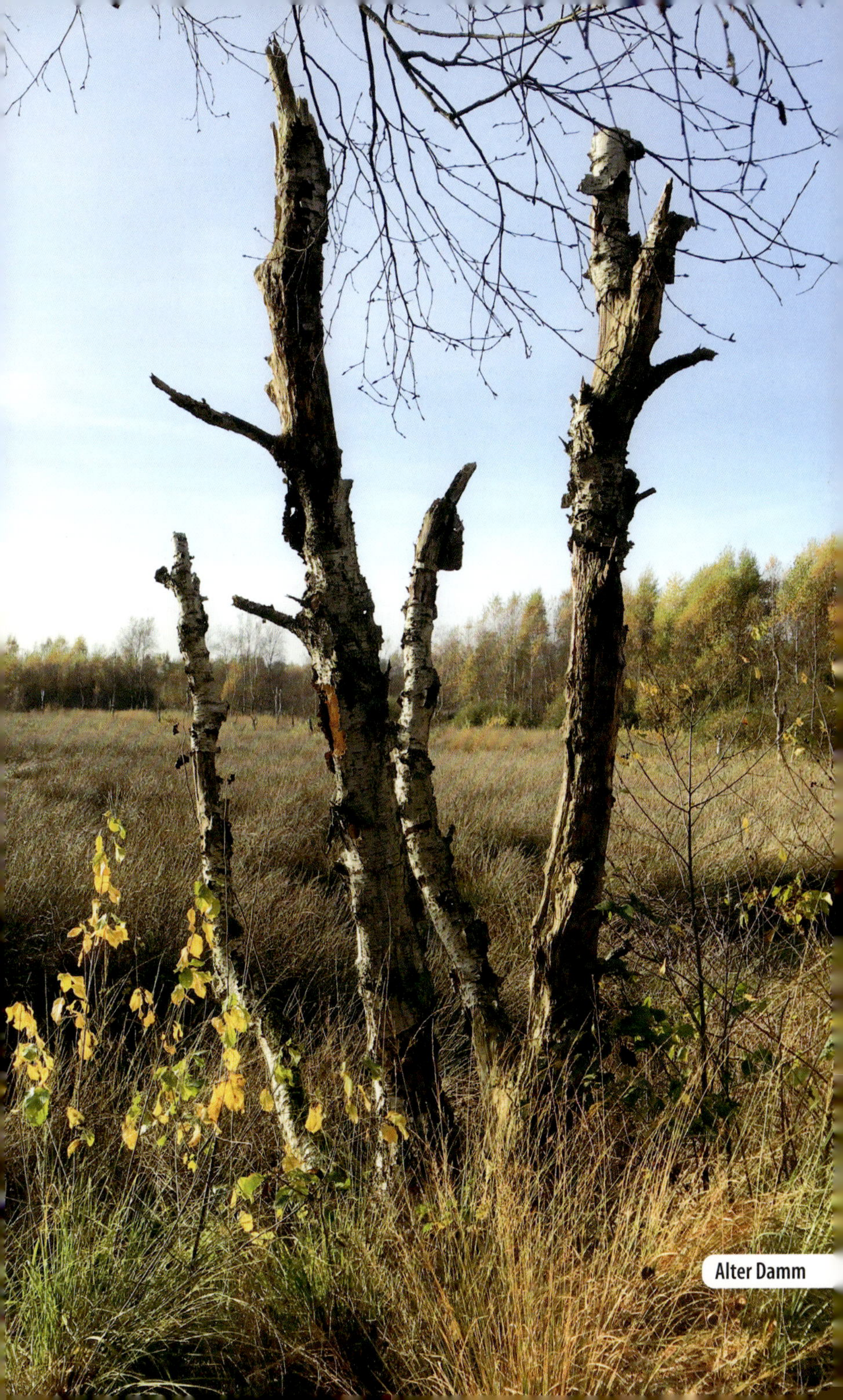
Alter Damm

Namen alle Ehre macht. So gelangen wir zum 7 **Alten Damm,** auf dem wir nach rechts einbiegen. Bis zur nächsten Abzweigung ist es nur ein kurzes Stückchen und so genießen wir noch einmal diese offenen Wasserflächen, bevor wir uns von dieser einzigartigen Moorlandschaft verabschieden müssen. An der nächsten Abzweigung halten wir uns rechts und folgen wenig später, nach einer Rechtskurve, dem Weg entlang des **Seegraben-Zuflusses,** bis er in die asphaltierte Straße einmündet. Dort halten wir uns wiederrum rechts und spazieren kurz darauf auf dem parallel zur Straße verlaufenden Fußweg weiter, der uns zurück zum Parkplatz führt.

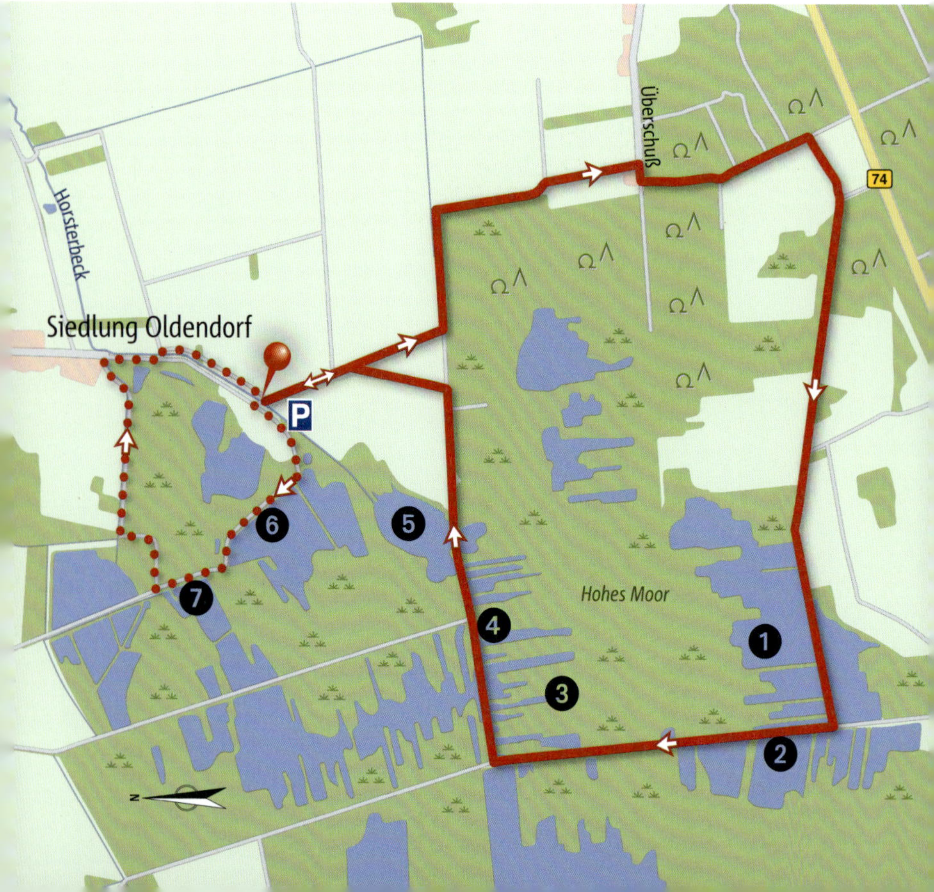

ALLES AUF EINEN BLICK

Entspannung 5/5
Abenteuer 2/5
Vielfalt 4/5

WIE & WANN

Überwiegend naturnahe Wege und kurze asphaltierte Passagen. Ganzjährig begehbar; wenn es viel geregnet hat, können Bereiche sehr nass sein. Festes Schuhwerk ist empfehlenswert. Beste Wanderzeit von April bis November, besonders schön zur Wollgrasblüte im Mai oder zur Heideblüte im August.

HIN & WEG

Auto: Parkplatz am Hohen Moor/Herberts Hütte, 21726 Oldendorf
(GPS: 53.559149, 9.276430)
ÖPNV: Keine direkte Anbindung an die Strecke

ESSEN & ENTSPANNEN

Für unterwegs bitte an Rucksackverpflegung denken.
Eine Einkehrmöglichkeit gibt es leider nicht.

ENTDECKEN & ERLEBEN

1. **Königsmoor**
2. **Königsmoordamm**
3. **Blumenthaler Moor**
4. **Hinterer Königsdamm**
5. **Oldendorfer See**
6. **Krummer Damm**
7. **Alter Damm**

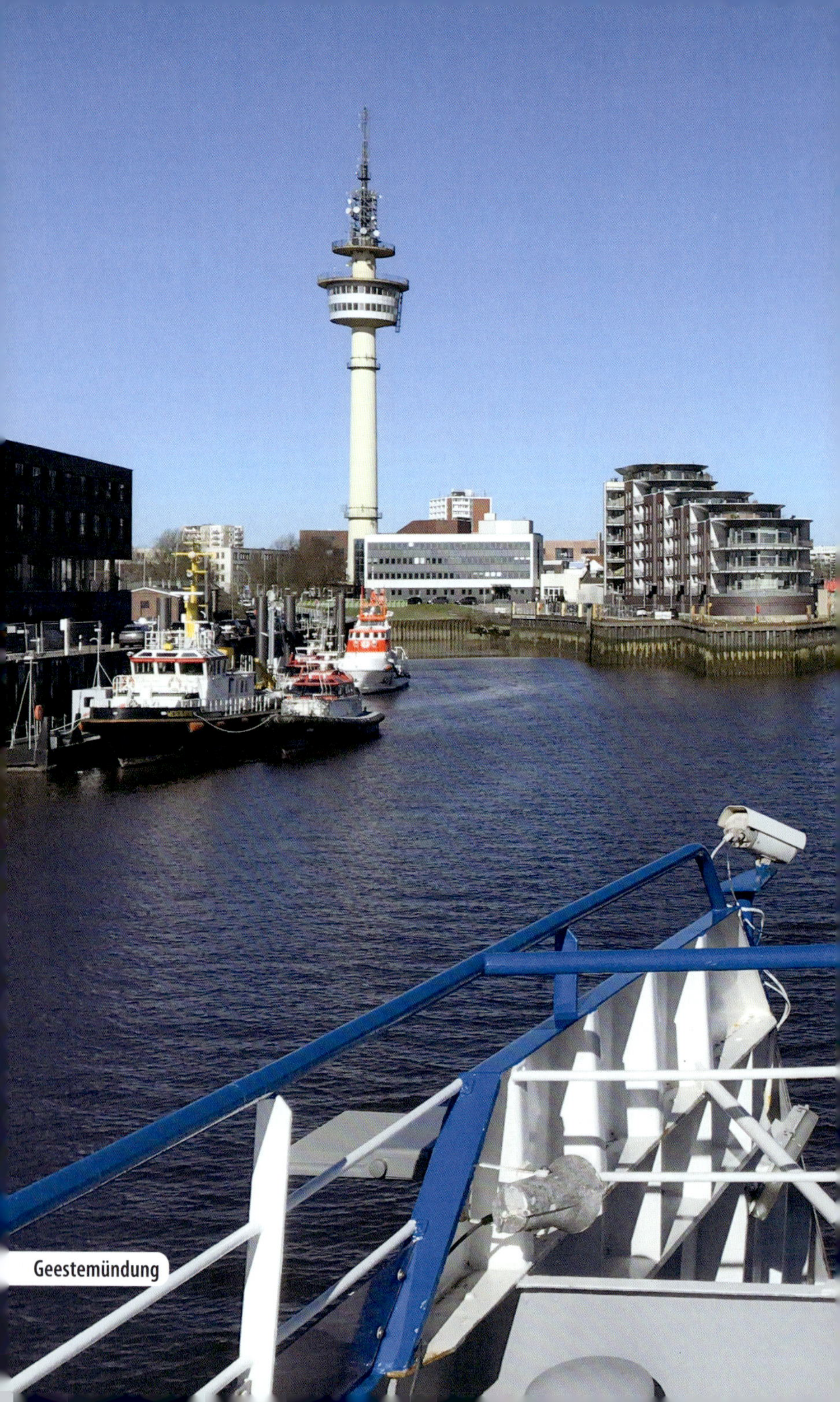

Geestemündung

Weser-Kreuzfahrt

„Hol över" von Bremerhaven nach Blexen

Diese abwechslungsreiche und erfrischend spritzige Panoramatour überrascht uns mit besonders interessanten Ausblicken zu beiden Seiten der Weser.

Wir starten am Fähranleger in Bremerhaven, der direkt an der ❶ **Geestemündung** liegt. Von dort bringt uns die Weserfähre in knapp 15 Minuten auf die andere Uferseite. Allein die Fährfahrt ist schon ein besonderes Erlebnis. Oben an Deck sitzend genießen wir den weiten Blick über die Weser, die hier besonders breit ist, da sie einen Bogen macht. Von hier können wir den Ablegevorgang gut beobachten. Dann heißt es Leinen los und auch wir können nun unseren Alltagsstress loslassen, uns ganz entspannt zurücklehnen und uns den Wind um die Nase wehen lassen. Die frische Luft belebt uns und wir genießen die kleine Seefahrt über den Strom.

Zügig ziehen wir an der Mole vorbei, die uns dann den Blick auf das Weserstrandbad und die Skyline von Bremerhaven freigibt. Schnell wird Bremerhaven immer kleiner. Möwen und der Wellenschlag begleiten uns. Das gleichmäßige Tuckern des Fährmotors macht uns ruhig. Bald schon können wir auf der anderen Weserseite, der Wesermarsch, das ❷ **Weserschlösschen** erblicken, das unmittelbar am Fähranleger steht und seit 2020 wieder in neuem Glanz erstrahlt. Das denkmalgeschützte Gebäude wurde 1907 als Bahnhofsgebäude errichtet und war bis 1979 als solches in Betrieb. Dann wurde die Bahnstrecke Blexen-Nordenham stillgelegt und das Gebäude stand viele Jahre leer. 2017 haben

Kilometer: 9
Höhenmeter: 40
Stunden: 2,5
RUNDWEG

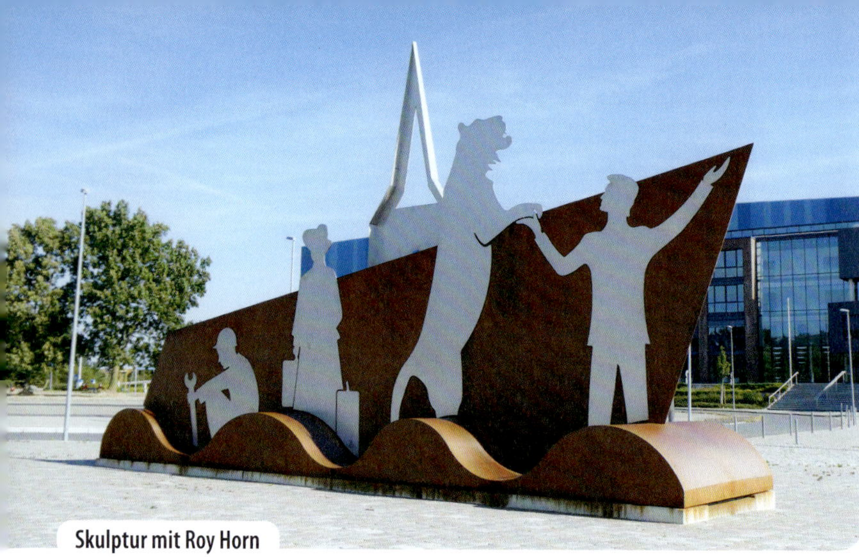
Skulptur mit Roy Horn

sich neue Besitzer gefunden, die es liebevoll wieder hergerichtet haben und es jetzt als Hotel mit gastronomischem Betrieb führen.

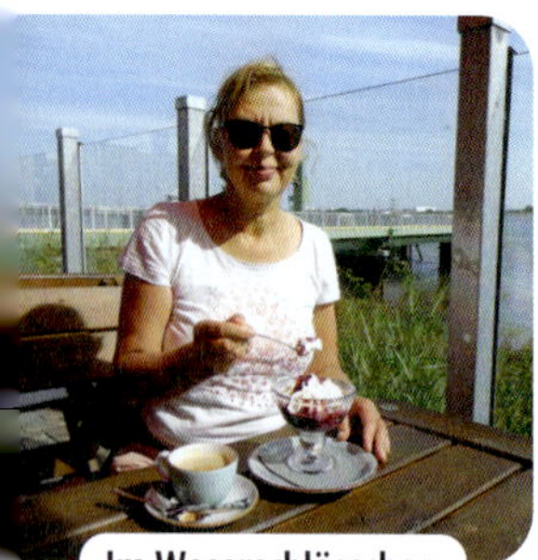
Im Weserschlösschen

Am anderen Weserufer angekommen, verlassen wir die Fähre und halten uns am Ende des Fähranlegers rechts. Wir erreichen einen kleinen, neu gestalteten Platz mit ❸ **Skulptur.** Sie wurde 2021 vor dem architektonisch ansprechenden Steelwind-Gebäude aufgestellt und soll unter anderem an den weltberühmten Magier Roy Horn (verstorben 2021) erinnern. Wir gehen nach rechts über den Platz, dem Fußweg folgend Richtung **Titanstraße/Blexer Reede,** die im weiteren Verlauf parallel zu einer großen Halle verläuft.

Am Ende der **Blexer Reede** ist ein Gattertor, durch das wir auf den Weg unterhalb des Deiches gelangen. Schon von hier tut sich uns ein herrlicher Blick über die auf Wiesen grasenden Schafen, die Weser und nach Bremerhaven auf. Ob wir das Watt oder das Wasser sehen, ist gezeitenabhängig. Doch in der Mitte der Weser, in der Fahrrinne, ist immer genug Wasser für die Schifffahrt. Auf knapp 3 Kilometern Länge führt uns der Weg am Deich des ❹ **Blexener Bogens** entlang. Was gibt es Schöneres, als bei einem Deichspaziergang den Kopf frei zu bekommen? Zwischendurch laden Bänke zum Verweilen ein, um genussvoll den Blick über das Wasser schweifen zu lassen, die herrliche frische Seeluft einzuatmen oder einfach nur die Ruhe voll und ganz zu genießen.

Auf unserem Weg gibt es eine Kuriosität: Genau in dem Bereich, wo der Bogenscheitelpunkt des Weges ist, verläuft eine Ländergrenze. Wer hätte gedacht, dass wir hier ein kleines Stückchen wieder auf Bremerhavener Boden laufen? Leider ist die offizielle Grenze nicht erkennbar. Der Weg leitet uns dann auf den Deich hinauf zu einem beliebten Aussichtspunkt. Bremerhaven von dieser Seite zu sehen ist immer ein ganz besonderes Erlebnis, und auch die großen Schiffe lassen sich von hier gut beobachten. Außerdem sehen wir die Halbinsel Langlütjen. Landeinwärts schauen wir auf den Flughafen von Blexen. Dort ist seit 2016 der Motorsegler und Segelflug Club Bremerhaven beheimatet. Die Häuser und die Kirche gehören zu Blexen, das seit 1933 ein Ortsteil der Stadt Nordenham ist. Hier oben auf dem Deich steht seit 2021 der ❺ **Blexer Weserstein,** der den Verlauf der Weser und des Weser-Radweges vom Ursprung, wo Werra und Fulda in Hannoversch Münden zusammenfließen, bis zur Mündung zeigt.

Für die Seele

An der Weser erwarten uns herrliche Panoramablicke von Deck und ein Perspektivwechsel vom Deich.

Der Weg Richtung Norden führt uns wieder vom Deich hinunter und nach 800 Metern erreichen wir das kleine Wurtendorf Volkers mit seiner Handvoll Einwohnern.

Am Deichfuß steht ein Tor mit der Aufschrift „Volkers“ und links daneben ein Pegelanzeiger von Sturmfluten. Wer mag, geht die Treppe hoch auf den Deich, lässt sich noch einmal auf die dortige Bank nieder und genießt den weiten Blick über das Wasser und auf Bremerhaven mit seinen Hafenkränen.

*Eine **Wurt** ist eine künstliche Aufschüttung für Siedlungen, Höfe, Kirchen und Gebäude für Menschen und Tiere. Wir finden sie in Marschengebieten, da sie früher als Schutz vor Sturmfluten dienten. Man kann sie heute noch vielfach in der Marsch erkennen.*

Gegenüber dem Tor mündet die Dorfstraße von Volkers. Wir spazieren in die nette kleine Ortschaft, wo es urige Straßennamen wie Schmuggelpadd und

Kanonenweg gibt. Der ❻ **Kanonenweg** zweigt gleich rechts am Anfang der Dorfstraße ab und der kleine Platz davor ist liebevoll gestaltet. Wie biegen in den Kanonenweg ein. Tatsächlich wurden hier während der Franzosenzeit von 1810 bis 1813 Kanonen transportiert. Man mag es gar nicht wahrhaben, dass der Krieg auch hier seine Spuren hinterlassen hat, denn heute ist dies ein sehr idyllischer Alleenweg aus Eschen, Weiden und Eichen. Am Anfang des Weges beginnt eine Audio-Installation zur Geschichte, die auch erzählt, was es mit dem ❼ **Jedutenhügel** auf sich hat, zu dem wir gleich gelangen werden. Der Jedutenhügel ist von Menschenhand erschaffen, doch seine Bedeutung ist bis heute nicht geklärt. So soll die davorstehende Kunstinstallation der Künstlerinnen Bärbel Deharde und Ute Extra dem Hügel Aufmerksamkeit verschaffen.

Wir gehen den Grasweg weiter und lauschen dem rauschenden Schilf, das zwischen den Bäumen wächst und sich im Wind hin und her wiegt, bis wir auf die **Deichstraße** stoßen und nach links abbiegen. Danach nehmen wir an der zweiten Abbiegung linksseitig den Weg in Richtung Deich und gelangen wieder zum Weserstein. Dort verlassen wir den Deich, gehen entweder landseitig nach unten und folgen der Straße **Am Rhynschloot** am Deichfuß oder bleiben auf der Deichkrone. Vor uns sehen wir die auf einer Wurt erbaute ❽ **St.-Hippolyt-Kirche,** bei der wir einen Stopp einlegen.

Ein Rundgang um die überwiegend aus Backstein erbaute Kirche aus dem 12. Jahrhundert ist lohnenswert. Dabei stoßen wir auf den an der Südseite des Kirchhofs gelegenen Süßwasserbrunnen, die Willehadiquelle, die im Mittelalter als wunderkräftig galt und Ziel von Wallfahrten war. Heute ist sie nicht mehr in Betrieb. Durchaus interessant ist auch ein Besuch im Inneren der Kirche. Die bemalte Holzdecke, die alte Orgel und der Altar sowie die weitere Ausstattung sind sehr sehenswert.

*Ab ungefähr 780 begann die Christianisierung an der Unterweser. Die **erste Kirche in Blexen** wurde um 840 erwähnt, archäologische Spuren datieren um das Jahr 1000. Erst danach begann man, eine steinerne Kirche zu bauen.*

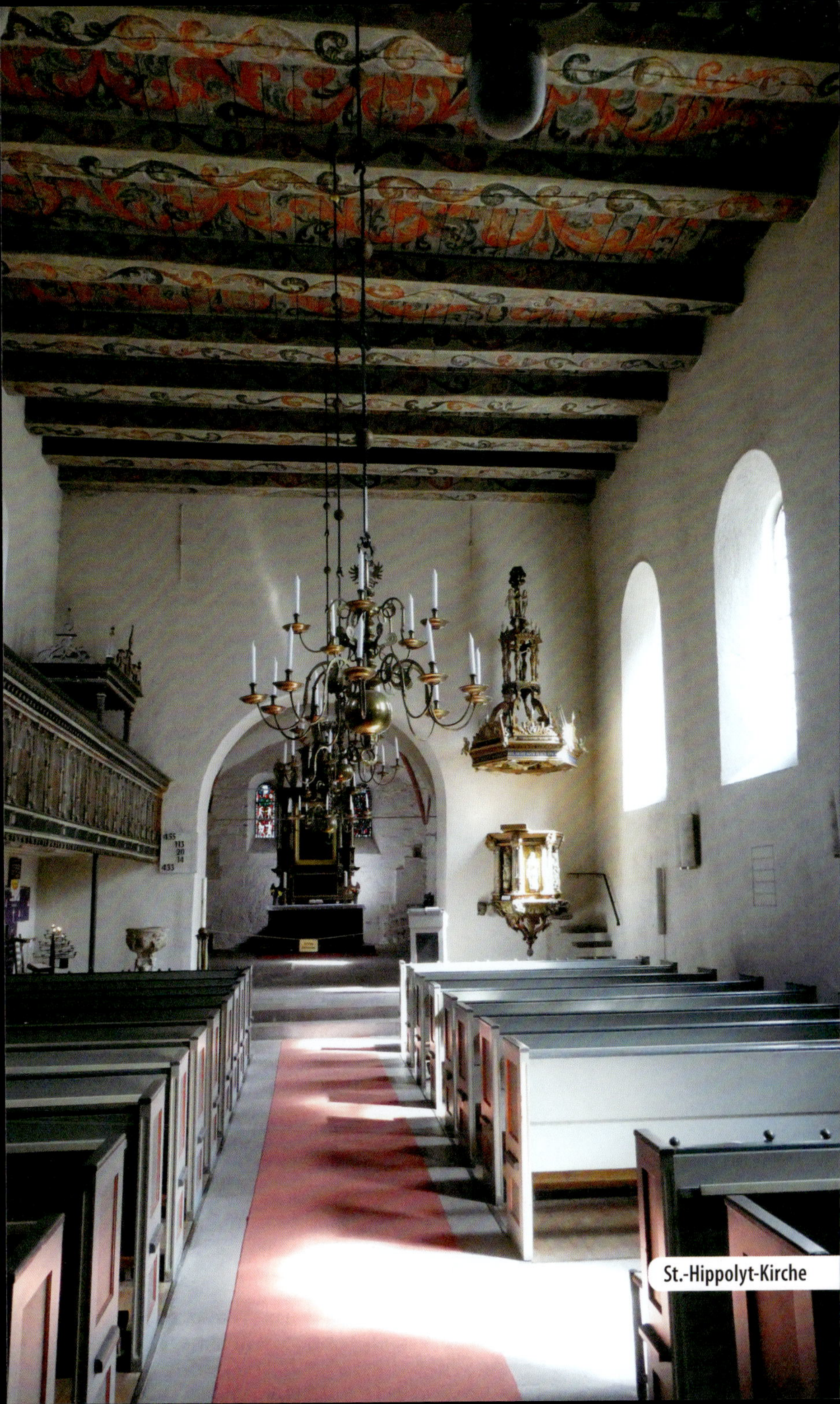

St.-Hippolyt-Kirche

*Im **Weserschlösschen** wird eine vielseitige, internationale Küche aus überwiegend regionalen Produkten angeboten. Auf der Außenterrasse lässt es sich entspannt sitzen, auf die Weser schauen und Schiffe beobachten. Hier können wir innehalten und genießen.*

Vor der Kirche treffen wir wieder auf die **Deichstraße.** Wir gehen circa 150 Meter nach links und gelangen erneut zu einem Deich, auf dessen Deichkrone wir weiterwandern, bis wir am Ende erneut auf die **Titanstraße** stoßen und von dort das Weserschlösschen erblicken. Beim **Weserschlösschen** sind wir auch gleichzeitig am Fähranleger ankommen.

Falls die Fähre noch nicht da ist, kann man hier wunderbar einkehren und sich gemütlich die Zeit vertreiben, bis die nächste oder übernächste Fähre kommt, die uns dann wieder zurück nach Bremerhaven bringt. So genießen wir noch einmal unsere Mini-Kreuzfahrt in vollen Zügen, bevor wir wieder am Fähranleger, unserem Startpunkt, ankommen.

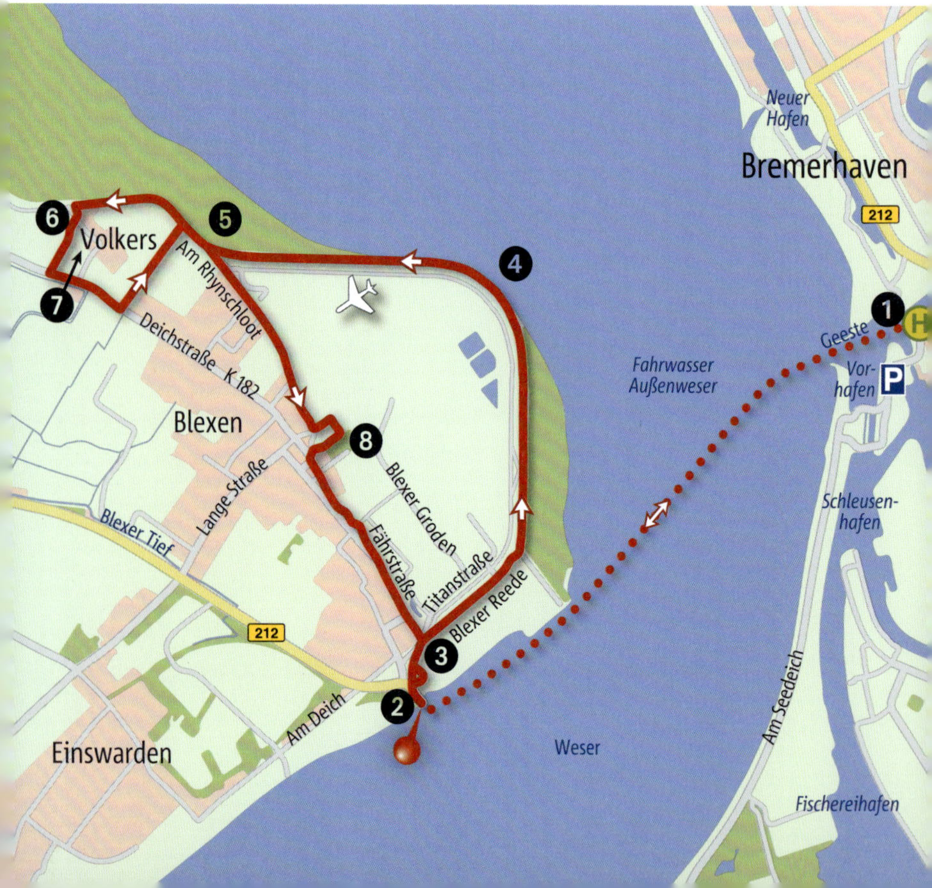

ALLES AUF EINEN BLICK

Entspannung 5/5
Abenteuer 2/5
Vielfalt 3/5

WIE & WANN

Überwiegend befestigte Wege. Ganzjährig begehbar, beste Wanderzeit von April bis November.

HIN & WEG

Auto: Parkplatz direkt vor dem Fähranleger (kostenpflichtig), An der Geeste, 27570 Bremerhaven (GPS: 53.537347, 8.582779)
ÖPNV: Bus 508, 509, HL, S, Haltestelle Bremerhaven Weserfähre; Fahrplan der Fähre unter www.weserfaehre.de

ESSEN & ENTSPANNEN

2 **Weserschlösschen,** Fährstraße 90, 26954 Nordenham, Tel. (0 47 31) 3 24 99 14, www.weserschloesschen-nordenham.de

ENTDECKEN & ERLEBEN

1 **Geestemündung**
3 **Skulptur für Roy Horn**
4 **Blexener Bogen**
5 **Blexer Weserstein mit Aussichtspunkt**
6 **Kanonenweg in Volkers**
7 **Jedutenhügel**
8 **St.-Hippolyt-Kirche**

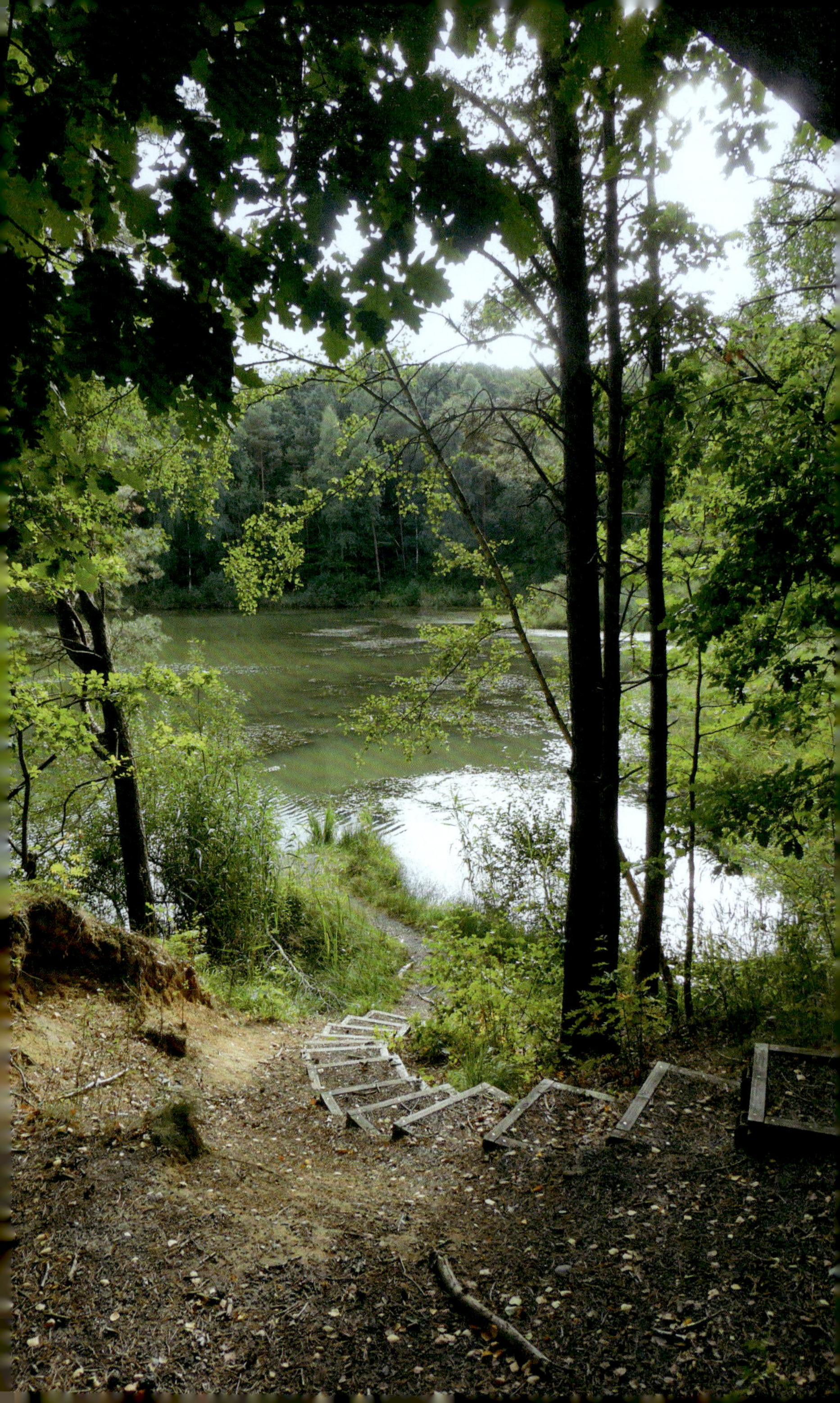

Eiszeitrelikte

Über den Westerberg bei Lamstedt

Am südlichen Rand des Parkplatzes führt uns der Weg in den Wald. Geradewegs und mit leichter Steigung, bis wir am Ende auf einen Querweg stoßen. Nun sehen wir schon die Schilder des **Naturschutzgebietes Westerberg und oberes Hackemühlener Bachtal.** Wir biegen nach links ab und erblicken nach gut 300 Metern auf der linken Seite, im lichten Wald, das **1 Hünengrab Steenaben.**

Bei dieser gut erhaltenen, ungefähr 4500 Jahre alten ***Megalithanlage*** *mit dem Namen Steenaben oder Steinofen handelt es sich um ein sogenanntes Ganggrab. Funde in der Grabkammer sind nicht bekannt. Das Grab ist auf dem Lamstedter Wappen erkennbar.*

Bänke laden zum Verweilen ein. Auf dem Geestrücken des Westerberges gab es frühe, vorchristliche Besiedelungen, und wenn wir auf unserer Wanderung aufmerksam schauen, können wir immer wieder kleine Erdhügel im Wald ausmachen. Das sind Hügelgräber.

Nach dem Besuch des Hünengrabes setzen wir unseren Weg geradeaus über die nächste Kreuzung, an der Edelkastanien stehen, fort. Beim nächsten Querweg halten wir uns links, nach knapp 100 Metern rechts und kurz darauf erneut rechts. Hier gibt es wieder eine sanfte Steigung. Der Mischwald ist hier sehr vielseitig und lädt zum Bestaunen und Entdecken ein. Es riecht herrlich nach Terpenen und das tiefe Ein- und Ausatmen tut gut. So können wir ganz einfach unseren Alltag hinter uns lassen und neue Energie tanken.

Kilometer: 12
Höhenmeter: 140
Stunden: 3
RUNDWEG

Bald darauf kommen wir an einer **Lichtung** vorbei, wo wir auf einen Querweg stoßen und nach rechts abbiegen, um uns nach wenigen Metern nach links zu wenden. Anfangs gehen wir ein kurzes Stückchen auf einem etwas zugewucherten Grasweg, der auch sehr feucht sein kann. Der Weg mündet in einen

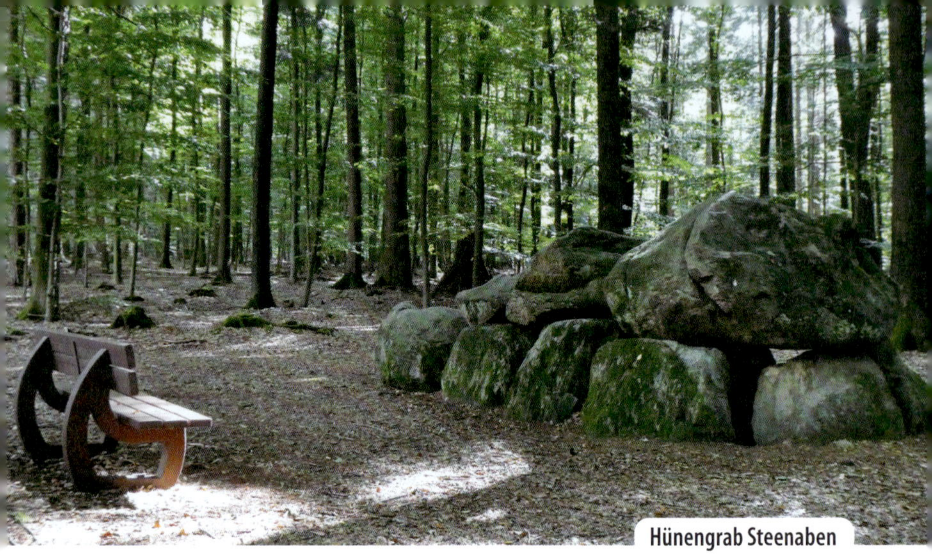

Hünengrab Steenaben

Hauptweg, wo wir wieder nach links abbiegen. Die nächste, etwas unscheinbare Abzweigung erreichen wir nach circa 250 Metern auf der rechten Seite, sie ist nur wenige Schritte von dem links einmündenden Weg entfernt. Wir beschreiten auf 100 Metern einen etwas wilden Grasweg und wenden uns dann nach rechts. Dieser Pfad verläuft zwischen Tannen auf der linken und Buchen auf der rechten Seite. Nun ignorieren wir alle kommenden Abzweigungen, kreuzen ein **Bachbett** und gelangen zu einem Querweg. Dort wenden wir uns nach links und wandern leicht abwärts, immer geradeaus durch den herrlichen Mischwald, bis wir erneut den Hauptweg erreichen. Nun wenden wir uns nach rechts und sehen schon die nächste Abzweigung, die nur wenige Meter entfernt auf der linken Seite einmündet. Der Weg verläuft mit Gefälle und bietet uns ein herrliches Panorama in den Wald hinein. Von hier oben können wir gut die **Faltungen des Geestrückens,** der aus der Saalekaltzeit entstanden ist, erkennen. Ebenso lassen sich die Schattenspiele der hineinscheinenden Sonne beobachten.

*Seit 2012 steht das Gebiet **Westerberg und oberes Hackemühlener Bachtal** mit einer Größe von 218 Hektar unter Naturschutz. Das Geestgebiet wird geprägt durch Quellbäche, Mischwälder aus Buchen und Eichen sowie landwirtschaftlich genutzte Flächen.*

Vorsicht, im Wald können wir immer mal auf kleine Frösche stoßen, die unseren Weg kreuzen. Das heißt, wir bleiben weiter achtsam, damit wir nicht auf die kleinen Amphibienwesen treten. Wir wandern abwärts bis zur nächsten Kreuzung, gehen nach rechts und an der nächsten Kreuzung erneut nach rechts. Der Waldweg führt uns wieder aufwärts, zurück zum Hauptweg. Diesem folgen wir nach links bis zum Ende und erreichen so den Waldrand, von wo aus wir einen herrlichen **2 Panoramablick** auf die Geestniederung haben. Wir sehen eine große Sandabbaukuhle und landwirtschaftlich bestellte Felder.

Für die Seele

Wir wandern über den Geestrücken des Westerberges und bewundern riesige Zeugen aus der Eiszeit.

Nachdem wir den Blick in die Niederung genossen haben, wenden wir uns zurück zum Wald und nehmen den schräg abgehenden Weg in Richtung Westen, der anfangs auf der rechten Seite einen kleinen Wall hat, auf dem alte Buchen wachsen. Diesem folgen wir bis zum Ende, wo wir erneut an einen **Waldrand** gelangen. Jetzt gehen wir nach rechts und mit leichter Steigung aufwärts. Links von uns Felder, rechts der Waldrand mit vielen Eichen, Eschen und Buchen. Es lohnt sich, stehen zu bleiben, um rückblickend die herrliche Aussicht in die Niederung zu genießen.

Nach etwa 250 Metern tauchen wir wieder in den Wald des Naturschutzgebietes ein. Bei der zweiten Abzweigung auf der linken Seite folgen wir einem Pfad,

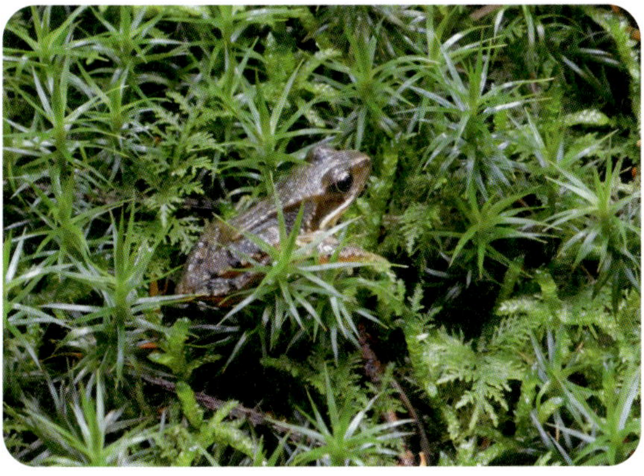

der uns um zwei hintereinanderliegende Teiche führt. Dieser Bereich gehört nicht mehr zum Naturschutzgebiet. Doch dieser zauberhafte Pfad leitet uns nicht nur durch Laubgehölze wie Eichen, Buchen und Birken, sondern lotst uns auf einen Panoramaweg um die tiefer liegenden **3 Teiche** herum, bis wir erneut auf den Hauptweg kommen. Dabei brauchen wir uns an jeder Abzweigung nur rechts zu halten und gelangen so um die malerisch eingebetteten Teiche des Geestrückens. Zwischendurch gibt es immer mal die Möglichkeit, zum Ufer des Teiches hinabzusteigen, was man nicht versäumen sollte. Am Teichufer können wir uns niederlassen und die hier herrschende absolute Ruhe genießen, die Gedanken ziehen lassen, um zu träumen. Die Idylle macht das Herz weit vor Freude und lässt uns den Alltag völlig vergessen.

*Die **Krause Glucke** ist ein sehr schmackhafter Pilz. Wer ihn findet, soll ein Glückspilz sein. Man entdeckt ihn überwiegend in der Zeit von September bis November. Für Waldbesitzer ist er aber ein Alptraum, da er besonders die Wald-Kiefer zerstört.*

Am Hauptweg angekommen, gehen wir diesen rund 150 Meter weiter, bis ein weiterer Pfad nach links abzweigt. An der kommenden Gabelung halten wir uns erneut links. Dieser schmale Pfad ist genauso zauberhaft wie der vorherige und bietet ebenfalls Möglichkeiten, hinab zum Teichufer zu steigen. An der nächsten Abzweigung, dort wo ein Feld ist, wenden wir uns nach rechts und erreichen nach wenigen Metern eine **4 Schutzhütte,** die auf zwei Drittel der Wegstrecke auf etwa 60 Metern Normalhöhennull steht.

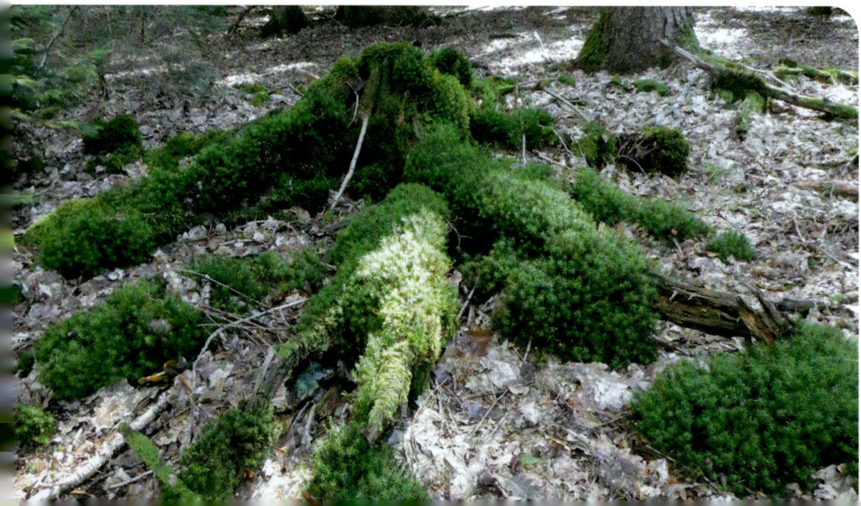

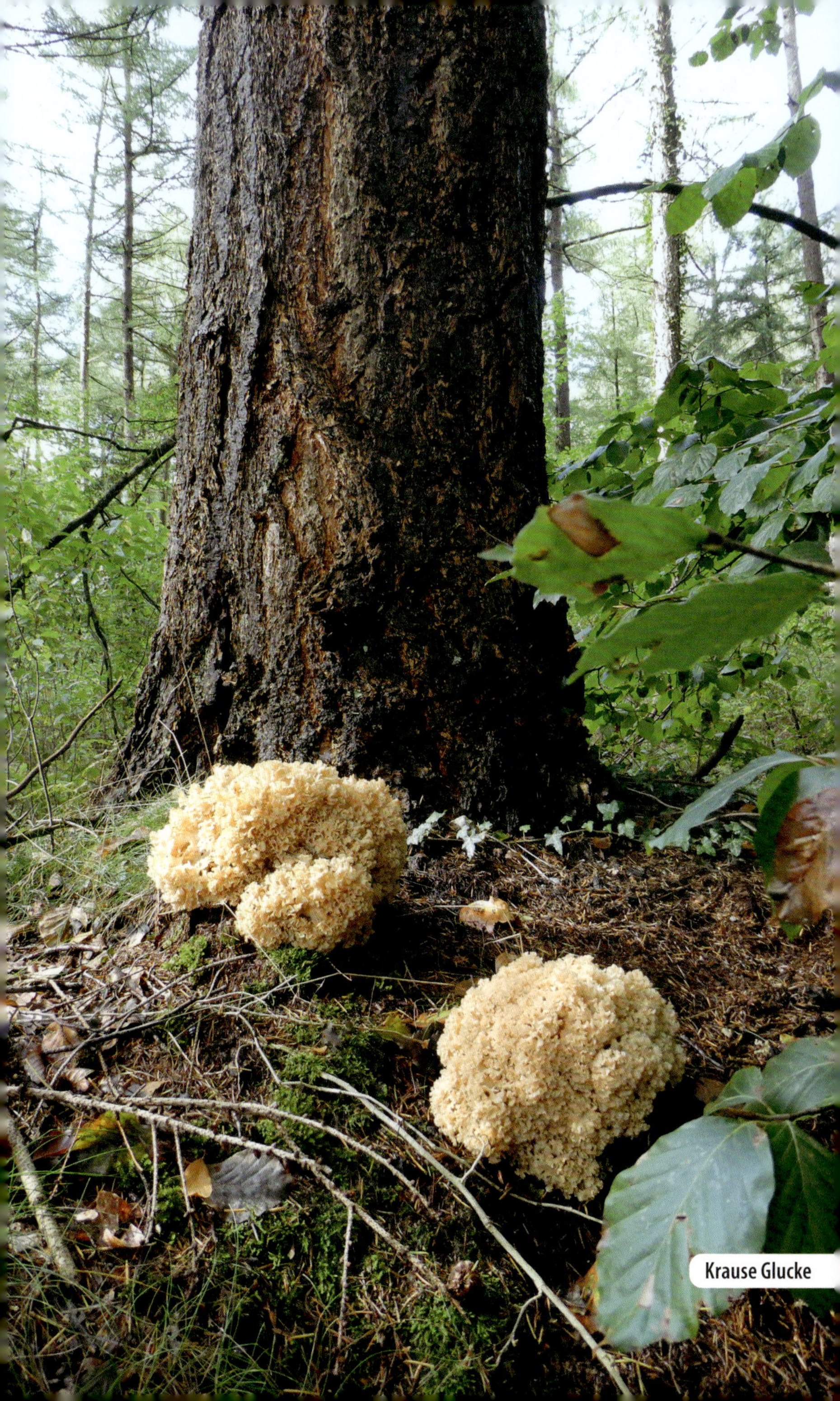

Krause Glucke

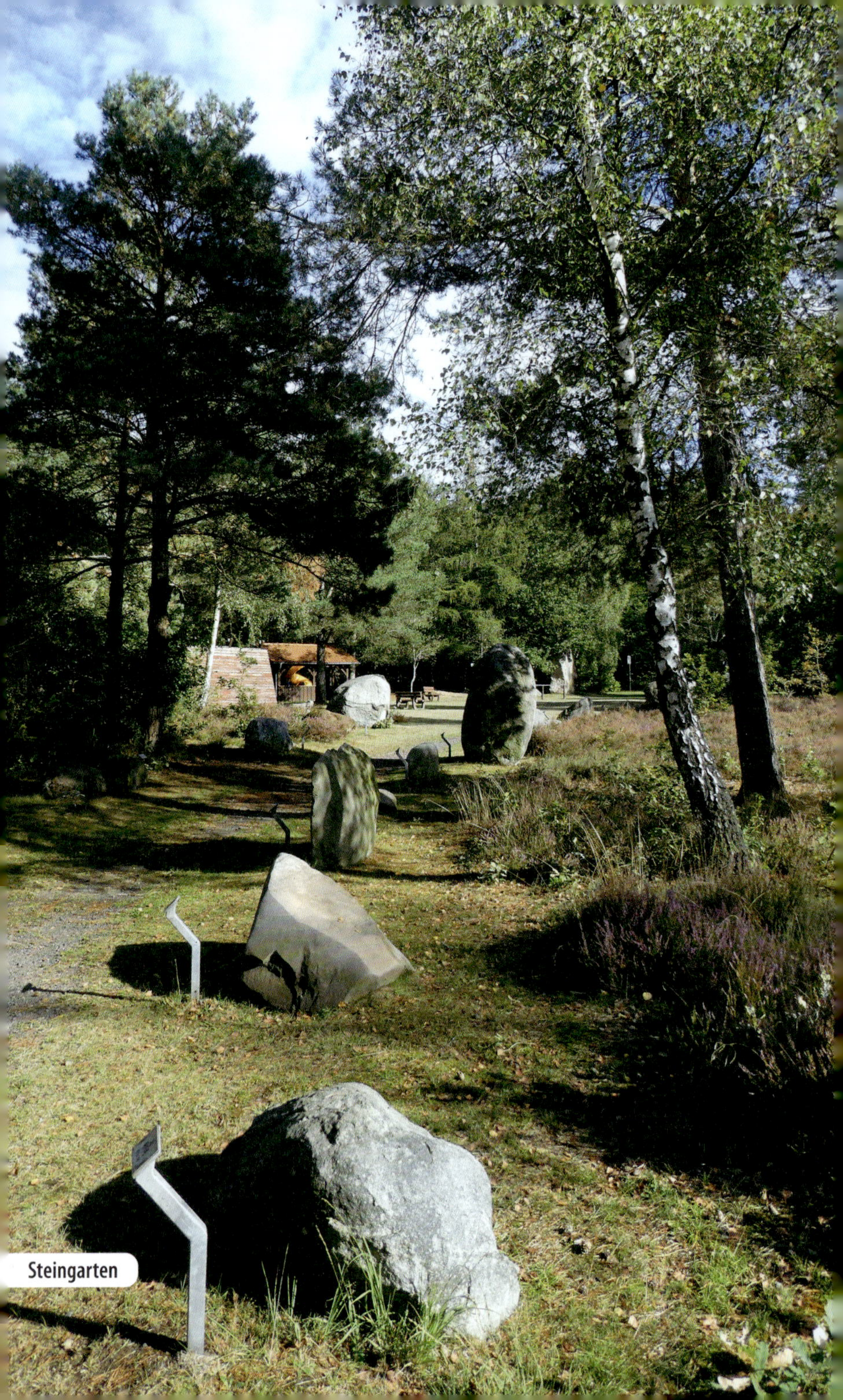

Steingarten

Der davor angelegte Platz mit Bänken lädt zu einer Pause ein. Von hier hat man einen herrlichen Panoramablick hinab auf den Teich. Seitlich führt ein Weg hinunter. So können wir den Teich aus einer anderen Perspektive wahrnehmen, dem Rauschen des Schilfes lauschen und im Licht auftanken. Nach der Rast setzen wir unseren Weg fort und wandern den Pfad bis zum Hauptweg zu Ende. Dort angekommen, wenden wir uns nach links. Im Herbst können wir hier viele verschiedene Pilze entdecken und mit etwas Glück auch die Krause Glucke.

Der Hauptweg führt uns aus dem Wald hinaus, wir erreichen Felder und erblicken in östlicher Richtung den **Funkturm** von Lamstedt. Wir ignorieren alle Abzweigungen und wandern am Waldrand entlang, mit schönem Blick auf die Niederung, bis wir am Ende der Felder auf einen Querweg stoßen und nach rechts wieder in den Wald eintauchen. Auch dieser Teil des Waldes ist sehr facettenreich. Nach circa 500 Metern erreichen wir eine Kreuzung und gehen nach rechts weiter. Geradeaus, über die nächste Kreuzung, queren wir ein **Bachbett** und gelangen nach einer Linkskurve zu einer weiteren Kreuzung, wo wir nach rechts abbiegen. Der Wald ist jetzt lichter. An der zweiten Kreuzung nehmen wir den Weg nach links, der uns direkt zum Parkplatz zurückführt.

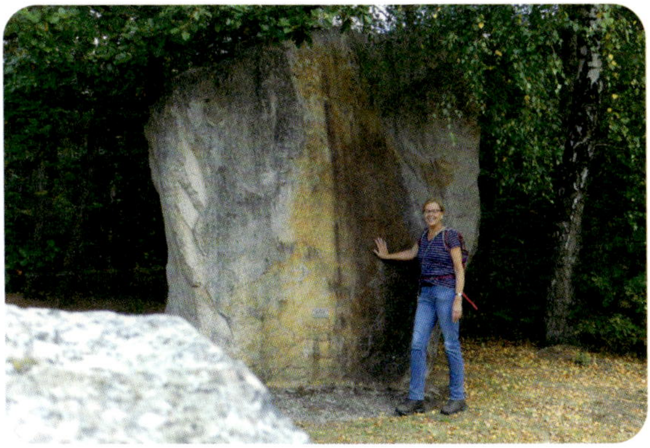

*Im **Steingarten** werden 106 Exponate von Findlingen gezeigt, die überwiegend im Elbe-Weser-Dreieck gefunden und von Skandinavien hierhergeschoben wurden. Das ist die größte Sammlung in Niedersachsen. Die meisten Findlinge bestehen aus Granit oder Gneis.*

Der auf der anderen Straßenseite gelegene 5 **Steingarten** ist der krönende Abschluss unserer Wanderung und ein unbedingtes Muss, das wir uns nicht entgehen lassen sollten. Ein rund 600 Meter langer Rundweg führt uns an den Zeitzeugen der letzten Eiszeit vorbei, die die gewaltigen Gletscher von Skandinavien ins Elbe-Weser-Dreieck geschoben haben. Mehrere Bänke und Picknickplätze laden zum Verweilen und Innehalten ein. Es gibt einen kleinen Kinderspielplatz und einen angegliederten Naturlehrpfad. Informationstafeln geben Auskunft über den Verlauf der Gletscher und die Fundorte der beeindruckenden Exponate.

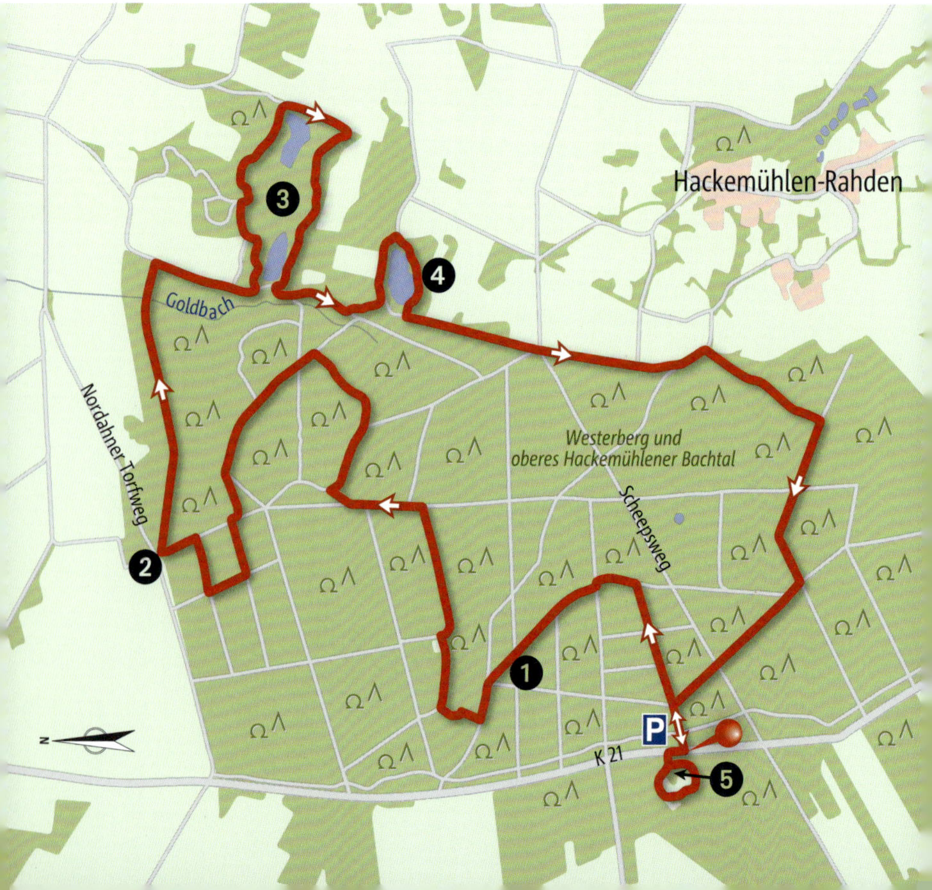

ALLES AUF EINEN BLICK

Entspannung 5/5
Abenteuer 3/5
Vielfalt 3/5

WIE & WANN

Naturnahe Wald-, Forst- und Graswege. Beste Wanderzeit von April bis November. Wenn es viel geregnet hat, kann es an einigen Stellen sehr nass sein, daher unbedingt festes Schuhwerk anziehen.

HIN & WEG

Auto: Parkplatz gegenüber vom Steingarten an der K21, 21769 Lamstedt (GPS: 53.660567, 9.076041)
ÖPNV: Keine direkte Anbindung an die Strecke

ESSEN & ENTSPANNEN

Für unterwegs bitte an Rucksackverpflegung und ausreichend Wasser denken. Keine Einkehr möglich.

ENTDECKEN & ERLEBEN

1. **Hünengrab Steenaben**
2. **Panoramablick**
3. **Teiche**
4. **Teich mit Schutzhütte**
5. **Steingarten Lamstedt**

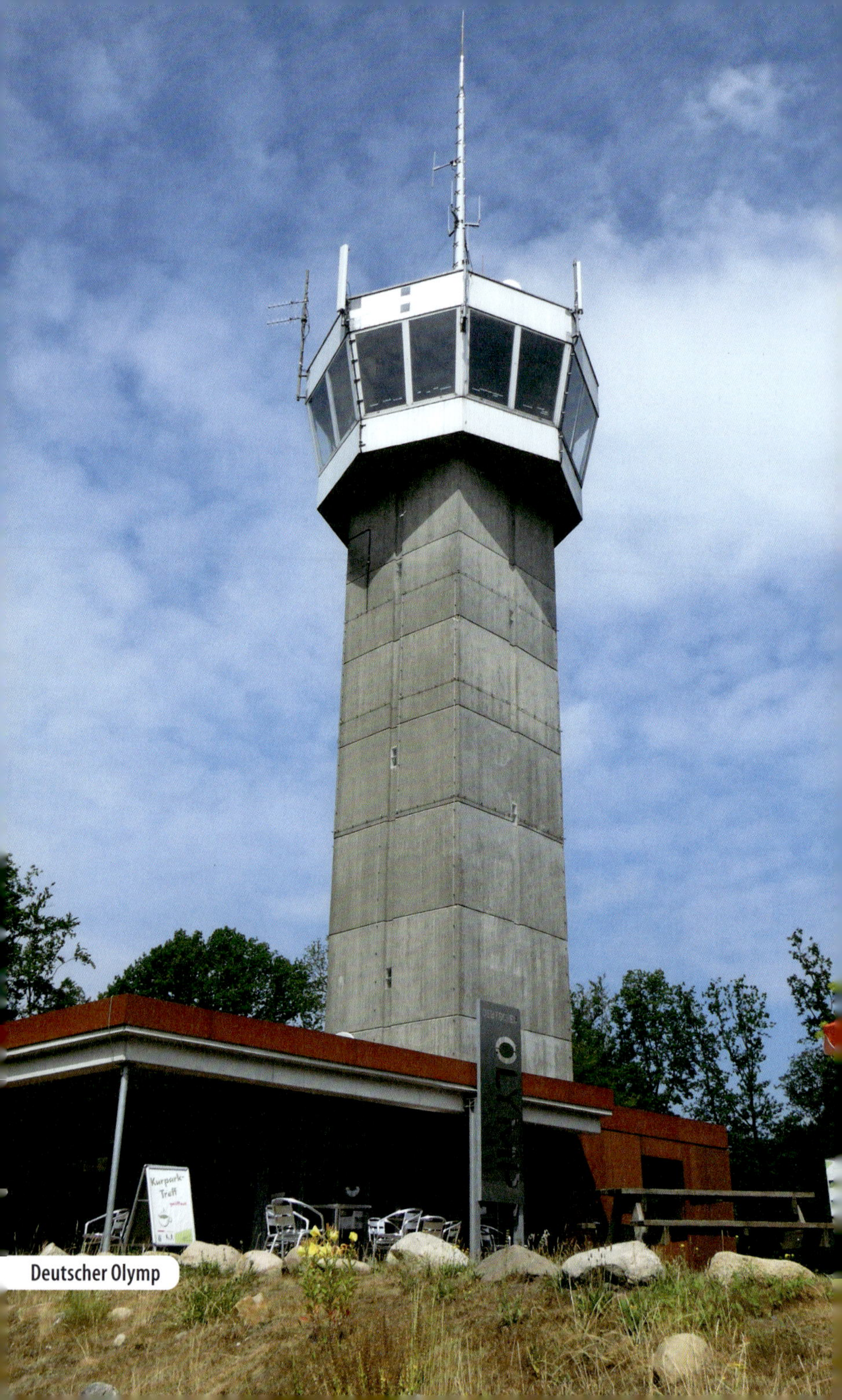

Deutscher Olymp

Auf zum Olymp!

Weite Ausblicke von der Wingst

Erste und frühe Besiedelungen gab es hier bereits in der Jungsteinzeit, aber auch aus späteren Epochen treffen wir viele Zeitzeugen auf dem Höhenzug der Wingst. Hier gibt es nicht nur viel zu entdecken, sondern hier liegt auch die höchste Erhebung im Elbe-Weser-Dreieck. Heute ist die Wingst ein beliebtes Naherholungsgebiet, wobei man im Wald noch die Stille findet.

Diese Wanderung lässt sich um 3 Kilometer ***verkürzen*** *und ist dann mit 13 Kilometern Länge ideal für alle, die nicht ganz so weit wandern möchten. Dabei entfällt allerdings der wunderschöne Teil am Neuhaus-Bülkauer Kanal. Man bleibt im Wingster Wald.*

Unsere Wanderung starten wir am südwestlichen Ende des Parkplatzes auf der Straße **Am Olymp** und gehen sie 150 Meter aufwärts. Dann biegen wir nach links in den Kurpark ein und folgen dem Waldweg, der uns an der Konzertmuschel vorbeiführt, bevor wir auf einen Hauptweg stoßen, der ebenfalls **Am Olymp** heißt, und ihm nach rechts folgen. Zu unserer linken Seite schließt sich das kleinste Naturschutzgebiet Niedersachsens, das Quellental, an. Zur rechten Hand können wir besondere Baumarten wie den Mammutbaum kennenlernen.

Wir wandern an Tiergehege und Waldspielplatz vorbei. Geradeaus über die nächste Kreuzung gelangen wir in einen Nadelholzwald und erreichen wenig später einen riesigen **❶ Findling,** der zum Gedenken an die Alte Königstanne mit einem Bronzeschild versehen ist. Links von uns im Wald sind große Erdhügelgräber auszumachen. Kurz darauf gelangen wir zu einer Kreuzung mit Bank und nehmen die zweite Abzweigung, von links gesehen. In südliche Richtung folgen wir der **Steilen Schneise.** An der nächsten Kreuzung halten

Kilometer: 16

Höhenmeter: 220

Stunden: 4

RUNDWEG

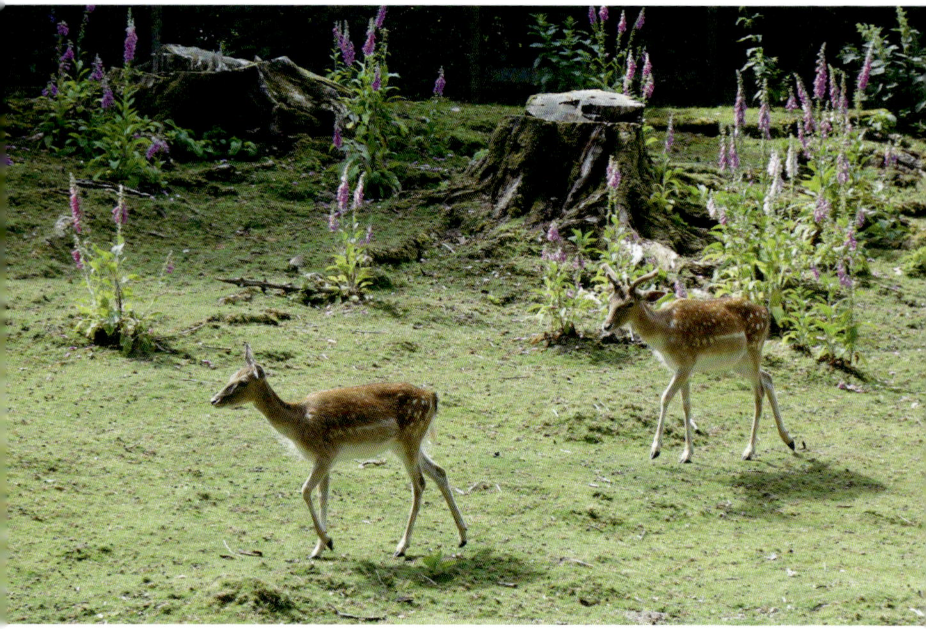

Es gab einmal eine **alte Weißtanne,** die aus der Zeit um 1770 stammte. Wegen ihrer imposanten Größe wurde sie zur Königin gekrönt. Es brauchte drei Männer, um ihren Umfang zu messen. Sie war ein beliebtes Ausflugsziel, bis sie 1949 einem Sturm zum Opfer fiel.

wir uns links und an der Kreuzung darauf rechts, sodass uns nun der Forstweg zur ❷ **Neuen Königstanne** bringt, die etwas zurückgesetzt rechts im Wald steht. Die Weißtanne wurde 1857 ausgesät und 2006 zur neuen Königin ernannt. Ihre mächtige Größe von knapp 40 Metern können wir hier bewundern und erahnen, wie riesig die Alte Königstanne gewesen sein muss.

Zurück am Forstweg wenden wir uns an der T-Kreuzung nach rechts in die **Silberberg Bahn** und nehmen nach ungefähr 100 Metern den nach links abzweigenden, schmalen und dicht mit Tannen bewachsenen Pfad. Nicht zu verfehlen, da am Wegesrand eine Infotafel steht. Richtig geheimnisvoll wirkt der tunnelartige Weg. Am Ende noch ein paar Meter weiter und wir erreichen das ganz versteckt im Wald liegende ❸ **Großsteingrab.** Auf der danebenstehenden Bank können wir uns eine kleine Auszeit nehmen und den mystischen Ort auf uns wirken lassen. Anschlie-

ßend wenden wir, kehren zum Waldweg zurück und setzen unsere Wanderung in Richtung Westen fort. Nun geht es mit leichter Steigung hoch hinauf auf den ④ **Silberberg,** der mit 74 Meter Normalhöhennull nicht nur die höchste Erhebung der Wingst ist, sondern des gesamten Elbe-Weser-Dreiecks.
Bänke laden auf dem Gipfelplateau zu einer Rast ein und wir machen eine Pause, um die schöne Waldatmosphäre aufzunehmen. Hier oben erwartet uns noch eine weitere Besonderheit. Es gibt einen Vermessungspunkt von Karl Friedrich Gauß, der von 1821 bis in die Mitte der 1840er-Jahre die Landesvermessung für das Königreich Hannover leitete.

Für die Seele

Über den Geestrücken der Wingst erobern wir die Gipfel des Nordens und blicken weit ins Land.

Dann setzen wir unsere Wanderung bei recht starkem Gefälle über die Silberberg Bahn fort. Bei diesem starken Gefälle fühlt man sich ans Mittelgebirge erinnert. Wir nehmen die dritte Abzweigung und spazieren über einen schmalen, sehr idyllischen, mit Farn bewachsenen und leicht aufwärts führenden Pfad. Da hier viele Nadelhölzer stehen, duftet es herrlich nach Terpenen. Wir genießen diesen Abschnitt und lauschen ganz bewusst. Was nehmen wir wahr? Die herrliche Ruhe, das Zwitschern der Vögel oder das Rauschen der Baumkronen im Wind? Hier können wir Kraft tanken. Im weiteren Verlauf wird unser Pfad breiter und rechtsseitig fällt ein steiler Hang ab.

An der nächsten Kreuzung quert die **Polierte Bahn** und wir wählen den spitzwinklig steil abwärts gehen-

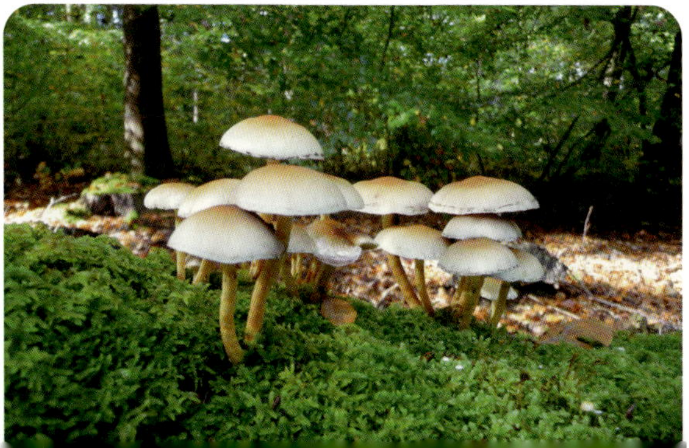

den Pfad, der ein ganz besonders schönes Erlebnis ist. Im Tal angekommen, wählen wir an der Gabelung den linksseitigen Weg, der uns zum **Ernst-August-von-der-Wense-Weg** bringt. An dessen Einmündung bewundern wir einen riesigen ❺ **Findling.** Wir überqueren den Grünstreifen, der den Weg teilt, und wandern auf dem linksseitigen schmaleren Teil weiter. Nach knapp 500 Metern verschwenkt der Weg wieder zurück auf die andere Seite und wir biegen nach rechts in die **Gretenberg Bahn** ein und wählen den nächsten Weg nach links. An der kommenden Kreuzung quert die **Heidkamp Bahn,** auf die wir nach rechts einbiegen und uns an der nächsten Kreuzung links halten. Nun geht es erst einmal ein längeres Stückchen geradeaus.

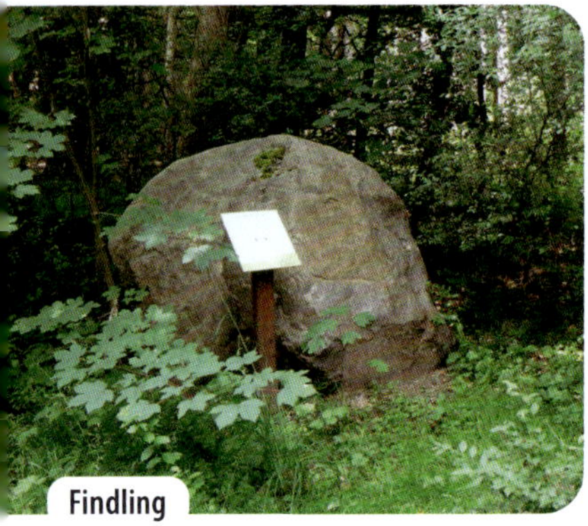

Findling

Der wunderschöne Waldweg ist sehr abwechslungsreich und im weiteren Verlauf sehen wir viele Blaubeersträucher. Nach dem Überqueren der **Wasserwerkstraße** und der **Georgen Bahn** nehmen wir den nächsten nach links abgehenden Waldpfad, der sich ganz romantisch bis zum **Ernst-August-von-der-Wense-Weg** dahinschlängelt, in den wir rechts einbiegen. Wenige Schritte weiter halten wir uns an der Gabelung mit dem Findling links, sodass wir auf der linken Seite des Busch- und Baumstreifens, des zweigeteilten Weges, spazieren. Nach knapp 600 Metern erreichen wir eine weitläufige Kreuzung. Dort halten wir uns wieder links und wandern auf dem sehr idyllischen, dammartigen Weg an der Südseite des Altkehdinger Forstes weiter. An der nächsten Kreuzung, die einen dreiecksförmigen Platz mit zwei mächtigen Buchen und einer Douglasie bildet, ist der Punkt, an dem abgekürzt werden kann.

*Die Wanderer und Wanderinnen, die die **kürzere Tour** wählen, spazieren nach rechts weiter und nehmen den nächsten, erneut nach rechts abzweigenden Pfad, der sie wieder auf den Ernst-August-von-der-Wense-Weg leitet. So sind sie wieder auf der Route.*

Wer weitergehen möchte, setzt die Tour geradeaus fort, überquert kurz darauf vorsichtig die Straße

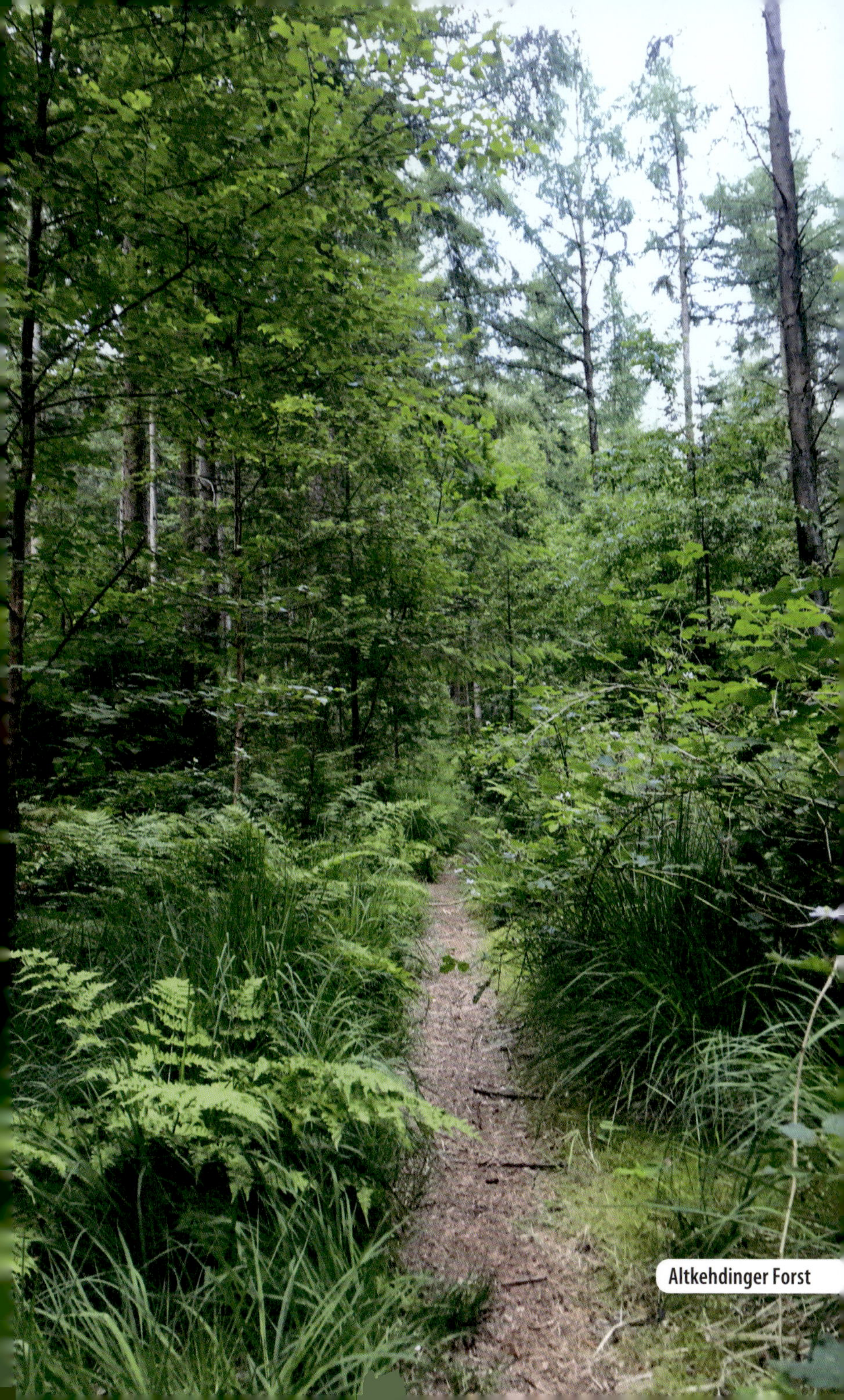
Altkehdinger Forst

Altkehdingen und spaziert durch den gegenüberliegenden **Altkehdinger Weg** bis zum ❻ **Neuhaus-Bülkauer Kanal.**

*Der **Neuhaus-Bülkauer Kanal** ist ein 12,4 Kilometer langer Entwässerungskanal zwischen Balksee und Neuhaus. Am 2. Juni 1852 wurde mit dem Kanalbau begonnen, er dauerte nur rund 1,5 Jahre. Für die damalige Zeit war das eine sagenhafte Leistung.*

Auf der Sitzbank vor dem Kanal können wir noch eine kurze Auszeit nehmen, bevor wir über die Brücke und auf der anderen Seite des Kanals in nördliche Richtung weiterwandern. Dieser ist beidseitig von alten Eichen gesäumt und zwischendrin steht immer mal wieder eine Birke, deren leuchtend weißer Stamm auffällt. Der Kanal bildet den Übergang zwischen Marsch nach Westen und Geest zur Ostseite. Wir erhalten im weiteren Verlauf Einblicke in die Marsch mit ihren grünen saftigen Wiesen, auf denen Kühe grasen. Hier ist die Unterschiedlichkeit der Landschaft sehr gut wahrnehmbar.

Bevor wir die nächste Brücke am **Altkehdinger Weg** überqueren, genießen wir erst einmal die romantisch wirkende Aussicht zu beiden Seiten der Brücke. Auf der anderen Uferseite angekommen, spazieren wir ein kleines Stückchen in südliche Richtung und nehmen den abgehenden Grasweg, bis wir erneut den **Altkehdinger Weg** erreichen. Dort biegen wir nach links ein, wenden uns an der nächsten Kreuzung nach rechts in den **Splethweg** und kommen dann erneut zur Landstraße **Altkehdingen,** wo wir uns rechts halten und nach knapp 100 Metern vorsichtig die Straßenseite wechseln.

Nun tauchen wir in den Wald des ❼ **Altkehdinger Forstes** ein. An der nächsten Abzweigung des Waldweges halten wir uns links und ein wunderschöner, etwas wilder und zum Teil schwer erkennbarer Pfad führt uns durch dieses Waldgebiet. Schwarze Pfeile dienen der Orientierung, bis wir erneut den **Ernst-August-von-der-Wense-Weg** erreichen und nach rechts in diesen einbiegen. Eine breite Schneise kreuzt wenig später den mittleren Grünstreifen, an der wir uns links halten, den Weg queren und wieder in den Wingster Wald eintauchen, bis wir auf einen sehr breiten Waldweg stoßen und erneut links abbiegen. An der Abzweigung mit dem Wegweiser gelangt man in 100 Metern zu einem jüdischen Friedhof. Ein Abstecher dorthin lohnt sich. Wir wandern jedoch auf dem rechts abgehenden Waldweg, der von Heidelbeersträuchern gesäumt ist, weiter und halten uns am Ende links. Der breite Forstweg bringt uns noch einmal zur **Wasserwerkstraße,** auf die wir nach rechts abbiegen, sie vorsichtig überqueren und gleich darauf links in den **Russenweg** weitergehen.

Nun geht es mit stetiger Steigung aufwärts und an der nächsten Kreuzung nach links. Von dort schwingt sich die **Letzte Bahn** hoch bis zum **Alten Postweg.** Diesen überqueren wir und nach ein paar Metern geht es rechts einbiegend durch einen schönen, aber dunklen Teil des Waldes weiter aufwärts, bis wir den **Hauptweg** erreichen und nach rechts abbiegen. Jetzt kommt der Endspurt. Nach ungefähr 350 Metern erreichen wir linksseitig die Abzweigung, die uns, etwas steil, hoch zum **8 Deutschen Olymp** bringt. Diese Erhöhung mit 62 Meter Normalhöhennull, auf der der Aussichtsturm steht, hieß früher Fahlenberg. Die Besucherplattform des heutigen Turmes befindet sich auf unge-

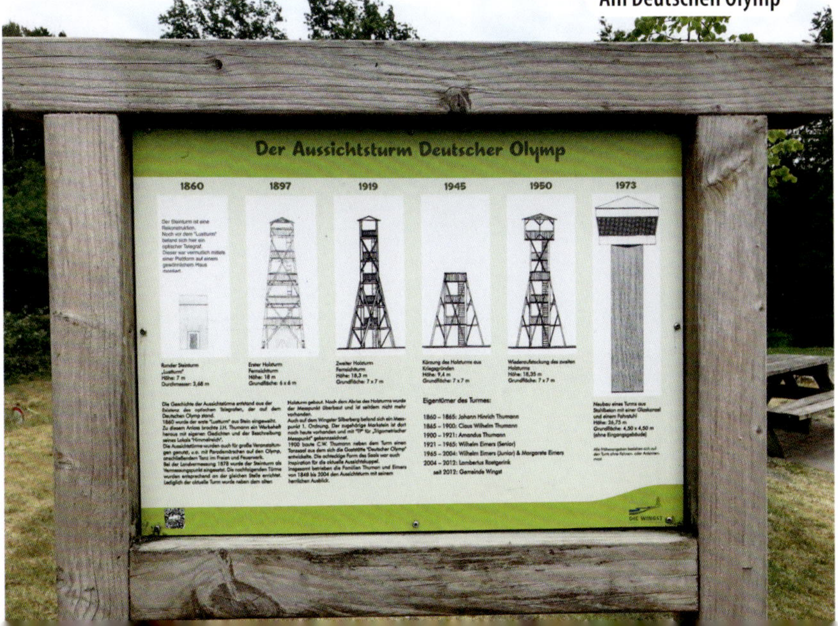

Am Deutschen Olymp

fähr 90 Metern Höhe und bietet uns einen fantastischen Ausblick über das Elbe-Weser-Dreieck, den wir uns keinesfalls entgehen lassen sollten. Wir sehen die großen Schiffe auf der Elbe, blicken bis nach Schleswig-Holstein und zum unendlichen Horizont der weiten Nordsee. Einfach toll!

Nach der Besichtigung des Deutschen Olymps ist es nur noch ein Katzensprung bis zum Parkplatz. Dafür nehmen wir die Treppe abwärts und anschließend die steil abfallende Straße, die uns in Kürze nach unten leitet.

Im Anschluss der Wanderung ist eine Stärkung im nahe gelegenen 9 **Forsthaus Ferienhotel am Dobrock** möglich.

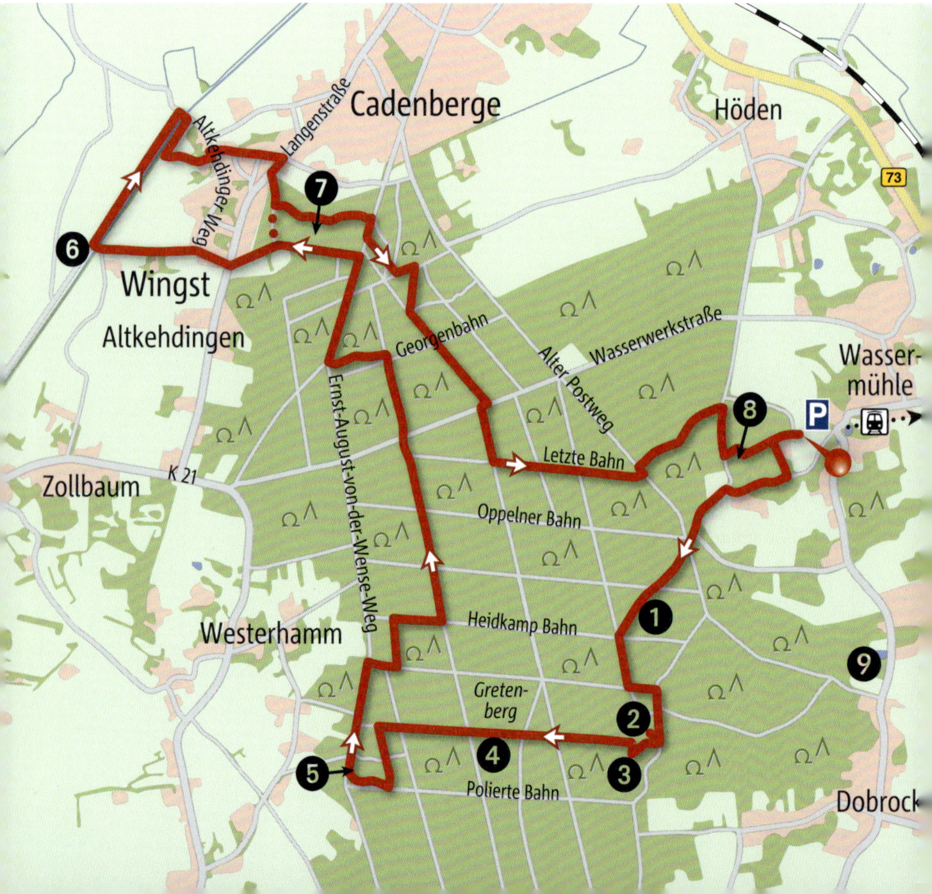

ALLES AUF EINEN BLICK

Entspannung 5/5
Abenteuer 4/5
Vielfalt 3/5

WIE & WANN

Diese Wanderung ist etwas anspruchsvoller und festes Schuhwerk empfehlenswert. Überwiegend Waldwege, im Ortsbereich Asphalt. Ganzjährig begehbar, beste Wanderzeit von April bis November, besonders schön im Herbst.

HIN & WEG

Auto: Parkplatz Am Olymp 1–3, 21789 Wingst (GPS: 53.743734, 9.081625)
ÖPNV: Keine direkte Anbindung an die Strecke. Nächste Haltestelle ist der Bahnhof Wingst. Von dort sind es ungefähr 1,3 Kilometer bis zum Startpunkt.

ESSEN & ENTSPANNEN

9 **Forsthaus Ferienhotel am Dobrock,** Hasenbeckallee 39, 21789 Wingst, Tel. (0 47 78) 8 00 93 55, www.forsthaus-wingst.de

Für unterwegs bitte an Rucksackverpflegung denken. Es gibt keine Einkehrmöglichkeit direkt am Weg.

ENTDECKEN & ERLEBEN

1 **Findling und Hügelgräber**
2 **Neue Königstanne**
3 **Großsteingrab**
4 **Silberberg**
5 **Findling**
6 **Neuhaus-Bülkauer Kanal**
7 **Forst Altkehdingen**
8 **Deutscher Olymp,** www.wingst.de/poi/aussichtsturm-deutscher-olymp

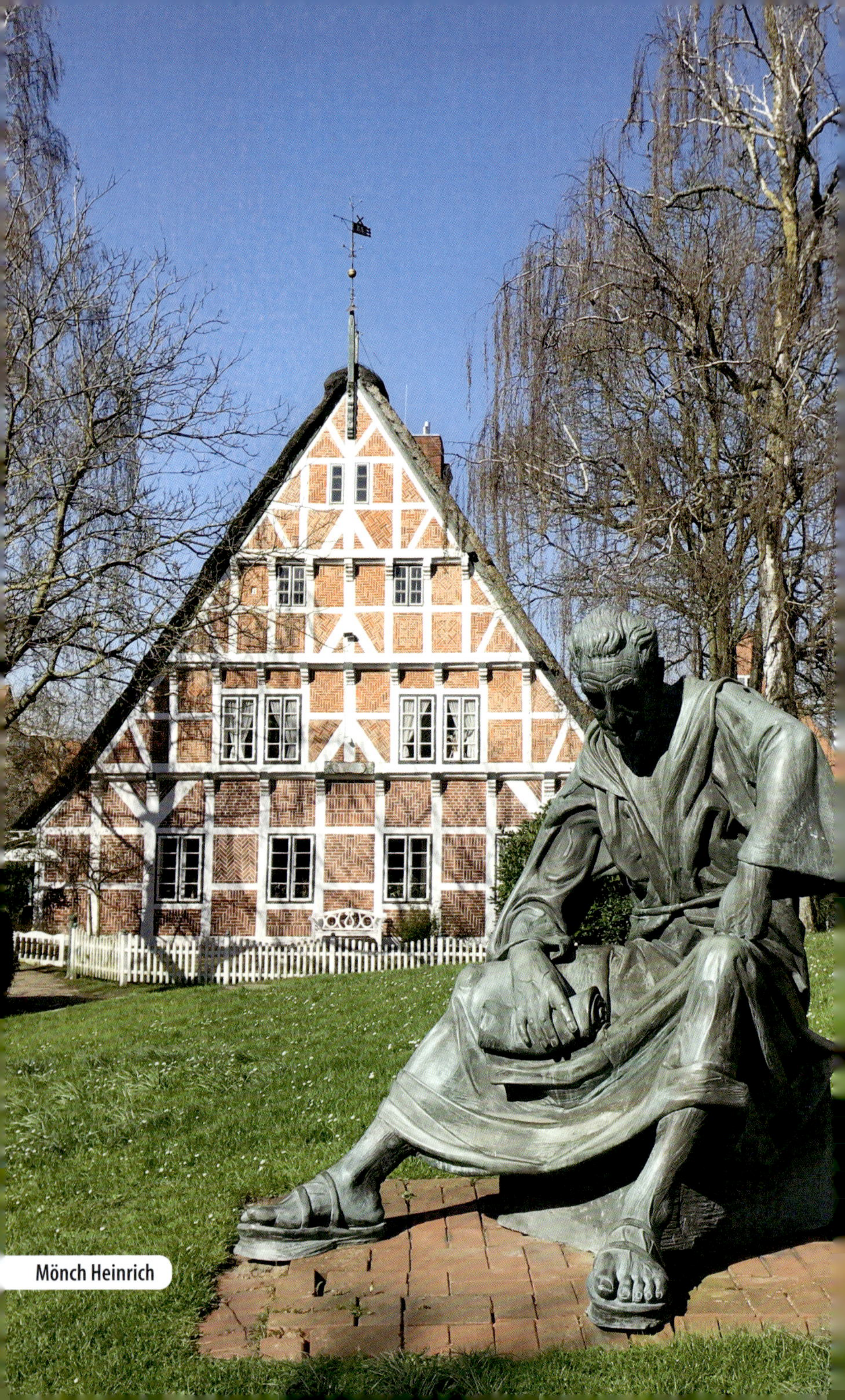

Mönch Heinrich

Elbe, Obst & Lühe

Aus- und Einblicke ins Alte Land

Unsere Wanderung startet in dem wohl ältesten Ort an der Lühe, in **Steinkirchen.** Früher hießen Ort und Fluss Lu, beziehungsweise Lu Lapidea. Sie wurden 1148 erstmalig urkundlich erwähnt, als Platz einer holländischen Siedlung. Spätere Namen sind Steenlu, dann Steenkarken, und seit rund 150 Jahren heißt der Ort nun Steinkirchen. Die holländische Kolonisierung hielt sich zwischen 1130 und 1230. Die Holländer bauten die ersten Deiche, zogen Gräben und Kanäle und machten dadurch das Marschenland an der Niederelbe fruchtbar, das sich später immer weiter zum Obstanbaugebiet entwickelte und heute auf eine 600 Jahre alte Anbaugeschichte zurückblicken kann. Inzwischen ist das Alte Land Deutschlands größtes Obstanbaugebiet. Es ist ungefähr 170 Quadratkilometer groß und erstreckt sich als langer Streifen an der linken Elbseite. Das ist die fruchtbare Elbmarsch. Die drei Nebenflüsse der Elbe – Schwinge, Lühe und Este – gliedern das Alte Land.

Diese Tour ist ganz besonders im Frühling zu empfehlen, wenn sich ab Mitte April die Kirschbäume in ein weißes Blütenmeer verwandeln und von der zartrosa-weißen Apfelblüte Ende April abgelöst werden. Die ***Obstblüte*** *im Alten Land ist ein unvergessliches Erlebnis.*

Vom Parkplatz an der **Gartenstraße** starten wir nun zu unserer aussichtsreichen Tour über den Lühedeich und nehmen den rechts abzweigenden Weg vor der **1 Kirche St. Martini et Nicolai,** der uns um das schöne Gotteshaus und die danebenstehende imposante Bronzefigur des Mönchs Heinrich, geschaffen von dem Künstler Carsten Eggers, führt. Die Kirche wurde erstmalig Anfang des 14. Jahrhunderts erwähnt. Es gibt nur noch wenige alte Bauteile in ihr. Im Laufe der Jahrhunderte wurde sie immer wieder umgebaut und

Kilometer: 7,6
Höhenmeter: 25
Stunden: 2
RUNDWEG

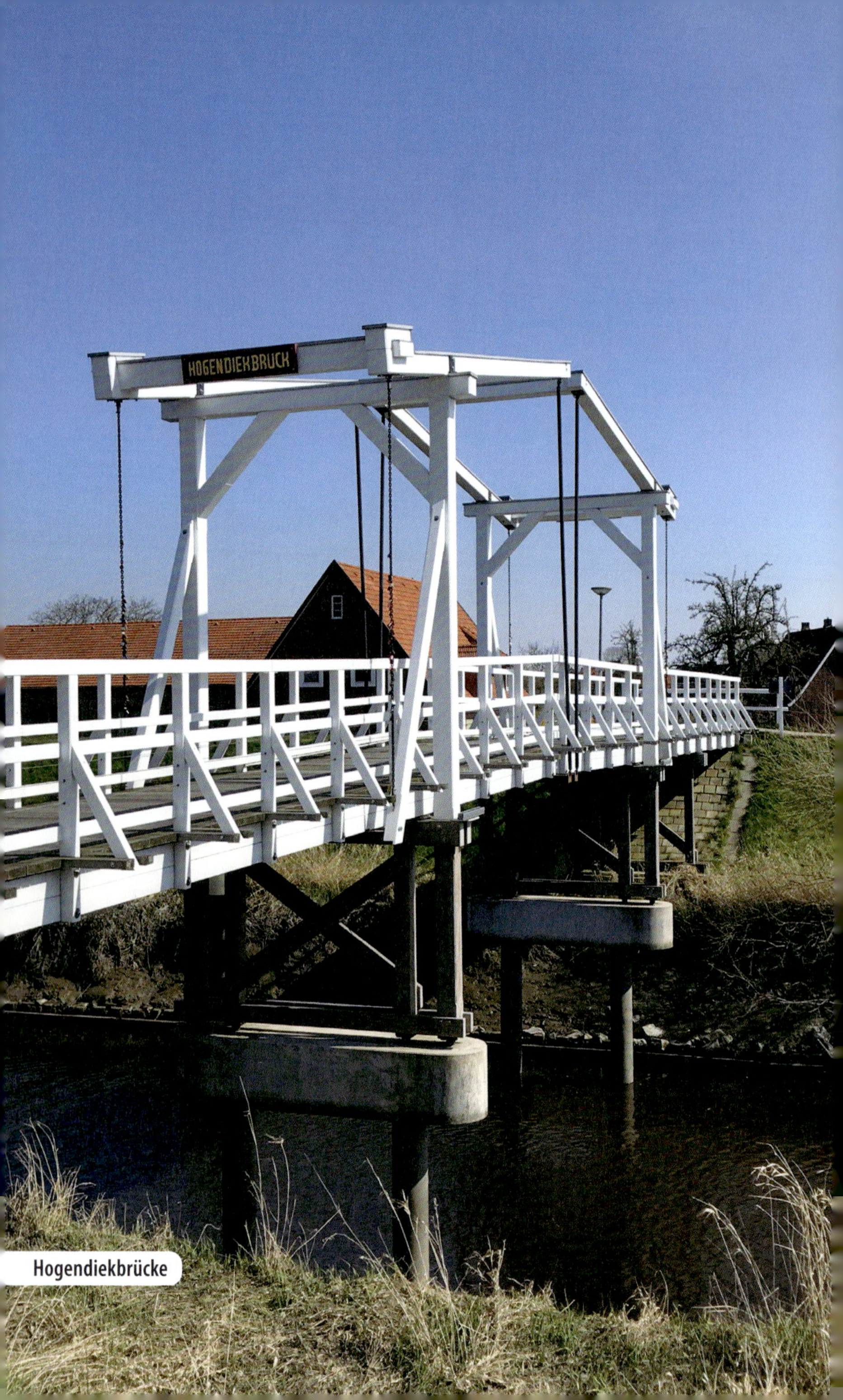

Hogendiekbrücke

erweitert. Im Kircheninneren kann man eine der berühmten Arp-Schnitger-Orgeln sehen, die 1687 eingeweiht wurde. Leicht südwestlich des Kirchturmes steht ein traditionelles Fachwerkhaus mit prächtigem Giebel in Buntmauerfachwerk, in dem sich das Restaurant Zum Windmüller befindet. An der Hauptstraße angekommen, wenden wir uns nach rechts, folgen der Straße **Alter Marktplatz** und gehen in Höhe des Rathauses nach links, sodass wir die Lühe überqueren. An der nordöstlichen Ecke des Rathauses steht eine der typischen **Skulpturen** des Künstlers Jonas Kötz, ein rundliches Männchen mit einem Apfel auf dem Kopf.

Für die Seele

Wundervolle Ausblicke ins Alte Land und eine Auszeit an der Elbe warten auf uns.

Auf der anderen Uferseite angekommen, biegen wir nach links ein und gelangen auf den **Lühedeich.** Von der Deichkrone haben wir einen weiten Panoramablick und wundervolle Aussichten. Anfangs bewundern wir die schönen Häuser an der Lühe und entdecken nach 250 Metern auf der gegenüberliegenden Straßenseite eine große **❷ Prunkpforte.** Diese Altländer Prunkpforten sind eine Besonderheit neben den Fachwerkhäusern. Kurz danach erblicken wir am gegenüberliegenden Lüheufer den **Hafen von Steinkirchen** und erreichen wenig später die 1975 errichtete **❸ Hogendiekbrücke.** Die nach holländischem Vorbild gebaute Brücke sieht wie eine Klappbrücke aus, lässt sich jedoch nicht öffnen. Trotzdem schaut sie sehr malerisch und fotogen aus.

Im weiteren Verlauf der Wanderung erblicken wir die Obstanbauplantagen vom aussichtsreichen Lühedeich. Anfang Mai ist die Apfelblüte in vollem Gange und verzaubert uns mit ihrer Blütenpracht. Auch die vielen anderen blühenden Sträucher, Bäume und Blumen, die uns ganz nebenbei mit ihrem lieblichen Duften betören, sind Balsam für unsere Seele. Die unaufhörlich zwitschernden Vögel runden diese Frühlingsstimmung ab. Lassen wir uns verzaubern und

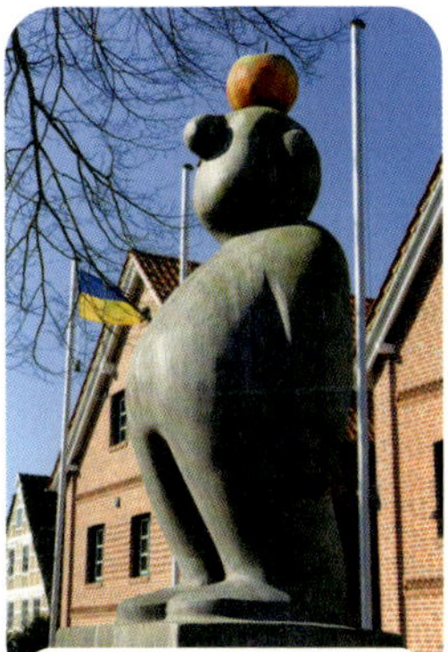

Skulptur beim Rathaus

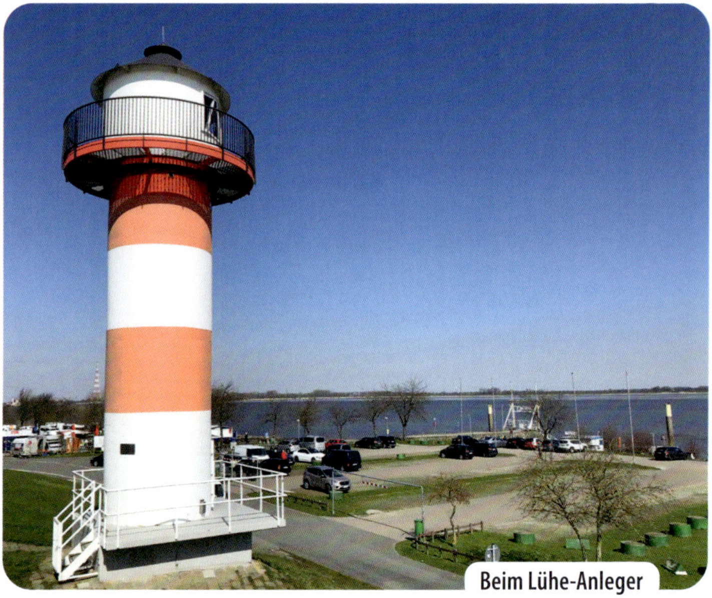

Beim Lühe-Anleger

genießen diese einmalige Zeit, während wir weiter auf der Deichkrone voranschreiten. Verlaufen geht nicht, einfach immer nur dem Deichverlauf folgen. Zwischendurch laden Bänke zu einer kleinen Auszeit ein, die wir uns gönnen sollten.

Nachdem wir an ❹ **Stubbe's Gasthaus** vorbeigekommen sind, ist das **Lühesperrwerk** nicht mehr weit entfernt. Dort angekommen, überqueren wir die Klappbrücke, passieren das Unterfeuer und verlassen den Deich in Richtung Elbe. Vom Deich aus erkennen wir den ❺ **Lühe Fähranleger,** der eine planmäßige Verbindung mit der Lühe-Schulau-Fähre zum anderen Elbufer herstellt. Der Fähranleger verläuft mittig zwischen einem Parkplatz zur einen und Budenständen zur anderen Seite. Viele Bänke entlang des Elbufers laden zu einer Rast ein. Setzen wir uns und schauen, wie die dicken Pötte auf dem Elbstrom an uns vorbeiziehen. Dabei lässt es sich herrlich entspannen und träumen, wohin die Reise wohl gehen könnte! An den

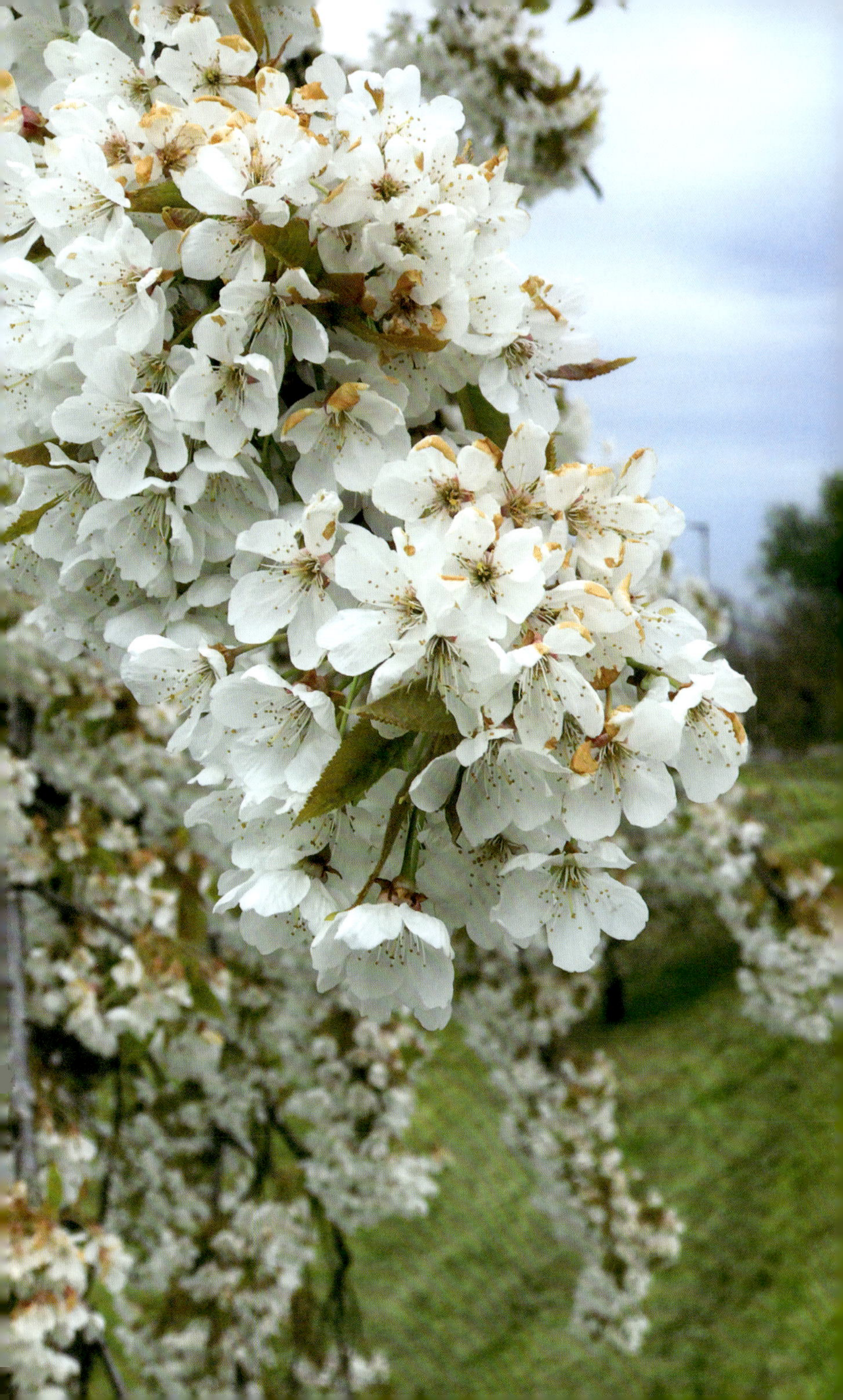

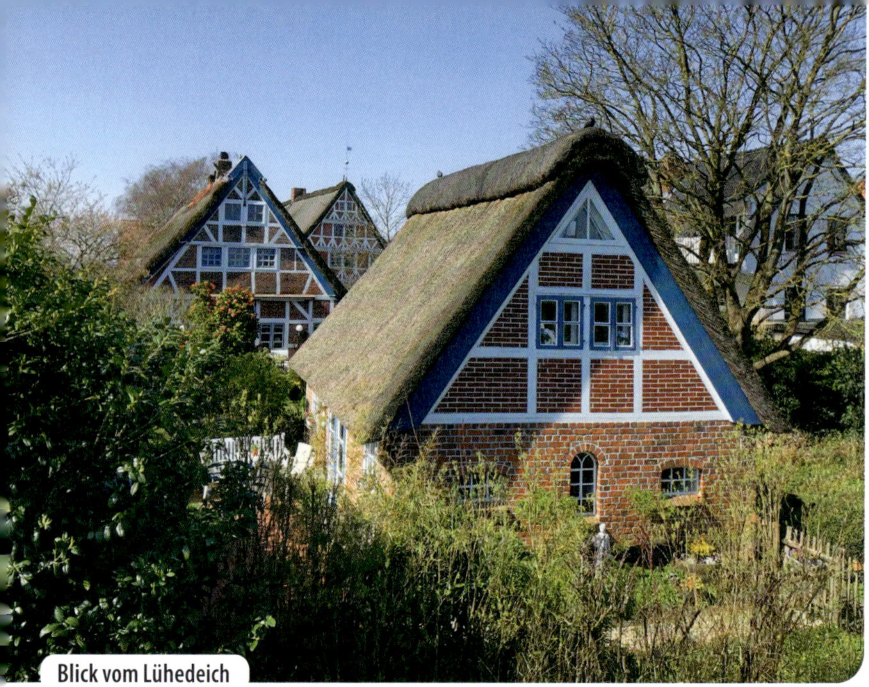
Blick vom Lühedeich

Ständen ist alles von Kaffee bis zum Fischbrötchen zu bekommen, sodass für das leibliche Wohl gesorgt ist.

Nach der erholsamen und stärkenden Pause setzen wir mit frischer Kraft unsere Wanderung fort. Wir durchqueren die **Deichtrift** und biegen dann in die gegenüberliegende **Fährstraße** ein. Dort erreichen wir auf der linken Seite eine Tourist-Information mit einer öffentlichen WC-Anlage. Nach 250 Metern gelangen wir wieder auf den Lühedeich und spazieren auf der Deichkrone zurück in Richtung Steinkirchen, dessen Kirchturm uns schon von Weitem zur Orientierung dient. Hier stehen vereinzelte Obstbäume zum Greifen nah am Wegesrand, sodass man gefühlt wie durch einen Garten wandelt. Schöne Fachwerkhäuser mit hübschen Gärten reihen sich entlang des Deiches auf. So wandern wir voller Genuss ungefähr 2,5 Kilometer über den Lühedeich, bis wir den kleinen und beschaulichen **6 Hafen von Steinkirchen** erreichen. Früher wurden hier die kleinen Lühe-Jollen mit Obst beladen und die Fracht in zwei Stunden nach Hamburg oder auch weiter weg transportiert.

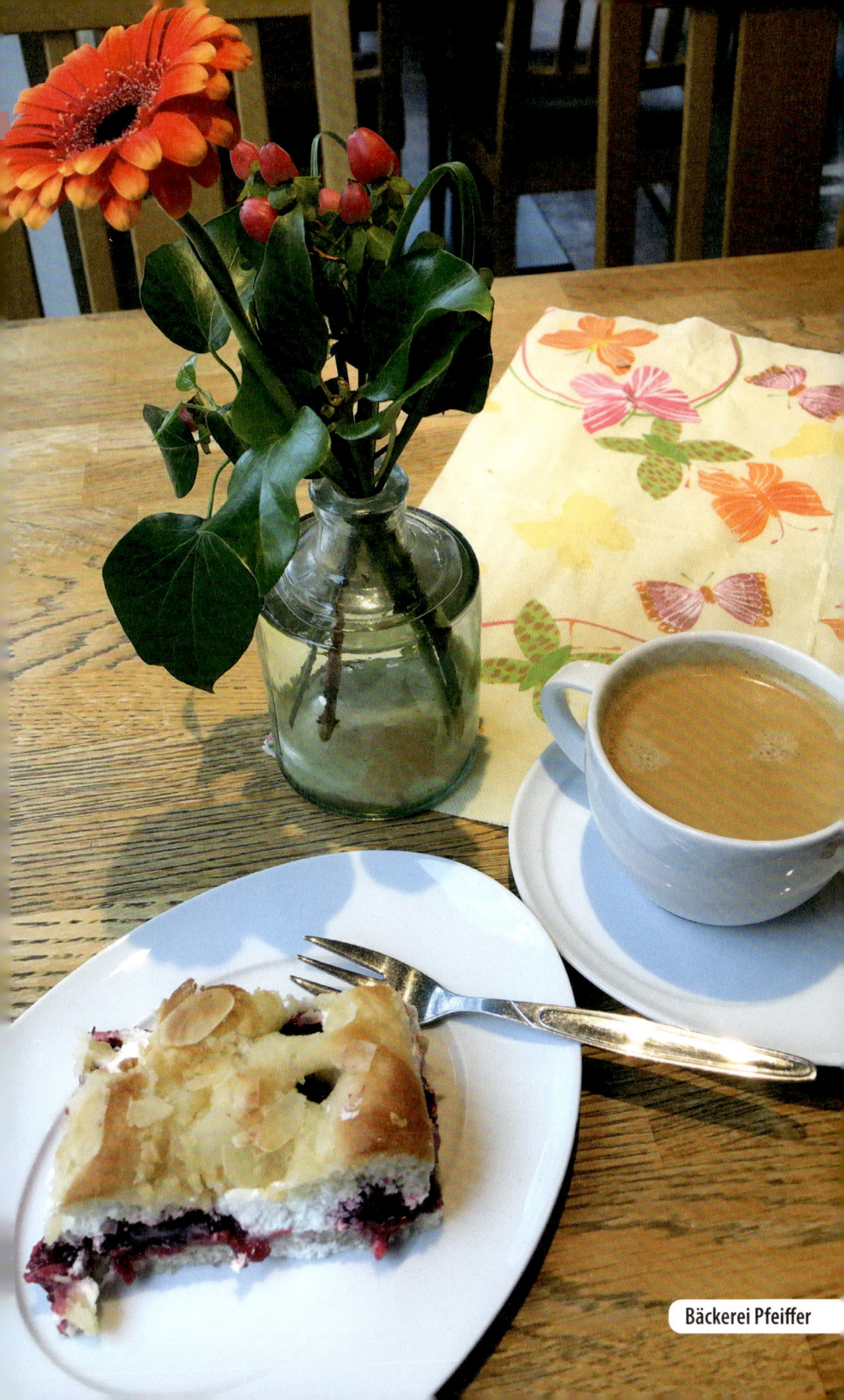
Bäckerei Pfeiffer

Vom Hafen aus gehen wir über den **Deichweg** weiter, bis wir wenig später den **Kirchstieg** erreichen, der uns hinunter vom Deich führt und in die Straße **Bürgerei** bringt, die wir an der Lichtzeichenanlage überqueren. Nun haben wir die Wahl, ob wir geradeaus weiter in die **Gartenstraße** und zurück zum Parkplatz gehen wollen oder die Wanderung in einem Lokal im Ort ausklingen lassen. Sehr empfehlenswert ist die **7 Bäckerei Pfeiffer** mit integriertem Café, wo eine Spezialität des Hauses der lecker mit Kirschen und Sahne gefüllte Butterkuchen ist. Dafür wenden wir uns nach links. An der Ecke zum **Kirchweg** befindet sich die Bäckerei. Nach der Stärkung spazieren wir über den **Kirchweg** zurück zum Parkplatz.

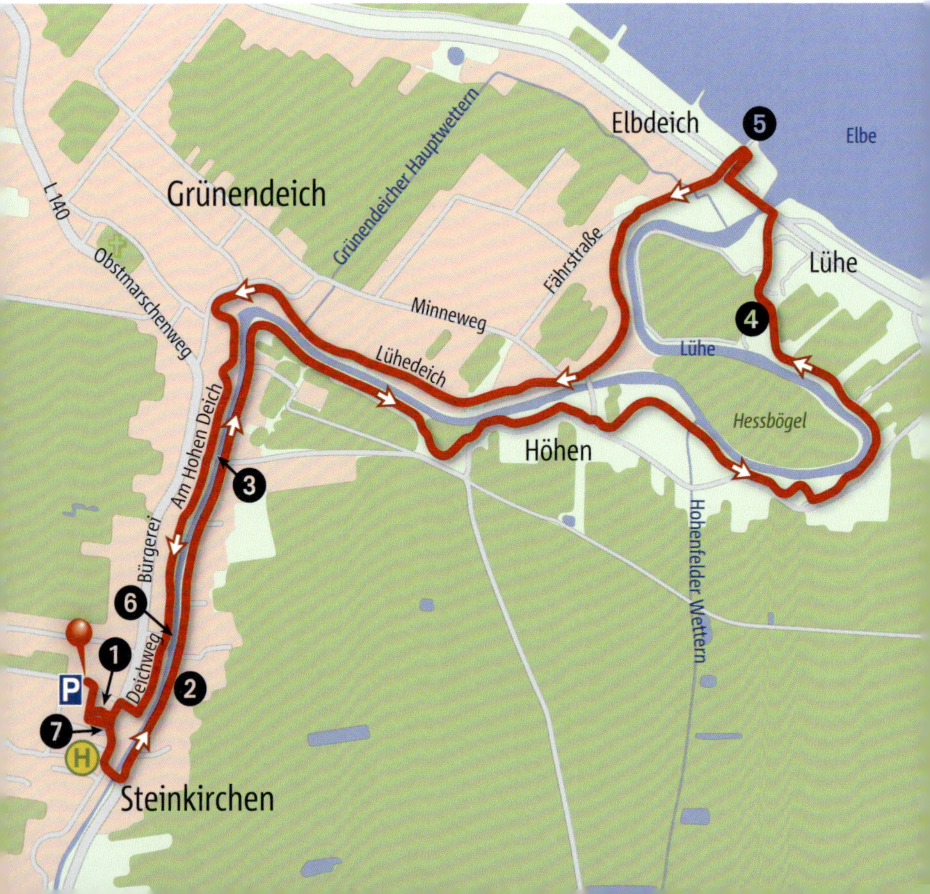

ALLES AUF EINEN BLICK

Entspannung ●●●●●
Abenteuer ●●○○○
Vielfalt ●●●○○

WIE & WANN

Überwiegend befestigte Wege, in Teilen ist der Lühedeich unbefestigt.
Beste Wanderzeit von April bis Ende Oktober, jedoch ganzjährig begehbar.
Tipp: das traditionelle Altländer Blütenfest am ersten Maiwochenende in Jork.

HIN & WEG

Auto: Parkplatz an der Gartenstraße (hinter der Kirche), 21720 Steinkirchen (GPS: 53.561049, 9.607039)

ÖPNV: Bus 2050, Haltestelle Steinkirchen Alter Marktplatz (Montag bis Freitag)

ESSEN & ENTSPANNEN

4 **Stubbe's Gasthaus im Alten Land,** Lühe 46, 21635 Jork, Tel. (0 41 42) 25 35, www.stubbes-gasthaus.de

7 **Bäckerei Pfeiffer,** Alter Marktplatz 13, 21720 Steinkirchen, Tel. (0 41 42) 22 84, www.bäckereialtesland.de

Strandbuden während der Saison am Elbdeich. Außerdem gibt es im Ortskern von Steinkirchen mehrere Möglichkeiten zur Einkehr.

ENTDECKEN & ERLEBEN

1 **Kirche St. Martini et Nicolai**
2 **Prunkpforte**
3 **Hogendiekbrücke**
5 **Lühe Fähranleger**
6 **Hafen Steinkirchen**

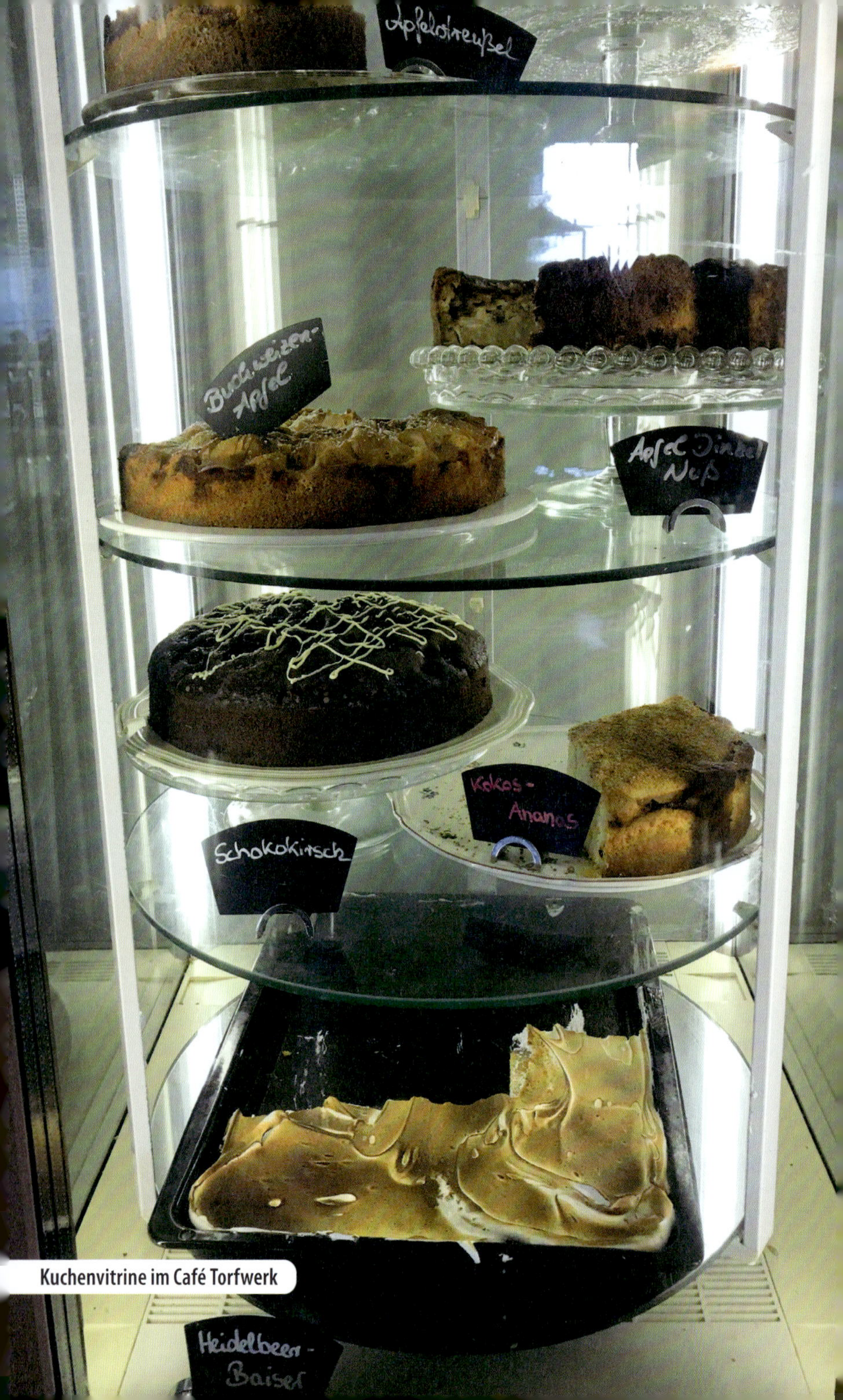

Kuchenvitrine im Café Torfwerk

Torf & Moortorte

Genusserlebnisse im Ahlenmoor

*Im Landkreis Cuxhaven ist das **Ahlenmoor** mit rund 40 Quadratkilometern eines der größten Hochmoore Niedersachsens. Weite Teile des Moores wurden unter Naturschutz gestellt. Torfabbau hat hier vom 17. Jahrhundert bis ins späte 20. Jahrhundert stattgefunden.*

In dem ehemaligen Torfwerk befindet sich das ❶ **Moor-InformationsZentrum,** kurz MoorIZ genannt, und ist Mittelpunkt unserer Aktivitäten, sei es für eine erlebnisreiche Fahrt mit der Moorbahn, einen Besuch der interessanten Ausstellung oder einen Gaumenschmaus im ❷ **Café-Restaurant Torfwerk,** um sich dort verwöhnen zu lassen. Was, wie oder in welcher Reihenfolge, das lassen wir vorerst offen. Doch der Gedanke, bei einem Stückchen leckerer Moortorte und einer Tasse heißem Kaffee die schöne Genusstour ausklingen zu lassen, ist sicherlich verlockend.

Auf der Südseite des Parkplatzes starten wir in östliche Richtung gehend unsere Wanderung auf einem Grasweg, der von Eichen und Erlen gesäumt ist. Die Infotafeln am erlebnisreichen ❸ **Moorpad** erzählen nicht nur spannende Moorsagen, wie zum Beispiel vom brüllenden Moor, sondern vermitteln uns allerlei Wissenswertes über das Moor. Nach einer Rechtskurve genießen wir, in südliche Richtung spazierend, den weichen und federnden Untergrund, während er uns über das Hochmoor führt. Die Stationen laden immer wieder zum gespannten Verweilen ein. Am Ende des Weges wenden wir uns nach rechts und überqueren wenig später die **Kreisstraße 18.**

Nun führt uns die asphaltierte **Ahlenmoorstraße** durch das kultivierte Moor mit seinen satten und grünen Wiesen, Feldern und vielen Entwässerungsgräben. Genießen wir die Weite des flachen Landes und entdecken die an den Gräben stehenden Reiher oder die

Kilometer: 11,5
Höhenmeter: 55
Stunden: 3
RUNDWEG

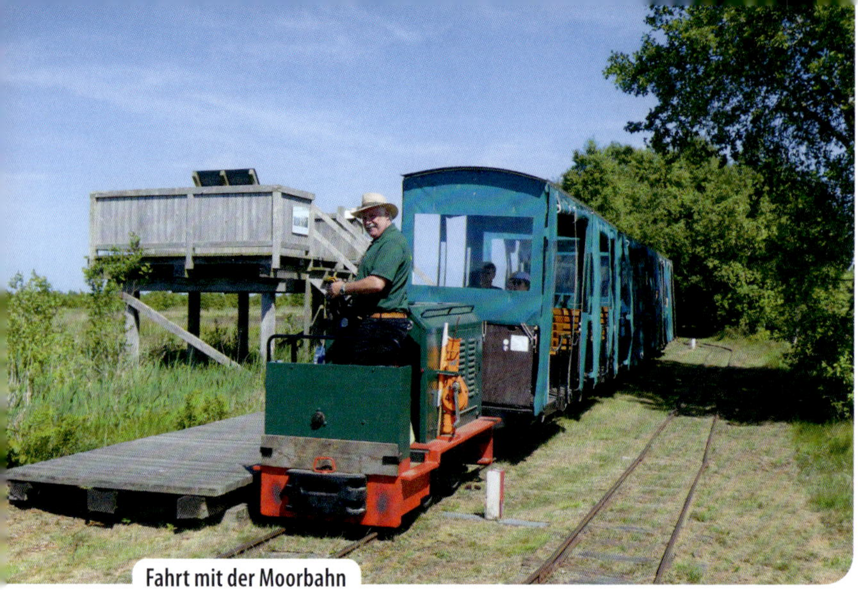

Fahrt mit der Moorbahn

Turmfalken, die rüttelnd über einer Wiese auf Beutefang sind. Je nach Wetterlage kann uns auch mal der Wind ordentlich entgegenpusten, da wir hier völlig schutzlos den Elementen ausgesetzt sind. Gleich hinter der **Brücke** über dem Entwässerungsgraben Ahlenrönne biegen wir nach rechts ab. Vorbei an grasenden Kühen gelangen wir zur nächsten linksseitigen Abzweigung. Nun spazieren wir auf einem anfangs unbefestigten Feldweg, der dann in einen Grasweg übergeht, der beidseitig mit Eichen, Birken, Ebereschen und Buschwerk bewachsen ist. Dann folgt ein kurzer, etwas wildwüchsiger Abschnitt und zum Schluss geht der Pfad in einen breiten Sandweg über.

Durch eine schöne alte Eichenallee gelangen wir zum Ort **Ahlen-Falkenberg.** An der Einmündung zur **Seestraße** wenden wir uns nach links und erreichen nach 100 Metern rechtsseitig ein Hinweisschild mit der Aufschrift **„Zum Hünengrab Karlskirche“,** dem wir über einen Grasweg bis zum etwas versteckt liegenden Großsteingrab folgen. Das von Eichenbäumen umgebene und in einer leichten Senke liegende **4 Hünengrab** wirkt etwas mystisch. Kurios ist die Eiche, die wie aus einer Laune der Natur mitten aus dem Hünengrab herauswächst.

Zurück an der Straße gehen wir in südliche Richtung bis zur nächsten Kreuzung weiter. Dort befindet sich ein überdachter Pavillon und lädt uns zu einer Pause und einem Picknick ein. Ein paar Birkenbäume spenden zusätzlich Schatten und der weite Blick über die Felder trägt zu einer schönen Auszeit bei. Nachdem wir uns erfrischt haben, wandern wir auf dem angrenzenden Grasweg in südliche Richtung weiter. Ein Schild weist ebenfalls die Richtung zum See. Der von Bäumen umwachsene, in Teilen tunnelartige Weg bringt uns direkt zum 5 **Dahlemer See.** Zwischendurch haben wir immer wieder schöne Ausblicke in die weite Landschaft und mit etwas Glück lassen sich am Himmel kreisende Bussarde beobachten.

Am See angekommen, können wir die Vogelbeobachtungen in einer dafür vorgesehenen Schutzhütte fortsetzen. Halten wir inne und genießen die besondere Stimmung an diesem idyllischen Ort: den weiten Blick über den Dahlemer See, das Plätschern der Wellen am Ufer und das Rauschen der Blätter der sich im Wind wiegenden Bäume. Dann spazieren wir zur Kreuzung zurück, über den uns schon bekannten

Für die Seele

Auf dem Moorpad lernen wir das eindrucksvolle Ahlenmoor kennen, bevor am Ziel Tortenträume wahr werden.

*Der **Dahlemer See** ist mit dem Halemer See verbunden. Durch Wind und Wellenschlag hat sich am Rande des Ostufers des Dahlemer Sees ein Kliff gebildet. Dieses wurde schon 1932 unter Naturschutz gestellt. Mehrere Aussichtstürme stehen rund um den See.*

Station des Moorpads

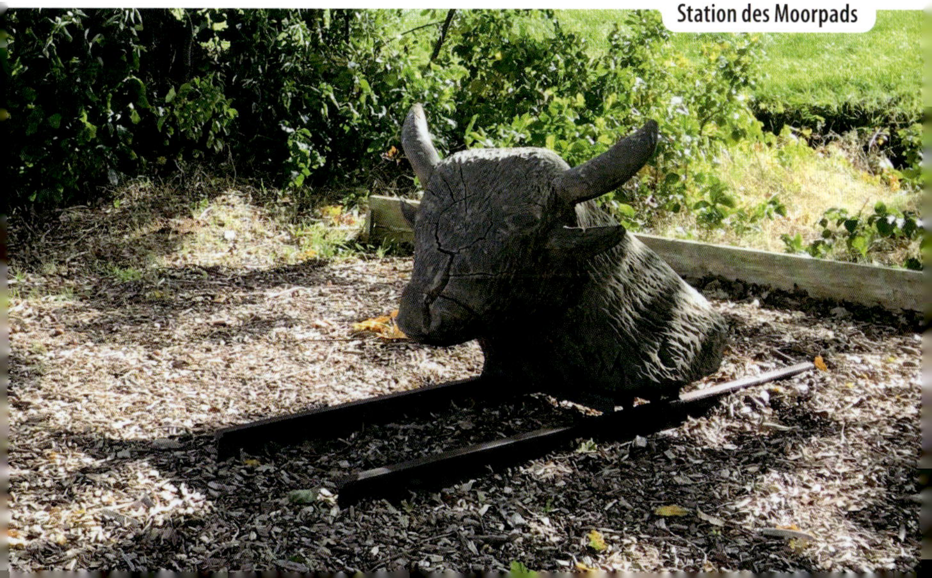

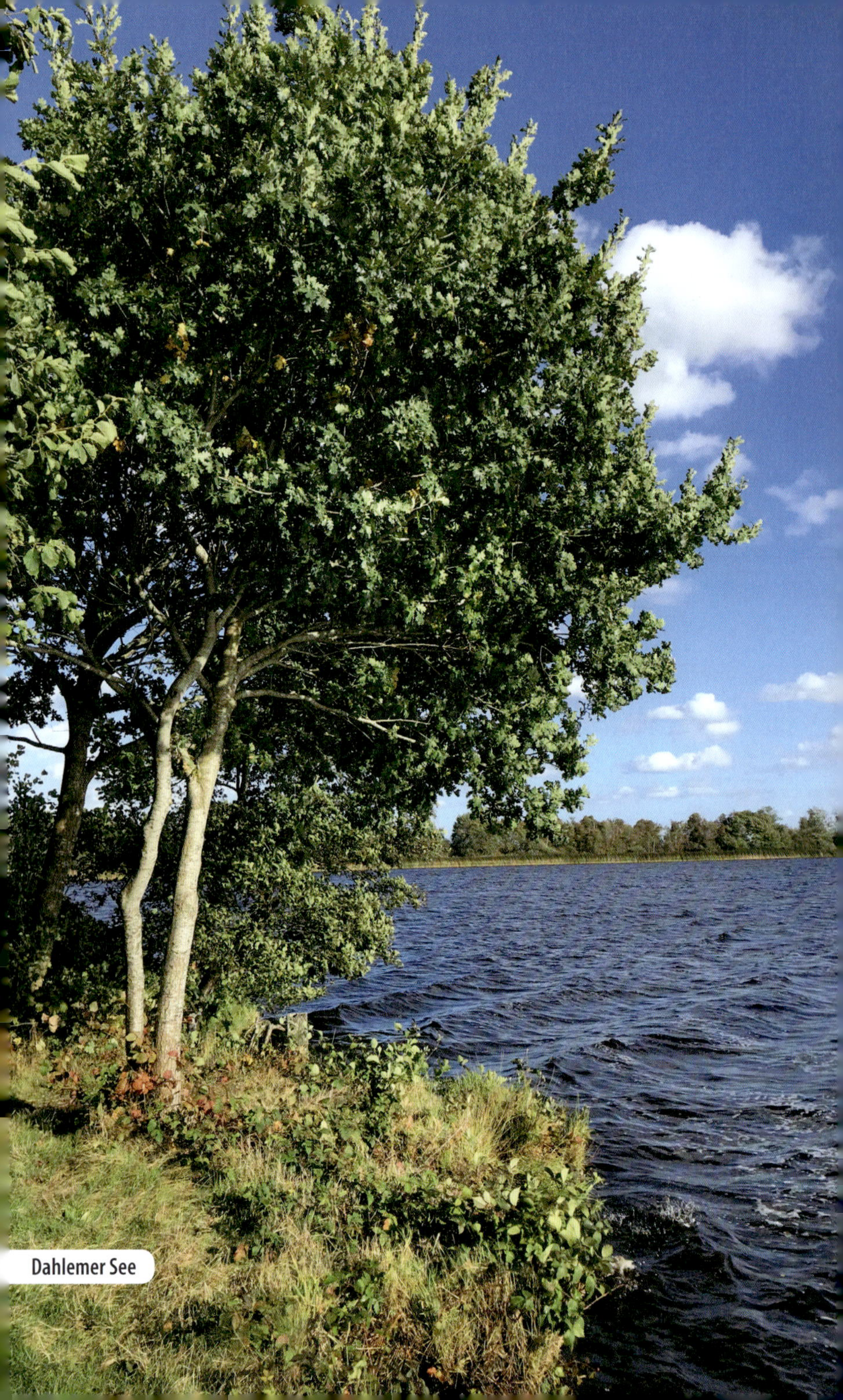

Dahlemer See

schönen Grasweg und biegen nach links in die **Seestraße** ein. An der nächsten Straßeneinmündung halten wir uns rechts. Wir befinden uns weiterhin auf der Seestraße, es geht vorbei an Wiesen und Feldern, bis wir am Ende auf die **Ahlenstraße** stoßen und uns erneut nach rechts wenden. Nach ungefähr 200 Metern kommen wir zum Eingang eines Friedhofes. Die kleine **6 St. Nikolaus Kapelle** ist durchaus einen Besuch wert. Sie wurde 1950/1951 erbaut, aber ihre Glocke ist schon viel älter. Die Viertelstunden-Glocke stammt aus dem Jahr 1680 und kommt aus dem Königsberger Dom. Bei feierlichen Anlässen wird die 75 Kilogramm schwere Bronzeglocke von Hand geläutet. Das schöne Geläut der Glocke kann man sich auf YouTube anhören. Auf dem Friedhof gibt es neben dem Ehrenmal für die Kriegsopfer auch noch einen Gedenkstein für Dr. Paul Neumann, der sich einst um die Moorkultivierung verdient machte.

Wieder an der Hauptstraße befindet sich einen Katzensprung weiter die **7 Imkerei Cuxlandbiene.** Schon im Garten davor erblicken wir einen überdimensionalen, riesigen Bienenkorb. Ein Besuch des Hofladens ist unbedingt empfehlenswert, denn hier gibt es nicht nur leckeren Honig aus eigener Imkerei, sondern auch eine reiche Auswahl an Kräutern, Marmeladen, Seifen und vieles mehr, was nicht nur den Gaumen, sondern auch die Seele oder unser Herz erfreut. Gerne lassen wir uns im liebevoll eingerichteten Laden inspirieren! Im Anschluss folgen wir der **Ahlenstraße** weiter und wechseln am Ende des Fußweges die Straßenseite, bis wir zur nächsten Einmündung auf der linken Seite gelangen. Dort biegen wir ein und erreichen wenig später den rechts abgehenden Grasweg. Im Schutz der beidseitigen Busch- und Baumreihen spazieren wir weiter. So umgehen wir die Hauptstraße und können diesen wundervollen Weg genießen, besonders wenn wir uns ganz still verhalten, denn dann lassen sich hier schöne Momente der Natur- und Tierbeobachtung erleben.

*In der Nähe gab es ein Kriegsgefangenenlager, dessen Gefangene in der ersten Hälfte des 20. Jahrhunderts für die **Trockenlegung** des Moores herangezogen wurden. Noch bis in die 1970er-Jahre wurden Strafgefangene eingesetzt. Alles nur mit Muskelkraft und Spaten!*

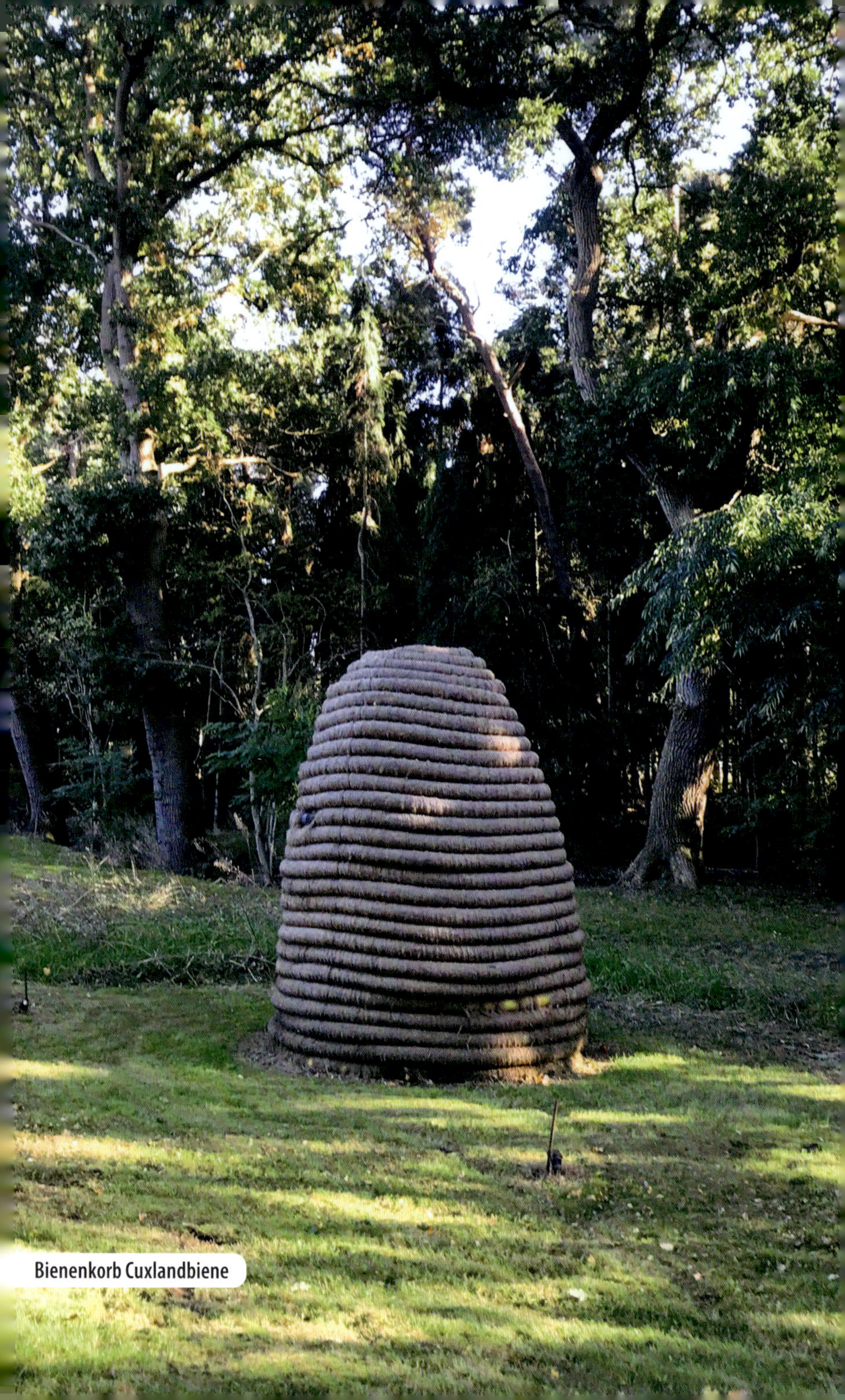

Bienenkorb Cuxlandbiene

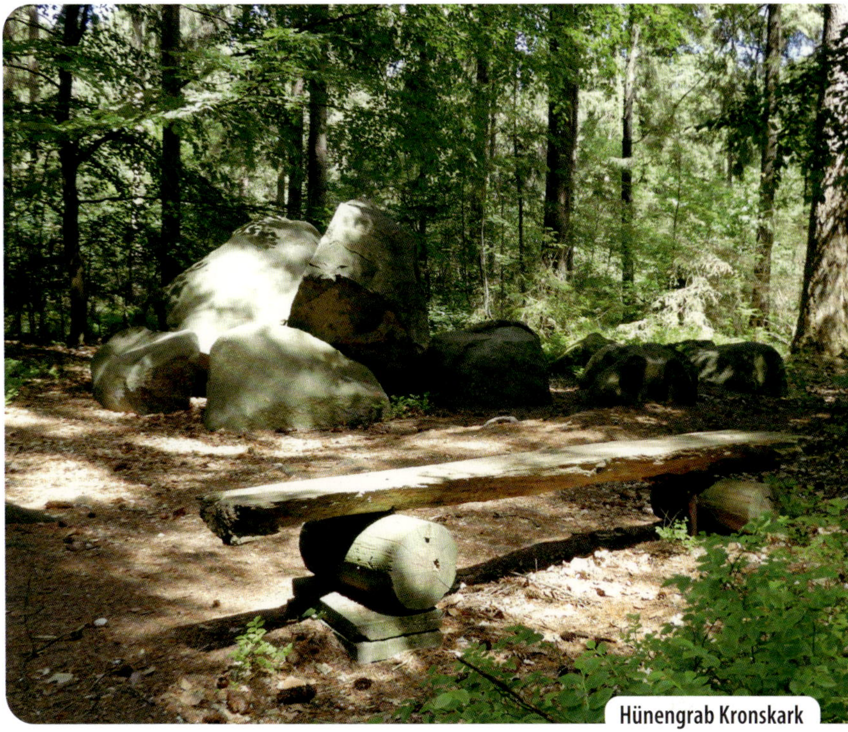

Hünengrab Kronskark

Wir nehmen die nächste Abzweigung und erreichen kurz darauf erneut die **Ahlenstraße,** überqueren diese vorsichtig und kommen **Am Reiherholz** in den Wald. Jetzt können wir ganz in den Wald **Große Ahlen** eintauchen und schlendernd den schönen Mischwald genießen. Auf dem Waldweg immer geradeaus gehend ignorieren wir alle Abzweigen und werden in einem leichten Linksbogen über einen Grasweg zur **K18** geleitet. Dort gehen wir ein ganz kleines Stückchen am Straßenrand nach links weiter, bis wir auf der gegenüberliegenden Seite einen Weg in den Wald entdecken. Nun wechseln wir vorsichtig die Straße und gelangen anschließend auf eine Waldkreuzung mit Infotafeln.

Auf dem rechten Waldweg spazieren wir durch den schönen Buchenwald. Nach einer Linkskurve kommen wir am Ende auf einen Querweg, an dem das **8 Hünengrab Kronskark** liegt. Nach dem Bestaunen der über 5000 Jahre alten Megalithanlage wenden wir uns wieder unserem Waldweg zu, der uns nach wenigen Metern in die freie Landschaft führt. Ein idyllischer, wurzeliger Pfad lenkt uns am Waldrand, mit alten Eichen und kleinen Heideflächen, entlang. Nach der Linkskurve am Feldrand gelangen wir zu einem Querweg, der uns zum Moorbahn-Bahnhof führt. Jetzt sind es nur noch wenige Schritte, bis wir das MoorIZ mit dem Café Torfwerk erreichen und uns bei Kaffee und Moortorte oder einer anderen himmlischen Torte verwöhnen lassen.

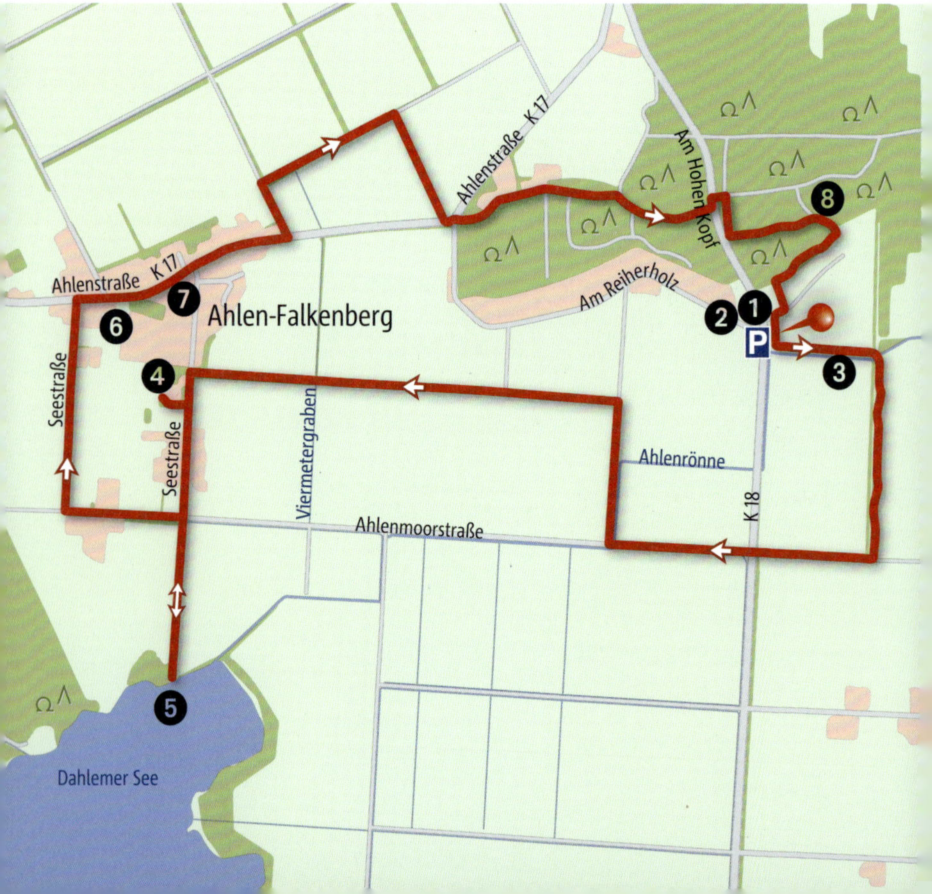

ALLES AUF EINEN BLICK

Entspannung ●●●●●
Abenteuer ●●●○○
Vielfalt ●●●●○

WIE & WANN

Überwiegend naturnahe Wald-, Wiesen- und Moorwege, in einigen Passagen Asphaltstraße. Beste Wanderzeit von April bis November.

HIN & WEG

Auto: Parkplatz beim MoorIZ, Am Hohen Kopf 3, 21776 Wanna (GPS: 53.701730, 8.797438)
ÖPNV: Keine direkte Anbindung an die Strecke

ESSEN & ENTSPANNEN

2 **Café-Restaurant Torfwerk,** Am Hohen Kopf 3, 21776 Wanna, Tel. (0 47 57) 81 84 91, www.ahlenmoor.de/mooriz/gastronomie

Für unterwegs bitte an ausreichend Getränke und eventuell an Rucksackverpflegung denken.

ENTDECKEN & ERLEBEN

1 **MoorInformationsZentrum,** Am Hohen Kopf 3, 21776 Wanna, Tel. (0 47 57) 8 18 95 58, Moorbahnfahrten, www.ahlenmoor.de
3 **Moorpad**
4 **Hünengrab Karlskirche**
5 **Dahlemer See**
6 **St. Nikolaus Kapelle**
7 **Imkerei Cuxlandbiene,** Ahlenstraße 16, 21776 Wanna, Tel. (0 47 57) 81 85 35, www.cuxlandbiene.de
8 **Hünengrab Kronskark**

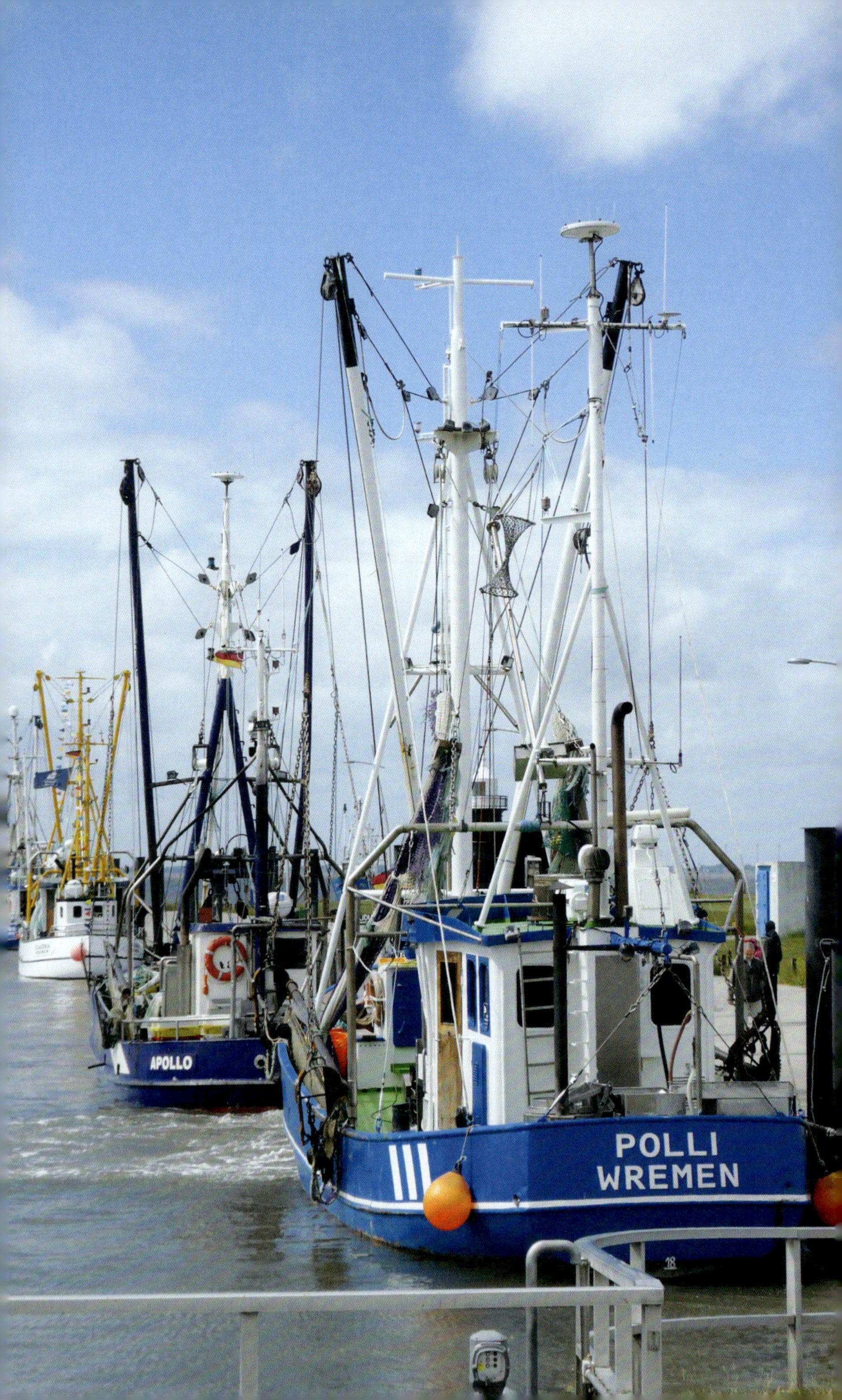
APOLLO
POLLI
WREMEN

Frische Seeluft

Küste, Kutter & Krabben in Wremen

Vom Parkplatz geht es geradewegs die Treppe hinauf auf den Deich, wo unsere Wanderung startet. Zuerst gehen wir in südlicher Richtung auf der **Deichkrone.** Unser Ziel ist der Ochsenturm, von dem wir einen weiten Blick über die Marsch und die Wurster Nordseeküste haben werden. Doch jetzt genießen wir erst einmal den herrlichen Ausblick vom Deich. Bald schon führt ein Weg hinunter zum Wasser, den wir einschlagen und dem wir an der Wasserkante entlang folgen. In der Ferne sehen wir die großen Kräne des Containerterminals in Bremerhaven. Wir haben jetzt nicht nur einen schönen Blick auf die Wesermündung, sondern die frische Nordseeluft macht unseren Kopf frei und lässt alle Anspannungen des Alltags von uns abfallen. Einfach nur im Hier und Jetzt sein.

*Alle, die eine **kürzere Tour** unternehmen möchten, haben die Wahl, vom Parkplatz aus die Route über den Kutterhafen und durch die historische Ortsmitte von 4 Kilometern zu nehmen oder die Küstenwanderung zum Ochsenturm von 8,4 Kilometern zu gehen.*

Nach einem leichten Linksbogen taucht der markante Turm aus Backstein in der Ferne hinter dem Deich auf, so haben wir unser Ziel fest vor Augen. Am Wasser gibt es immer etwas zu entdecken und je nach Gezeiten von Ebbe und Flut bleibt es stets spannend. Setzen wir uns einfach einen Moment auf den Steinwall und lauschen dem Rauschen der Wellen, beobachten bei Ebbe die Vögel, wie sie auf dem Wattboden nach Nahrung suchen, oder lassen den Blick in die Ferne schweifen und schauen verträumt den Schiffen nach, die auf der Außenweser vorbeiziehen.

Kilometer: 12,5
Höhenmeter: 30
Stunden: 3
RUNDWEG

Wir setzen unsere Wanderung fort. Der Ochsenturm kommt immer näher und wir spazieren auf dem asphaltierten Weg, der uns

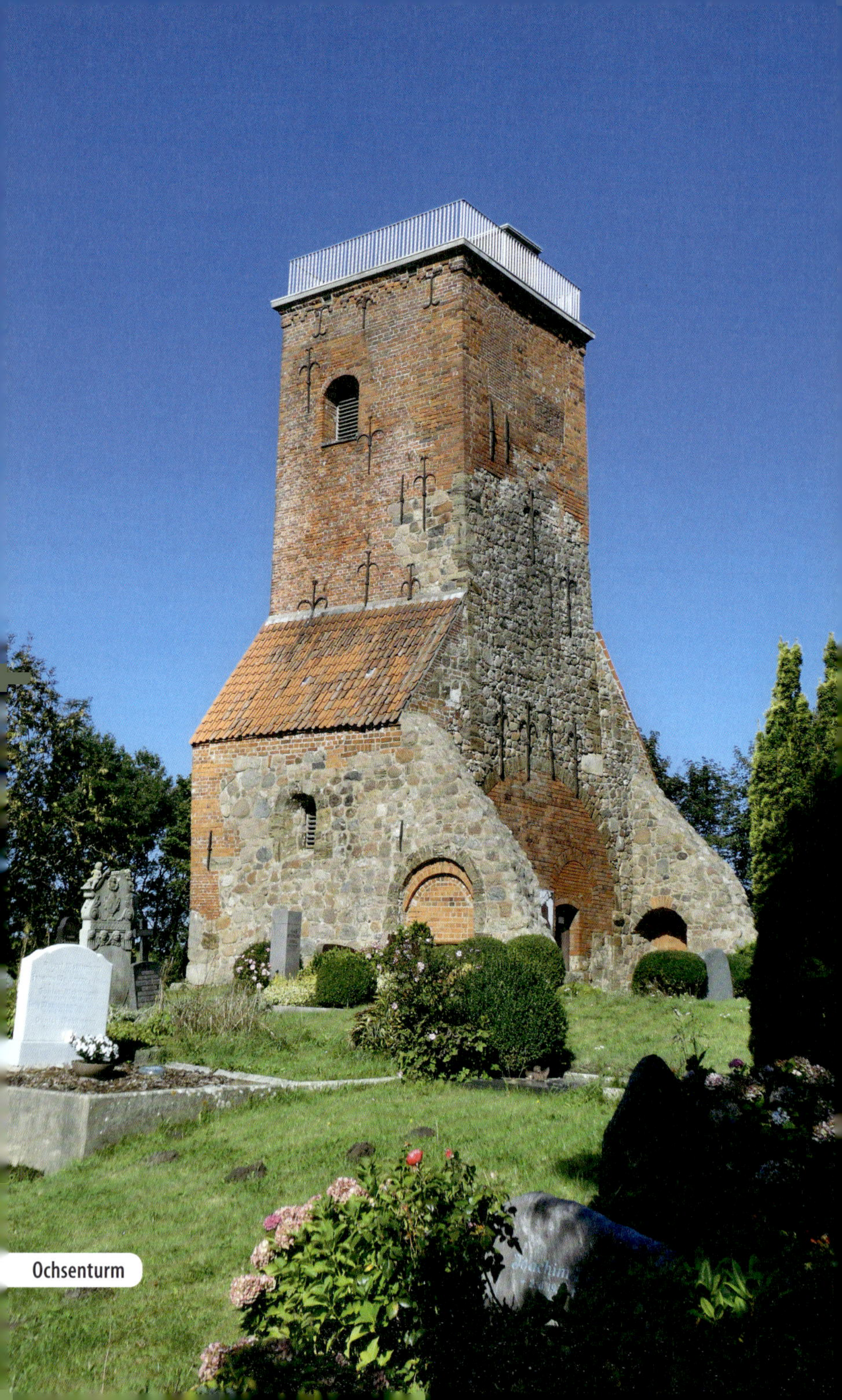

Ochsenturm

auf den Deich leitet. Oben von der Deichkrone nehmen wir den abwärts führenden Weg oder gehen noch ein kleines Stückchen weiter, dann über die Treppe hinunter und geradewegs über den Parkplatz. Links von uns steht der ❶ **Ochsenturm** auf einer Wurt inmitten eines Friedhofes. Wir betreten den historischen Friedhof durch das schmiedeeiserne Tor und wenden uns zur hölzernen Eingangstür des Turmes. Der Turm, der heute eine beliebte Attraktion ist, wurde im Jahr 1413 errichtet und diente viele Jahrhunderte als Seezeichen. Ursprünglich gehörte er zu einer Kirche, die 1218 aus Feldsteinen erbaut wurde und nach einem Brand Ende des 19. Jahrhunderts abgerissen wurde.

Für die Seele

Die Küstenwanderung zum Ochsenturm pustet den Kopf frei und am Hafen verwöhnen wir Leib und Seele.

Der alte, historische Backsteinturm wirkt etwas geheimnisvoll und wir sollten es uns nicht entgehen lassen, ihm einen Besuch abzustatten. Wir betreten den Turm und kommen in einen kleinen Vorraum. Rechts hinter der Eingangstür ist ein Durchgang zum Treppenhaus. Über eine schmale Holzstiege gelangen wir in die nächste Etage. Anschließend führt uns eine gut begehbare Holztreppe nach oben zur Aussichtsplattform. Von dort genießen wir einen herrlichen weiten Blick über die Wesermündung, das Deichvor- und Deichhinterland und erblicken in der Ferne Bremerhaven.

Einer Sage nach konnten sich die Ortschaften Dingen, Lebstedt und Weddewarden nicht einigen, wo ein ***neuer Kirchturm*** *errichtet werden sollte. So ließ man zwei hungrige Ochsen loslaufen und dort, wo sie sich niederließen, sollte der neue Turm errichtet werden.*

Nach der Besichtigung gehen wir zurück auf den Deich. Nun haben wir die Wahl, entweder über die Deichkrone oder wie zuvor, entlang der Wasserkante, zurück nach Wremen zu wandern, und gelangen so wieder zur Treppe beim Startpunkt. Von dort spazieren wir in nördliche Richtung auf dem Deich weiter und erreichen wenig später einen befestigten Auf- und Abgang mit Geländer. Vom Deich genießen wir einen unendlich weiten Blick über das UNESCO-Weltnaturerbe Wattenmeer. Der Blick schweift zum ❷ **Wremer Kutterhafen** mit seinem Leuchtturm ❸ **Kleiner Preuße** und dem Deichvorland. Bei guter Sicht können wir auf

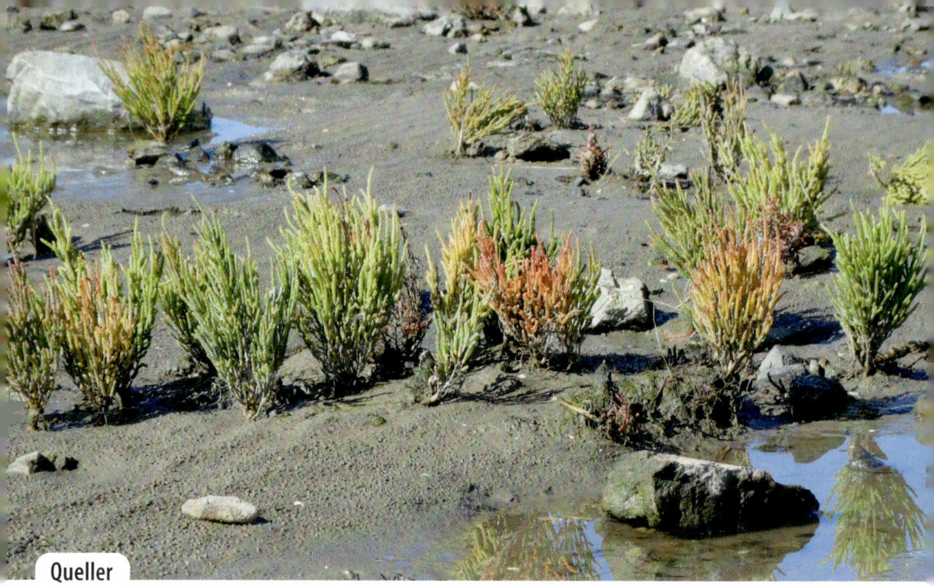

Queller

der gegenüberliegenden Weserseite nach Fedderwardersiel und zum Jade-Weser-Port blicken. Der Wremer Kutterhafen, auch Wremer Siel genannt, ist tideabhängig und der älteste Hafen an der Wurster Küste. Bei auflaufendem Wasser sehen wir Kitesurfer, ihre farbigen Drachen wirken wie lustige, bunte Farbkleckse am Himmel.

Am Hafen lassen wir dann die Seele baumeln. Ruheliegen und Bänke laden zum Relaxen und Träumen ein. Ein kleiner Rundgang entlang des Hafens zum Leuchtturm Kleiner Preuße regt zu einer Besichtigung an. Im Sommer kehren wir vielleicht im kultigen **4 Siebhaus** ein oder genießen die Leckereien an einer der kleinen Buden auf dem **5 Südpier.** Ein leckeres Fischbrötchen schmeckt schließlich immer. Für eventuelle menschliche Bedürfnisse steht das „Schiethus" bereit.

Nach unserer schönen Auszeit nehmen wir die Treppe landseitig hinunter vom Deich, wo das Restaurant **6 Wremer Fischerstube** liegt, und gehen die Straße nach Norden, bis nach wenigen Metern ein Weg auf der rechten Seite abzweigt, der uns entlang der **Wremer Wasserlöse** zu einer Brücke führt. Wir halten uns links und spazieren bis zur nächsten Kreuzung weiter, wo wir nach rechts in den **Kirchweg** einbiegen, der uns vorbei an landwirtschaftlich bestellten Feldern leitet. Beim Erreichen der ersten Häuser biegen wir links in die **Hainkhörnstraße** ein und wenden uns am Ende der Straße erneut nach links in die **In der Langen Straße**, bis wir nach wenigen Metern das **7 Café Dahl** erreichen. In den Sommermonaten können wir in dem wunderschönen und idyllischen Garten des Cafés herrlich entspannen und es uns bei Kaffee, Eis oder Kuchen so richtig gut gehen lassen.

Nachdem wir die Zeit im Café genossen haben, führt unser Weg zum **8 Kurpark,** indem wir die Straße ein kleines Stückchen zurückgehen und nach wenigen Metern links in den kleinen idyllischen Park mit Teich eintreten. Auch hier lässt es sich herrlich entspannen und verweilen. Wir durchqueren den Kurpark und gelangen auf die **Wremer Straße,** wenden uns nach rechts und biegen bald darauf erneut rechts in die **Rosenstraße** ein. Hier können wir dem **9 Kuriosen Muschel-Museum** einen lohnenswerten Besuch abstatten.

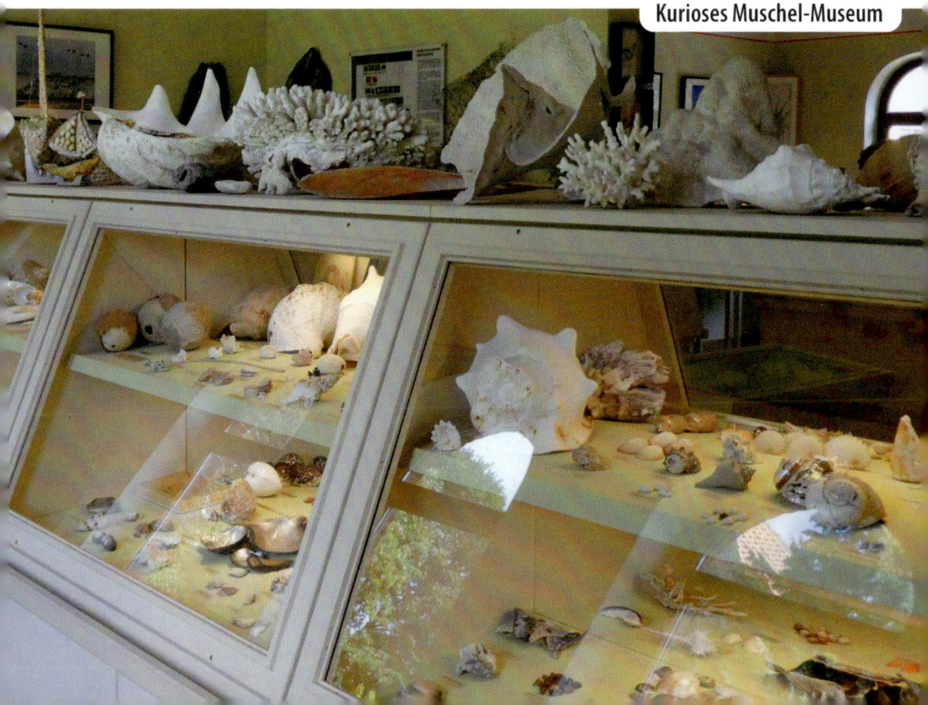
Kurioses Muschel-Museum

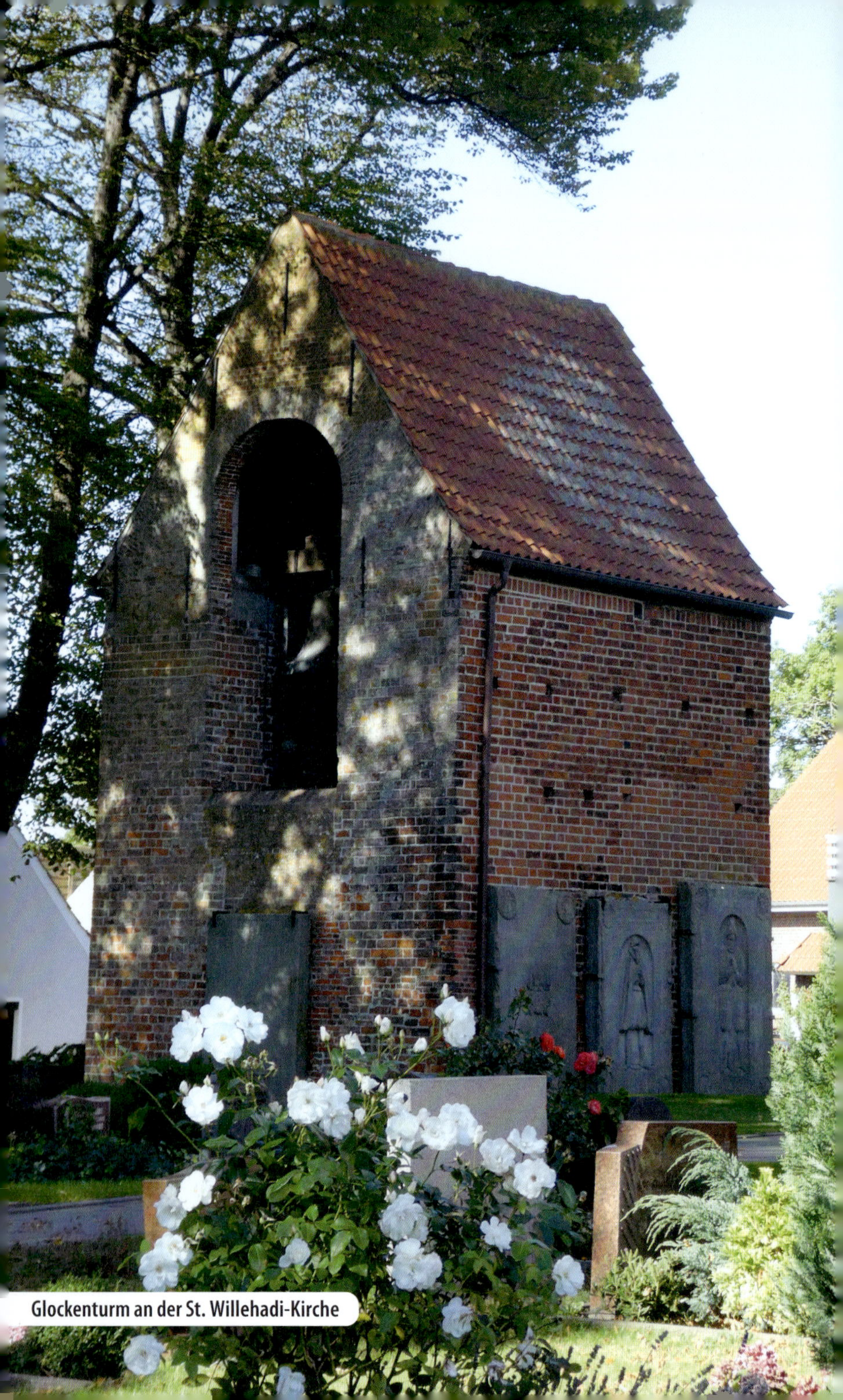

Glockenturm an der St. Willehadi-Kirche

Am Ende der Rosenstraße befindet sich ein Zugang zum Friedhof, über den wir zur ⑩ **St. Willehadi-Kirche** gelangen. Diese alte, imposante Wehrkirche wurde um 1200 erbaut und hat viele Kriege überstanden. 1914 wurde der Kirchturm abgetragen, damit ihn feindliche Truppen während des Ersten Weltkriegs von der Weser aus nicht sehen konnten. Erst 1930 wurde er wieder aufgebaut. Wir folgen dem Weg nach rechts um die Kirche herum bis zum separat stehenden Glockenturm. An seiner Wand lehnen mächtige und imposante ⑪ **Porträtgrabplatten** aus dem 16./17. Jahrhundert.

*Die mächtigen **Porträtgrabplatten** sind eine Besonderheit der Wurster Nordseeküste. Aus Sandstein in Obernkirchen gebrochen, wurden sie über die Weser ins Wurster Marschengebiet verschifft. Sie deckten das ganze Grab ab, um es vor Sturmfluten zu schützen.*

Über den Weg rechts vom Glockenturm verlassen wir den Friedhof wieder und treffen erneut auf die **In der Langen Straße.** Wenige Häuser weiter nach rechts erreichen wir das Restaurant ⑫ **Zur Börse.**

Auf der gegenüberliegenden Straße **Im Ellhorn** spazieren wir weiter und erreichen am Ende den **Wremer Dorfgraben.** Dort biegen wir nach links ab. Nach wenigen Metern gabelt sich der Weg in zwei Brücken. Wir überqueren die rechte Brücke und schlendern auf dem

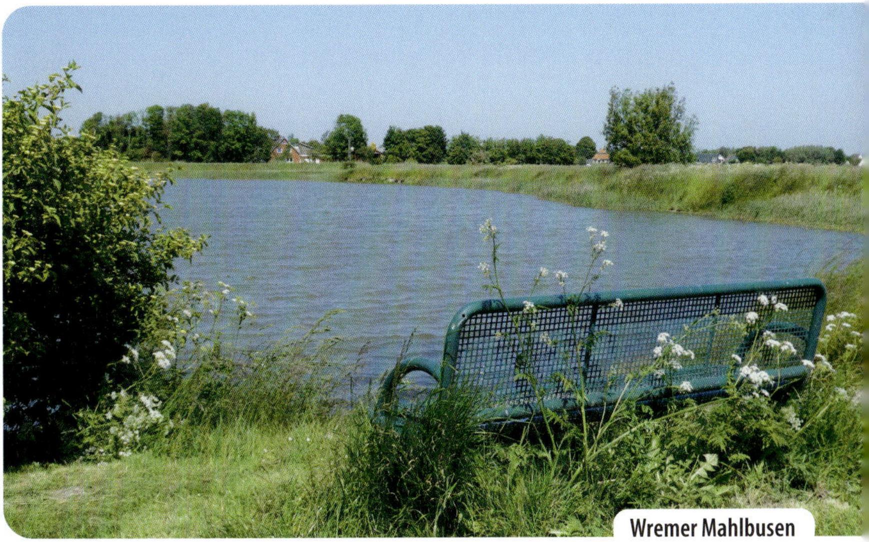

Wremer Mahlbusen

Im mehrfach ausgezeichneten ***Restaurant Zur Börse*** *kann man sich im schönen Ambiente eines historischen Gebäudes niveauvoll verwöhnen lassen. 1720 wurde das Gebäude erstmals in der Ortschronik erwähnt. Es war in früheren Zeiten eine Viehhandelsbörse.*

Wiesenweg weiter. Zur linken Seite befindet sich die Wremer Wasserlöse und zur rechten ein weiterer Graben. Dieser herrliche Wiesenweg ist gesäumt von Schilf, Gräsern, Buschwerk und Zottigem Weidenröschen und streichelt die Seele ganz besonders. Vor uns in der Ferne ist jetzt wieder der Deich zu erkennen. Bald taucht auf der rechten Seite ein kleiner See auf. Das ist der Wremer ⑬ **Mahlbusen.** Bänke laden zum Verweilen und zur Vogelbeobachtung ein. Wir gehen über die Brücke und folgen dem Weg nach links. An der Straße angekommen, wenden wir uns nochmals nach links und nehmen nach wenigen Metern die Treppe hinauf zum Deich. Von dort aus erreichen wir wenig später unseren Startpunkt.

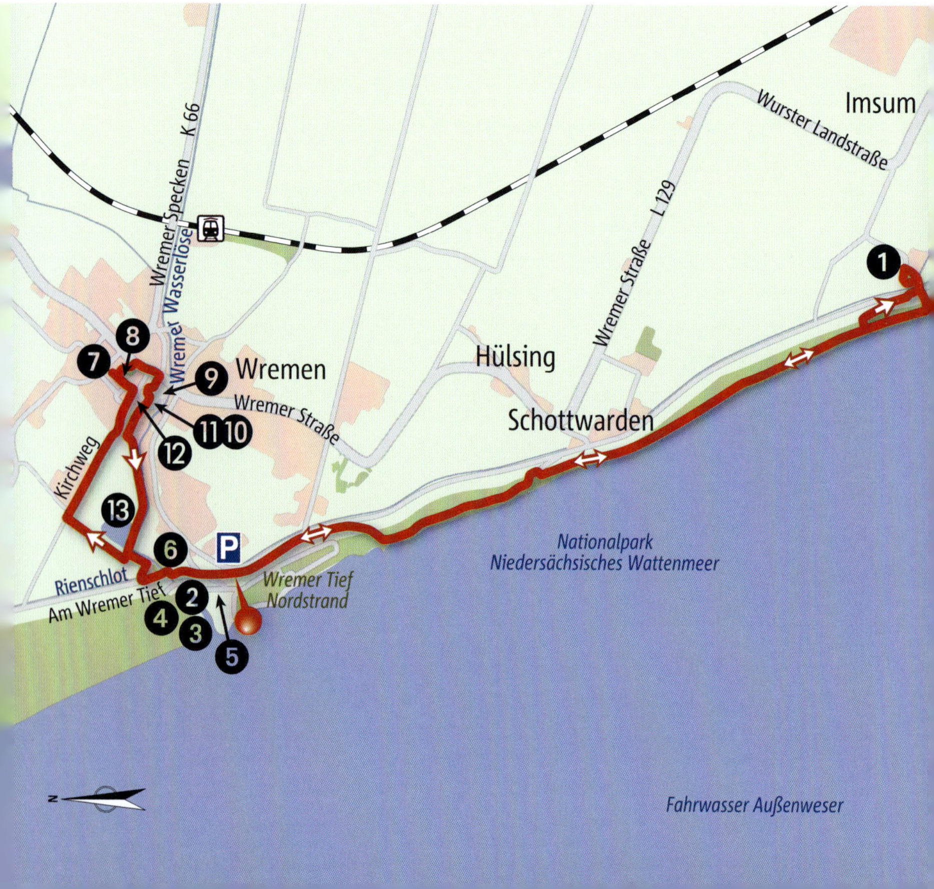

ALLES AUF EINEN BLICK

Entspannung

Abenteuer

Vielfalt

WIE & WANN

Überwiegend befestigte und ein kleiner Anteil naturnaher Wege. Ganzjährig begehbar, beste Wanderzeit von April bis Ende Oktober.

HIN & WEG

Auto: Parkplätze am Rolf-Dircksen-Weg, 27638 Wurster Nordseeküste (GPS: 53.647038, 8.496904)

ÖPNV: EVB RB33, Bahnhof Wremen. Vom Bahnhof bis zum Parkplatz sind es 2 Kilometer, jedoch können Bahnreisende die Tour an der Kreuzung Wurster Landstraße/Rosenstraße beginnen, die 1 Kilometer vom Bahnhof entfernt liegt.

ESSEN & ENTSPANNEN

4 **Siebhaus,** Am Wremer Hafen, 27639 Wurster Nordseeküste, www.siebhaus.de (nur April bis Oktober)

5 **Wremer Kutterhafen Südpier,** Strandstraße, 27639 Wurster Nordseeküste, Tel. (04 71) 3 91 51 15, www.suedpier-wremen.de (nur April bis Oktober)

6 **Wremer Fischerstube,** Am Wremer Tief 4, 27639 Wurster Nordseeküste, Tel. (0 47 05) 12 49, www.wremer-fischerstube.de

7 **Café Dahl,** In der Langen Straße 41, 27638 Wurster Nordseeküste, Tel. (0 47 05) 9 51 99 17, www.cafedahl.de

12 **Zur Börse,** In der Langen Straße 22, 27639 Wurster Nordseeküste, Tel. (0 47 05) 12 77, www.zur-boerse.de

ENTDECKEN & ERLEBEN

1 **Ochsenturm**

2 **Wremer Kutterhafen**

3 **Leuchtturm Kleiner Preuße,** www.kleiner-preusse.de

8 **Kurpark**

9 **Kurioses Muschel-Museum,** Zur alten Schule 4, 27638 Wurster Nordseeküste, Tel. (0 47 05) 2 42, www.muschelmuseum-wremen.jimdo.com

10 **St. Willehadi-Kirche** 11 **Porträtgrabplatten**

13 **Mahlbusen**

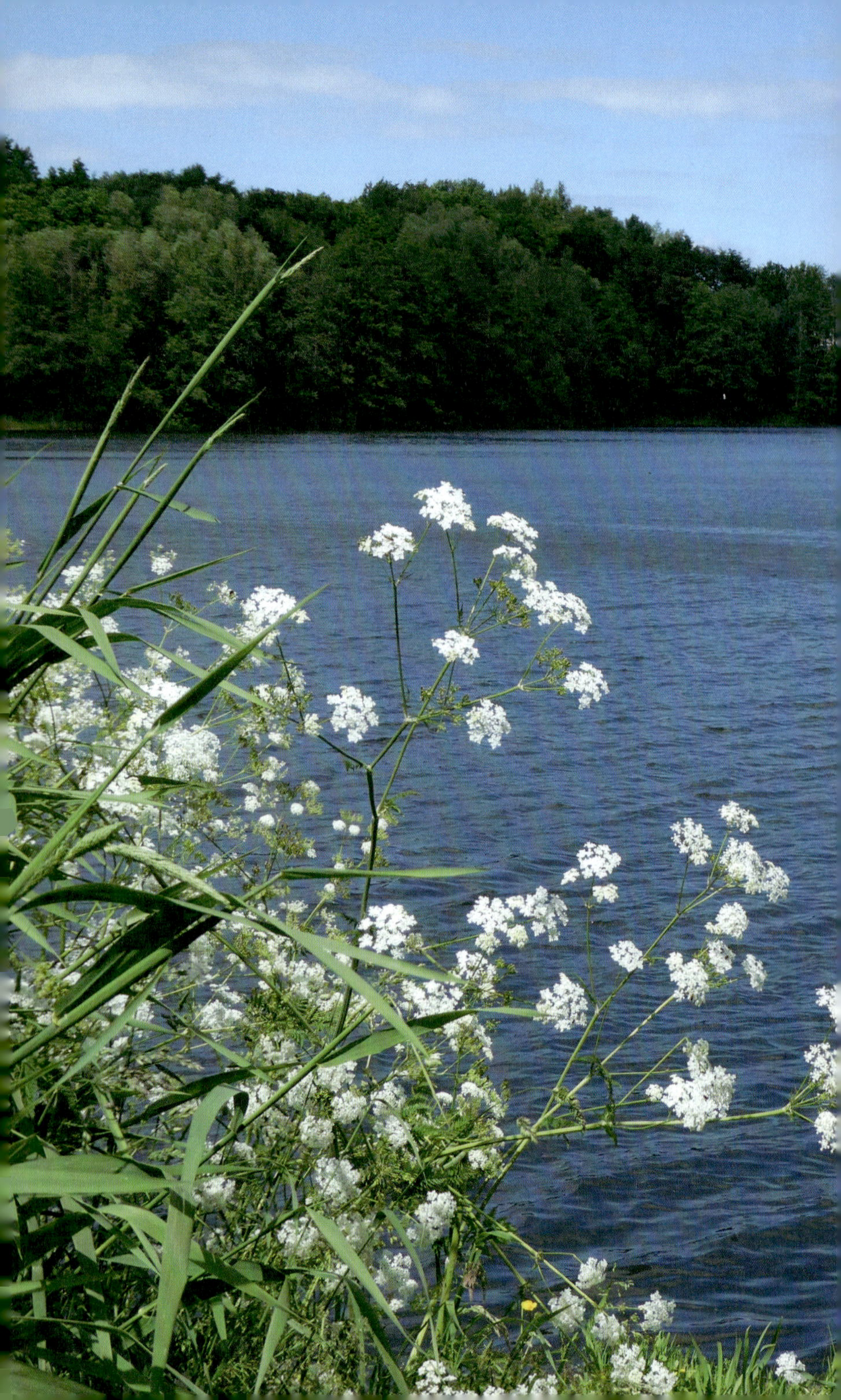

See zum Träumen

Die Moore um den Stoteler See

Vom Parkplatz, direkt neben dem Hotel ❶ **Haus am See,** nehmen wir den parallel zum Zaun und leicht abwärts verlaufenden Pfad in Richtung See. Von dort folgen wir, entgegen dem Uhrzeigersinn, dem sich um den See schlängelnden, anfangs dschungelähnlichen Weg. Ein wenig Trittsicherheit ist hier gefordert, denn mit leichten Aufs und Abs verläuft er am Nordhang entlang. Im Hochsommer kann er auch mal ein bisschen zugewuchert sein, aber wir lassen uns nicht abschrecken, denn er bietet uns ganz viel Genuss. Alternativ kann man auf die parallel verlaufende Straße wechseln.

Diese Wanderung kann in ***Teilstrecken*** *abgekürzt werden. Wird die Runde um den Stoteler See nicht gegangen, verkürzt sich die Strecke um 2,5 Kilometer. Wenn die Strecke Hahnenknooper Moor und Wald ausgelassen wird, verkürzt sich die Strecke um 2 Kilometer.*

Von unserem Weg am See aus erhaschen wir immer wieder Blicke auf den idyllischen ❷ **Stoteler See,** der in den 1970er-Jahren durch Baggerarbeiten zur Förderung von Kies für den Autobahnbau der A27 entstanden ist. Inzwischen ist er ein beliebter Freizeit- und Badesee. Von unserem Pfad führen kleine Abstiege hinunter zum Seeufer, die von den Anglern genutzt werden. Vom Westufer haben wir einen wunderschönen Panoramablick über die friedvolle Seeidylle, die von den dort stehenden Bänken aus genossen werden kann.

Kurz darauf erreichen wir an der Südseite den ❸ **Badestrand.** Hier können wir eine kleine Auszeit zum Träumen nehmen oder uns bei einem Bad erfrischen. Über den weichen Standstrand spazieren wir an der DLRG-Station vorbei und gelangen zum Hauptweg, dem wir bis zu einer Rechtskurve folgen. Dort biegen wir auf einen schmalen Graspfad ent-

Kilometer: 14,5
Höhenmeter: 60
Stunden: 4
RUNDWEG

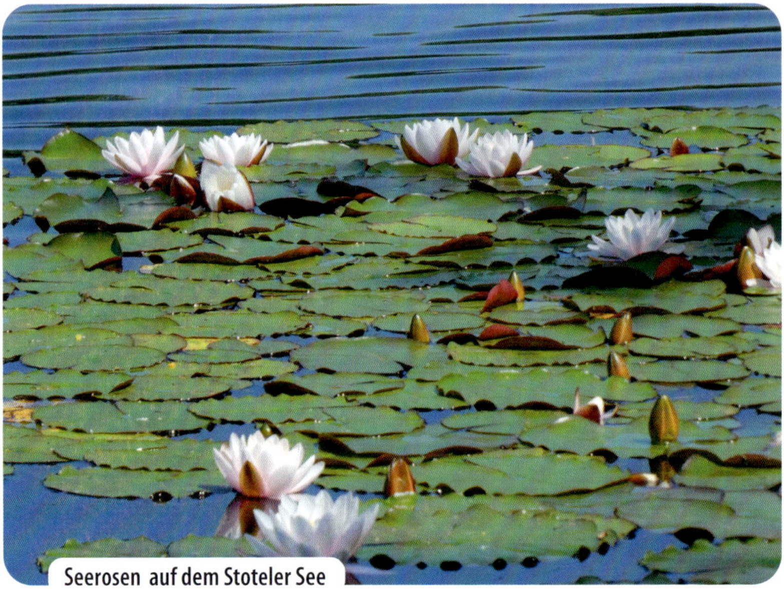

Seerosen auf dem Stoteler See

lang des Seeufers ein. Von dieser Seite haben wir einen schönen Blick auf das gegenüberliegende Ufer mit dem Haus am See, das eine wundervolle Hanglage hat. Im Sommer bieten die blühenden Seerosen auf dem Wasser und die gelben Wasserlilien am Uferrand einen zauberhaften Anblick. Libellen umschwirren uns, bis wir wieder auf den Hauptweg gelangen und wenig später nach links auf den Querweg einbiegen.

Bevor wir uns an der nächsten Abzweigung nach rechts wenden, genießen wir noch einen letzten Blick auf den See, um ihn dann in Richtung Hahnenknooper Moore zu verlassen. Nach 500 Metern auf einem unbefestigten Weg an Feldern entlang erreichen wir eine nach rechts führende Wegeinmündung.

Das ***Naturschutzgebiet Hahnenknooper Moore*** *besteht aus mehreren Mooren: dem Stoteler Moor südlich von Stotel, dem Königsmoor östlich von Schwegen und dem Packenmoor, das zwischen den beiden zuvor genannten liegt und östlich an die A27 grenzt.*

Jetzt wandern wir auf einem breiten, wunderschönen Alleenweg, der uns parallel zum Stoteler Moorgraben und am Rande des Stoteler Moores entlangführt. Nach Überqueren des **Stoteler Moorgrabens** erblicken wir nach ungefähr 300 Metern linksseitig eine große wunderschöne alte Eiche, die auf dem Feld steht. Die alten Eichenbäume der Allee spenden uns gerade im Sommer angenehmen Schatten. Zwischendrin gibt es immer wieder Sichtfenster in die freie Landschaft. Hier in der Abgeschiedenheit können wir ganz loslassen und uns entschleunigen.

Am Ende der Allee folgen wir dem Querweg nach rechts. Er führt uns ein kleines Stück durch das Naturschutzgebiet Stoteler Moor. Zu unserer linken Seite haben wir direkten Einblick in das wieder vernässte Moor. Bitte unbedingt auf dem Weg bleiben. Von Ende April bis Ende Mai können wir hier das **4 Wollgras** blühen sehen. Aber auch auf der rechten Seite, mit den extensiven Flächen, erkennen wir das blühende Wollgras. Wunderschön – und welch ein Glück, gerade zu dieser Zeit hier zu sein! Im Anschluss kommen wir in eine offene Fläche mit landwirtschaftlich genutzten Fel-

Für die Seele

Auf einem romantischen Pfad umrunden wir den See und passieren Alleen, Moorgebiete und Wald.

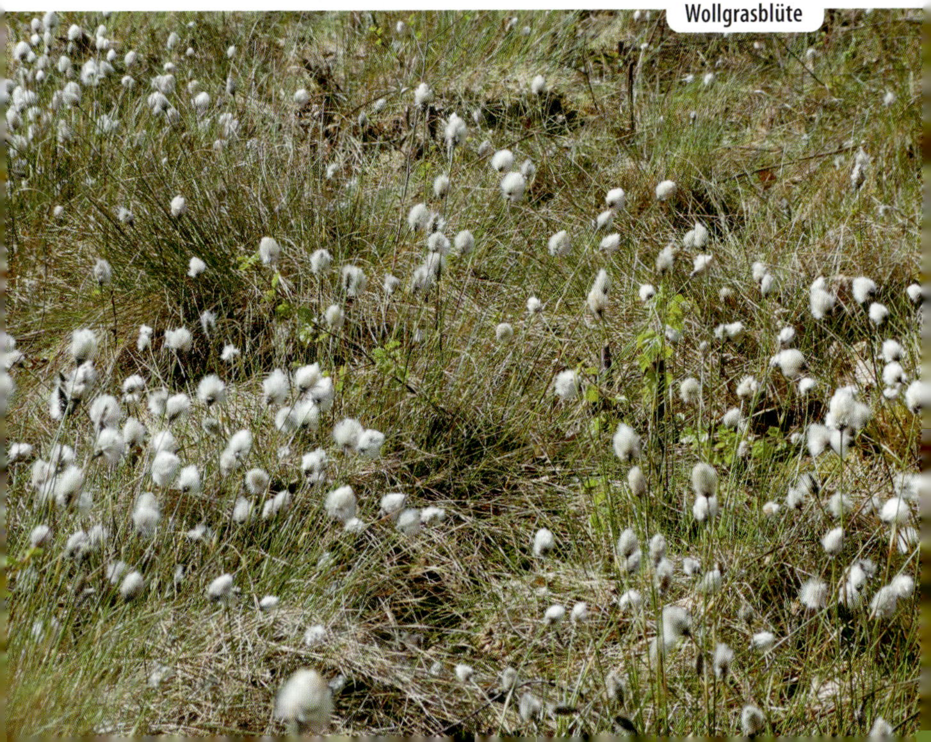

Wollgrasblüte

dern. Am Ende des Weges halten wir uns links und erreichen kurz darauf die Straße **Sandberg,** die zur kleinen Ortschaft **Stotelermoor** gehört. Gleich an der Straßeneinmündung befindet sich eine Bank, die zu einer kleinen Rast einlädt. Von dort lassen sich gut die Pferde auf der gegenüberliegenden Weide beobachten und wir genießen die ländliche Idylle.

Wer die Strecke um 2 Kilometer ***abkürzen*** *möchte, folgt einfach der Straße Alter Damm weiter, bis sie am Ende auf die L135 stößt. Dort befindet sich direkt an der Einmündung der Gasthof Bathmann.*

Nach unserer kurzen Auszeit spazieren wir durch die kleine Ortschaft mit den schönen Vorgärten in östliche Richtung und gelangen dann zu einer Kreuzung, auf der wir nach rechts in die Straße **Alter Damm** einbiegen. Bald darauf kommen wir zu einer Wegeinmündung mit einer Info-Station, die uns über den **5 Alten Postweg** und die Hahnenknooper Moore informiert.

Auf dem unbefestigten, mit Bäumen bewachsenen Feldweg entlang des Stoteler Hahnenknooper Moorgrabens setzen wir unsere Wanderung fort. An der nächsten Abzweigung halten wir uns links. Unser Weg stößt wenig später auf die asphaltierte Straße **Hinter dem Busch.** Wir gehen geradeaus weiter, bis wir gegenüber von **Schlag's Pferdepension** links in den **Hahnenknooper Wald** kommen. Nun erleben wir den Wald als Kontrast zu den Moorgebieten und genießen ihn mit all unseren Sinnen. So tauchen wir ganz intensiv in den schönen Mischwald ein und halten uns an der

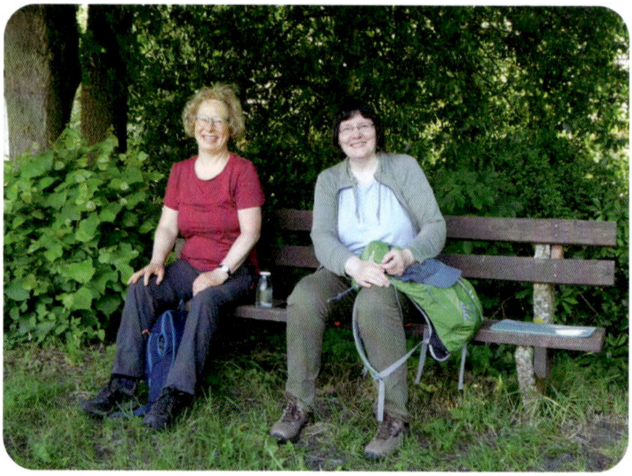

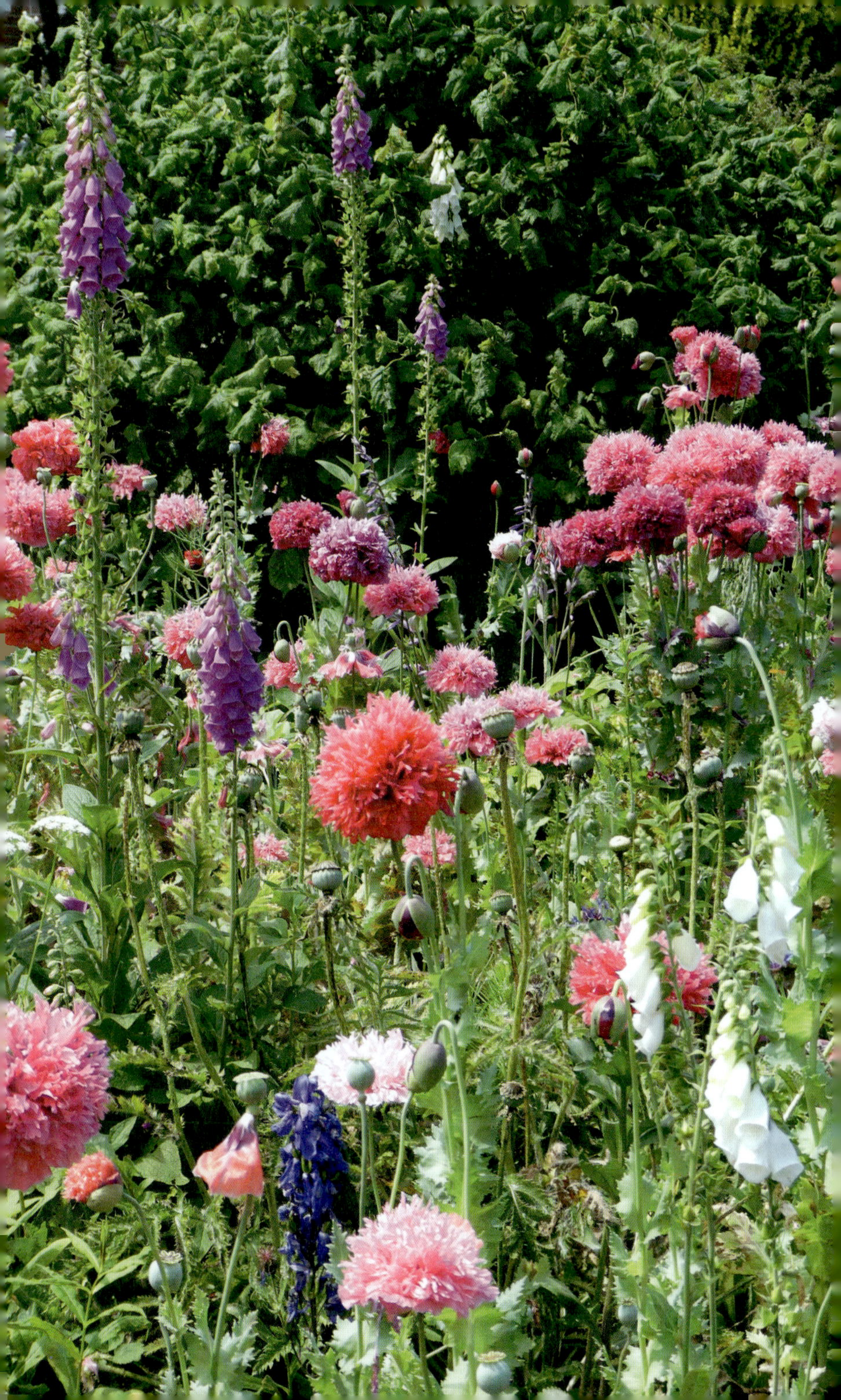

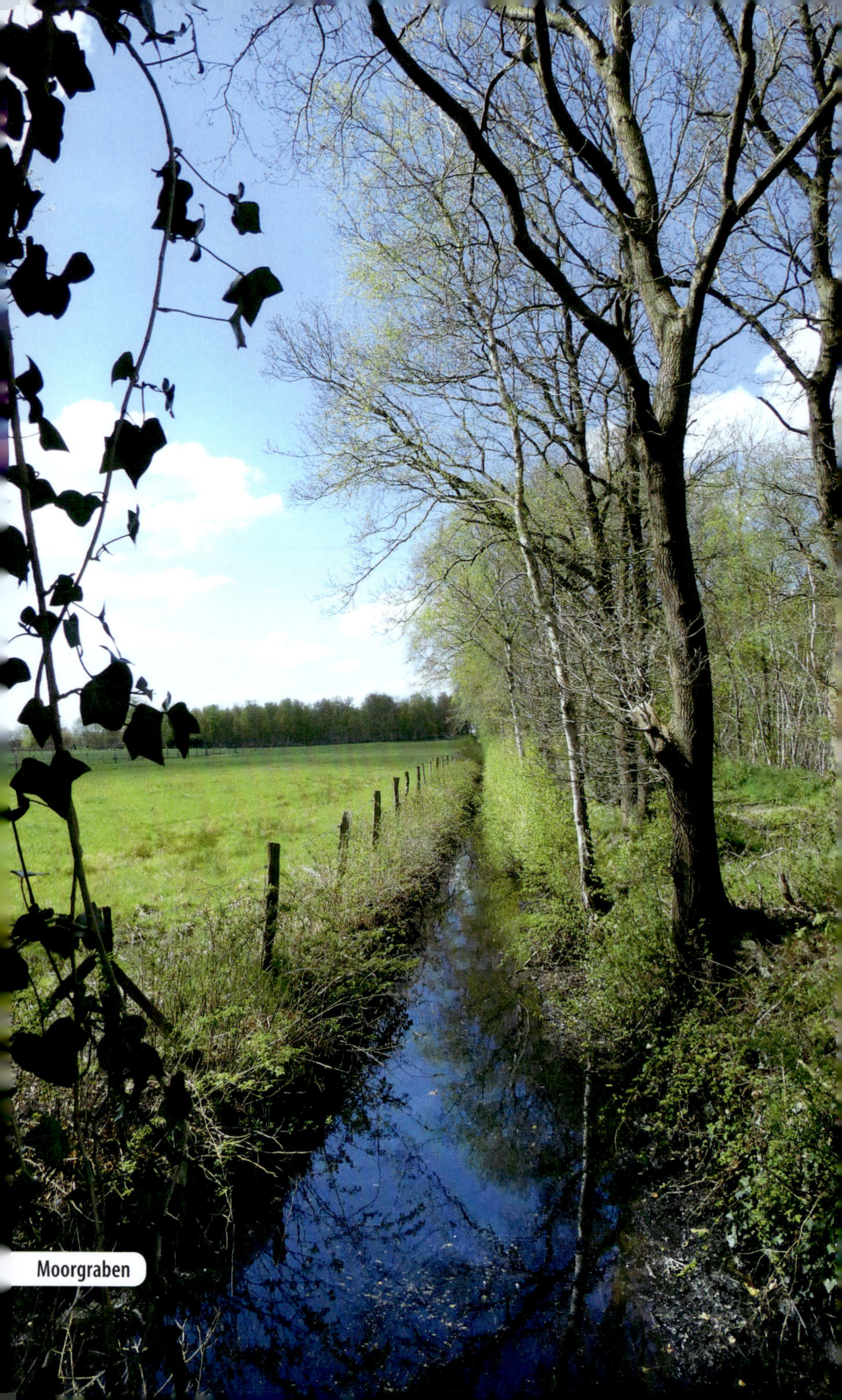
Moorgraben

nächsten Kreuzung links. Bald schon ist der Wald zu Ende, sodass wir herausgeführt und wieder auf die Straße **Alter Damm** gelangen. Wir gehen nach rechts durch die Eichenallee weiter und erreichen nach 300 Metern die **L135** und den **6 Gasthof Bathmann.**

Jetzt ist es Zeit für eine wohlverdiente Pause und eine Einkehr, um uns zu stärken und kulinarisch verwöhnen zu lassen. Im Sommer lädt der idyllische, parkähnliche Garten zum Verweilen ein. Im Gasthof Bathmann gibt es leckere, regionale und saisonale Speisen. Außerdem sind die selbst gemachten Windbeutel einfach legendär!

Nachdem wir uns gestärkt haben, machen wir uns für unsere letzte Etappe bereit. Von der Einmündung **Alter Damm** geht es ein kleines Stück auf dem uns schon bekannten Teil zurück. Dabei passieren wir die uns schon vertraute Alter-Postweg-Station und die Kreuzung **Sandberg/Alter Damm.** Ab dort spazieren wir auf dem unbefestigten **Moordamm**, einem schönen Alleenweg, der uns erneut herrliche Ausblicke auf das angrenzende Grünland eröffnet, bis wir die ersten Häuser der Ortschaft **Stotel** und die Straße **Sandkuhle** erreichen.

Nach wenigen Metern, geradeaus über die Kreuzung, wenden wir uns nach links in die Straße **Immenhofweg.** Wir passieren Einfamilienhäuser und Wohnblöcke und biegen dann gegenüber der **Fasanenstraße** erneut nach links in einen unbefestigten Weg ein, der uns zur **Gartenstraße** leitet, in die wir ebenfalls links einbiegen. Der anfangs asphaltierte wechselt in einen unbefestigten Weg über und führt uns an Wiesen, Feldern und einem kleinen **jüdischen Friedhof** vorbei. Der von alten Bäumen eingerahmte und bewachsene Friedhof wurde um etwa 1860 angelegt. Auf ihm befinden sich noch 14 Grabsteine.

Wir erreichen eine Rechtskurve und nehmen hier den nach links abzweigenden Weg. Am Ende des Weges stoßen wir auf einen Querweg, der parallel zum

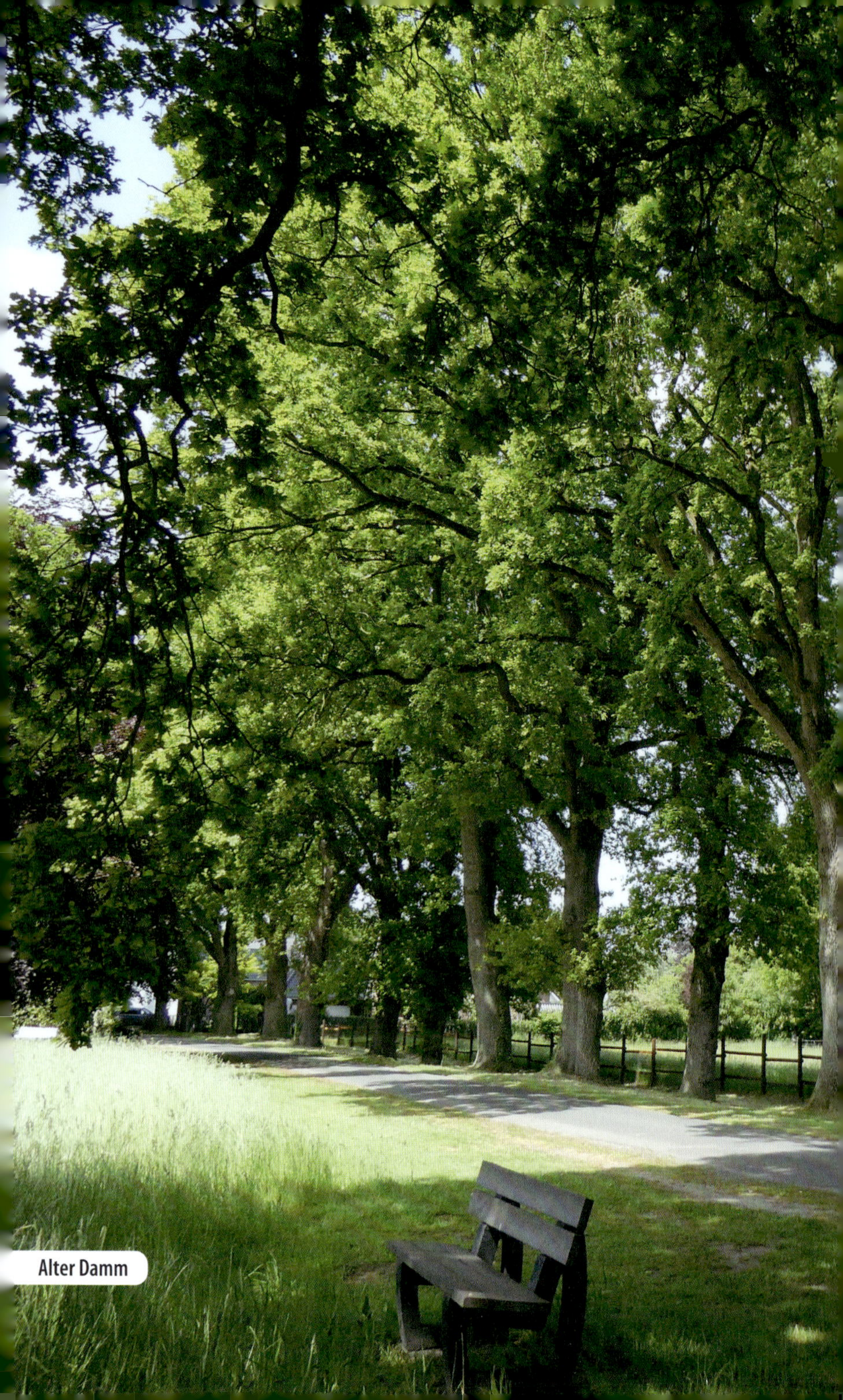
Alter Damm

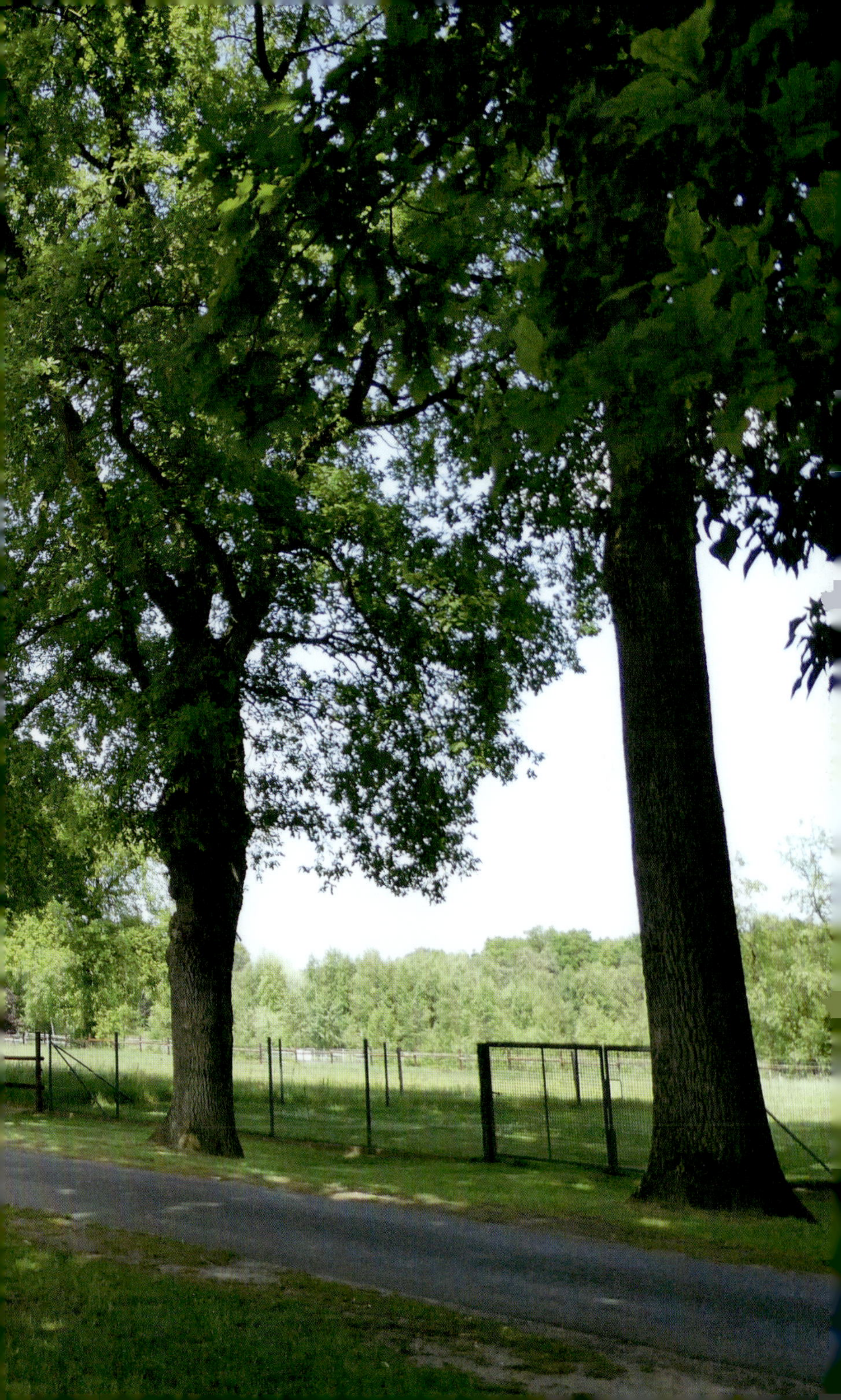

Stoteler See verläuft. Wenige Schritte nach rechts zweigt ein Trampelpfad ab, dem wir entlang des Sees folgen, um kurz darauf die Abzweigung zum Parkplatz zu erreichen. Falls der Trampelpfad zugewuchert ist, bleiben wir einfach auf dem Hauptweg. So erreichen wir genauso gut den Parkplatz.

Nach der Wanderung lohnt ein Besuch im Hotel **Haus am See,** wo man den Tag wunderbar ausklingen lassen kann. Von der Hotelterrasse genießen wir einen wunderschönen Blick auf den idyllisch ruhenden See. Dabei lässt es sich herrlich entspannen und kulinarische Genüsse kommen sicherlich nicht zu kurz.

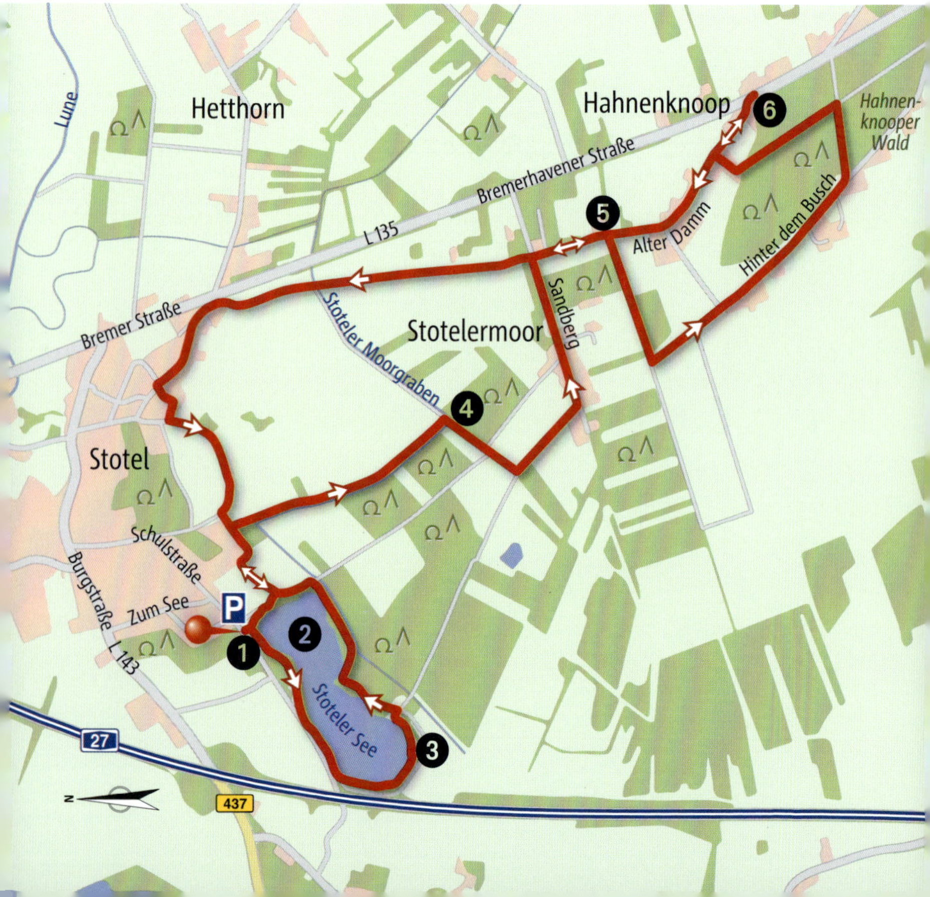

ALLES AUF EINEN BLICK

Entspannung
Abenteuer
Vielfalt

WIE & WANN

Auf naturnahen und befestigten Wegen geht es durch die Randbereiche der Hahnenknooper Moore. Der Pfad um den Stoteler See verlangt ein wenig Trittsicherheit. Alternativ führt ein befestigter, parallel verlaufender Weg um den See. Ganzjährig begehbar, beste Wanderzeit von April bis November.

HIN & WEG

Auto: Parkplatz neben dem Hotel Haus am See, Schulstraße 75, 27612 Loxstedt (GPS: 53.440534, 8.593591)
ÖPNV: Keine direkte Anbindung an die Strecke

ESSEN & ENTSPANNEN

1. **Hotel Haus am See,** Schulstraße 75, 27612 Loxstedt, Tel. (0 47 44) 54 07, www.hotel-haus-am-see-stotel.net
6. **Gasthof Bathmann,** Bremerhavener Straße 30, 27612 Loxstedt, Tel. (0 47 44) 55 05, www.gasthof-bathmann.de

ENTDECKEN & ERLEBEN

2. **Stoteler See**
3. **Badestrand**
4. **Wollgras**
5. **Alter Postweg**

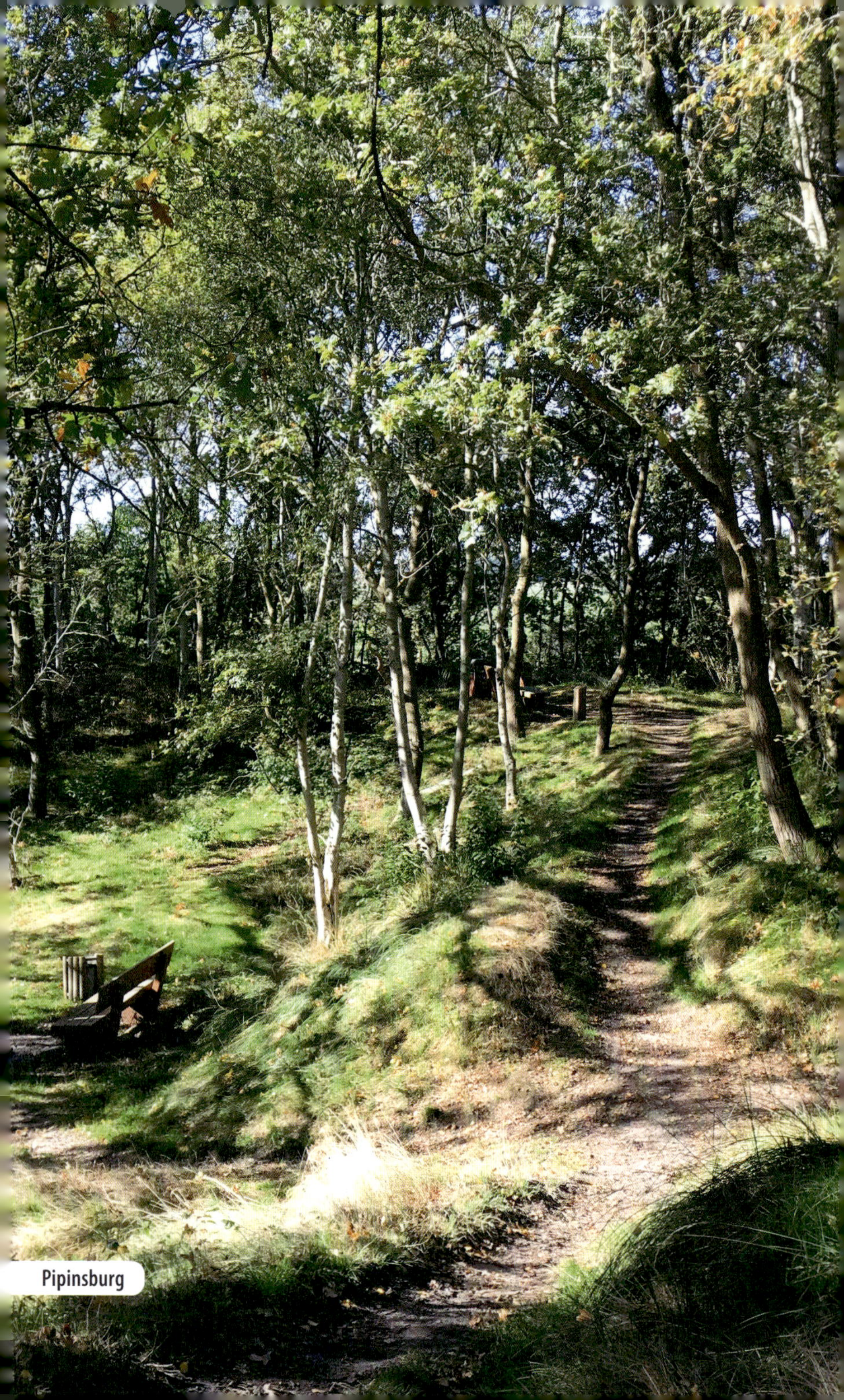
Pipinsburg

Spuren der Vorzeit

Pipinsburg und Moor bei Sievern

Am Rande des Geestrückens Hohe Lieth, in der Nähe von Sievern, liegt die mittelalterliche Ringwallanlage ❶ **Pipinsburg,** die eine von mehreren Anlagen im Landkreis Cuxhaven ist. Der heute noch fast 6 Meter hohe Ringwall ist gut erkennbar. Am Ende des 19. Jahrhunderts wurde eine neue Chaussee (heute die L135) durch das Moorgebiet gebaut. Im Zuge dessen wurde leider ein Teil des westlichen Vorwalls entfernt.

Neben der Infotafel am Fuß des Ringwalls gelangen wir über eine Holztreppe auf den Wall. Von dort blicken wir in den inneren, kreisrunden Bereich. In früheren Zeiten sollen an der Innenseite des Ringwalls, dessen Areal einen Durchmesser von 60 Meter hat, Holzbauten gestanden haben, die einem Brand zum Opfer fielen. Heute wachsen hier Bäume und unter einer großen Eiche können wir auf einer Bank Platz nehmen und davon träumen, wie es hier früher wohl ausgesehen haben mag. Es wird vermutet, dass die Burg seinerzeit komplett von Moor umgeben und per Schiff zu erreichen war. Damals, als es noch keine Deiche an der Küstenlinie gab, reichte das Wasser bei Flut weit in das Landesinnere. Das ist heute schwer vorstellbar.

Auf dem Wall folgen wir dem Pfad im Uhrzeigersinn und erreichen eine Treppenanlage. Dort war wohl einmal ein Gang. Nun geht es erst hinunter in den **Burggraben,** dann wieder aufwärts, und so erreichen wir ein Vorplateau. Die ursprüngliche Moorlandschaft hat sich hier zu einer vegetationsreichen Landschaft mit Heide, Gräsern und

Kilometer: 13,5

Höhenmeter: 90

Stunden: 3,5

RUNDWEG

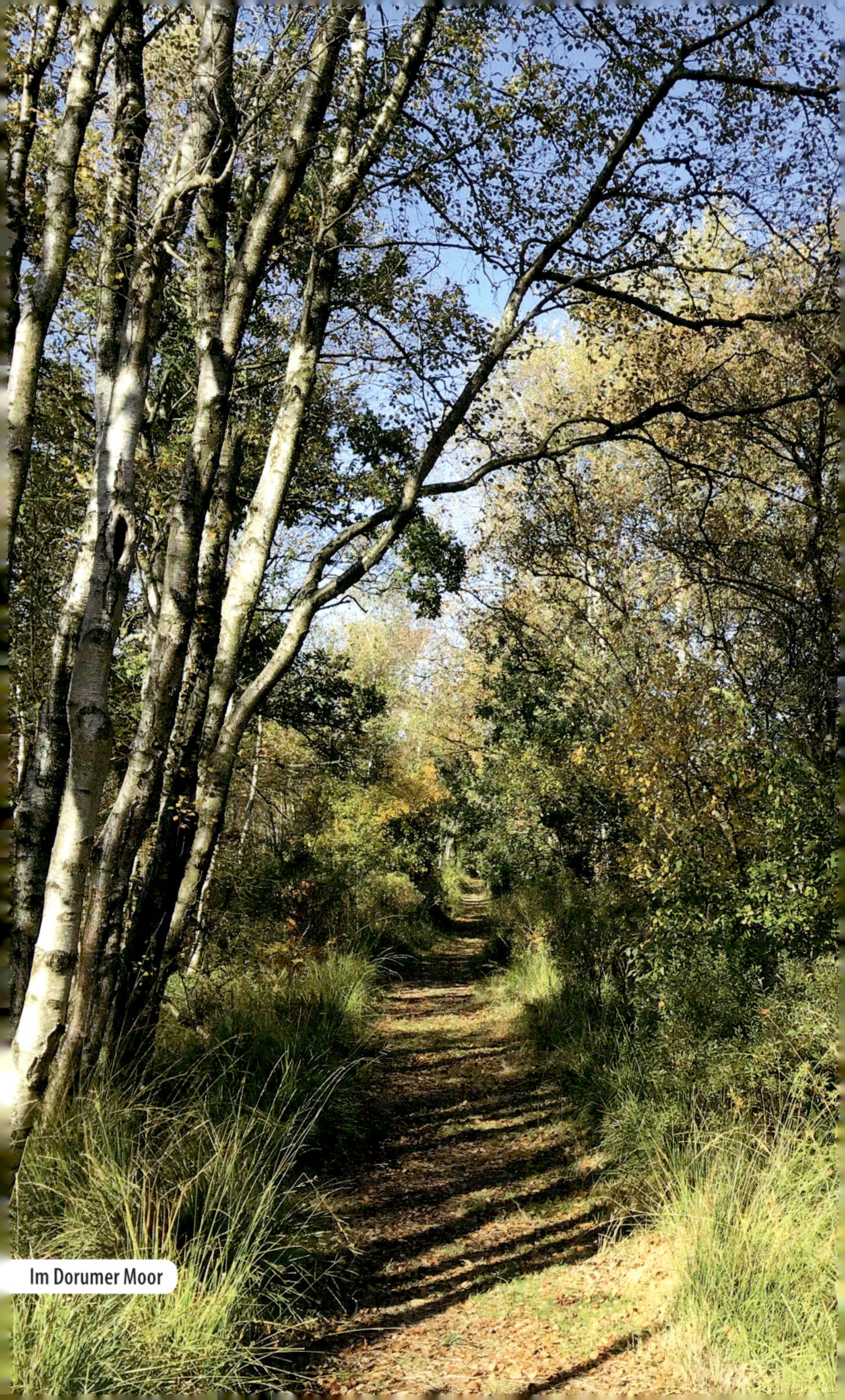
Im Dorumer Moor

Bäumen gewandelt. Der schmale, wurzelige Pfad schlängelt sich durch die Heide und wenig später erreichen wir das erste **Hügelgrab,** welches auf das 9. bis 7. Jahrhundert vor Chr. datiert ist. Eine Bank lädt uns zum Verweilen ein. Nutzen wir die Gelegenheit, diese schöne Landschaft auf uns wirken zu lassen und um in Ruhe hier anzukommen.

Für die Seele

Einblicke in längst vergangene Zeiten und das wundervolle Dorumer Moor sorgen für Entschleunigung.

Wir schlendern auf dem Pfad weiter und durchqueren ein kleines Birkenwäldchen. Achtsam nehmen wir unsere Umgebung wahr und können so einen Eichelhäher, der von Baum zu Baum fliegt, oder die im Laub raschelnde Amsel entdecken. Der Waldpfad mündet in einen Hauptweg. Wir wenden uns nach rechts, wenige Schritte weiter erneut nach rechts und folgen dem naturnahen Weg. Zu unserer linken Seite entdecken wir weitere **Hügelgräber,** worüber uns die aufgestellten Schilder informieren. Nach einer Linkskurve finden wir uns auf einem alleeartigen Grasweg wieder, der kurz darauf auf den **Alten Postweg** stößt, auf den wir nach rechts einbiegen. Keine 50 Meter weiter folgen wir dem linksseitigen Pfad in den Wald hinein, der uns zu einem Feldweg am Rande der **❷ Heidenschanze** bringt.

*Die Heidenschanze ist ebenfalls eine **Ringwallanlage.** Vermutlich entstand sie um 50 v. Chr. und wurde bis ins späte 1. Jahrhundert n. Chr. als Markt- und Umschlagplatz genutzt. Früher war hier ein wichtiger Schnittpunkt eines Land- und eines Wasserweges.*

Von hier folgen wir dem anderen Pfad in südliche Richtung, wieder in den Wald hinein. Er leitet uns mit einigen Aufs und Abs, bedingt durch Hügelgräber, zurück zum **Alten Postweg,** in den wir nach links einbiegen. Wenige Schritte weiter halten wir uns erneut links. Der Feldweg führt uns am Waldrand entlang. Gleichzeitig ist dies die äußere Begrenzung der Heidenschanze. Einige Bänke laden zum Verweilen und zu einer Auszeit ein, denn von hier können wir einen herrlichen Blick in die Niederung des Sieverner Baches genießen. Wir setzen unsere Wanderung fort, denn schon bald gelangen wir zu einem Picknickplatz am Saum der Heidenschanze und am Übergang zu landwirtschaftlich genutzten Feldern. Hier bietet sich

*Das **Dorumer Moor** steht seit 2010 unter Naturschutz und wird seit 2015 wieder vernässt. Es liegt in einer Senke des Geestrückens Hohe Lieth. 1942 wurden hier ganz in der Nähe beim Torfstechen drei Goldamulette mit Bildern aus der germanischen Mythologie gefunden.*

eine Rast an, bevor wir uns am nächsten Querweg rechts halten und in das ❸ **Dorumer Moor** gelangen.

Der dammartige, etwas unebene und mit Bäumen bewachsene Weg hält immer wieder wundervolle Blicke in das Moor für uns bereit und lädt förmlich zum langsamen Dahinschlendern ein. Oft sind die Trompetenrufe von Kranichen oder der Schrei eines Mäusebussards zu hören. Hier fällt das Entspannen leicht und der Alltag fällt von uns ab. Am Ende des Moorweges kommen wir in die offene Landschaft mit bewirtschafteten Feldern. Vielleicht entdecken wir das Kranichpaar, das mittlerweile hier heimisch geworden ist.

Weiter geht es auf dem befestigten **Heideweg** und an der Kreuzung mit einem Hof biegen wir nach links in den **Neuenwalder Weg** ein. Vorbei an einem weiteren Hof und an der nächsten T-Kreuzung links gelangen wir wieder in das Dorumer Moor. In diesem Bereich überwiegt der magere Boden mit Heide, Gräsern, Krä-

Gneis-Findling

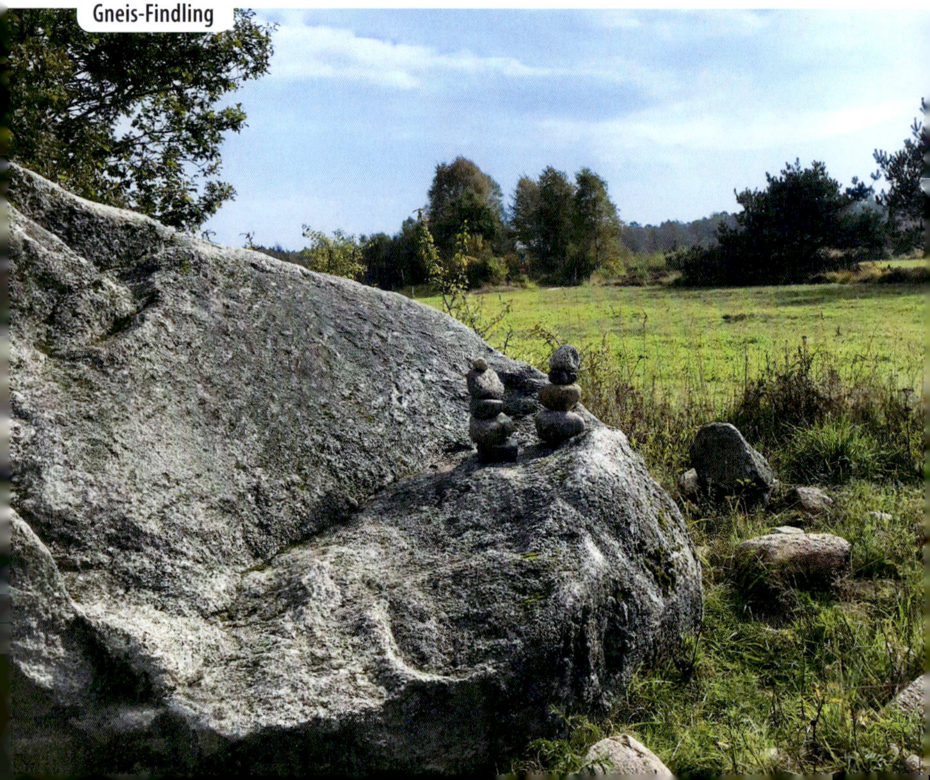

hen- und Heidelbeeren. Bald schon erreichen wir einen auf einer Wiese liegenden, riesigen Findling aus Gneis, den ❹ **Jahrtausendstein.** Daneben lädt uns eine Bank zum Innehalten ein. Einfach nur die Gedanken, die uns beschäftigen, wie die Wolken dahinziehen lassen und im Hier und Jetzt sein. Nach unserer Auszeit wandern wir weiter und können kurz vor Ende des Weges auf der linken Seite die Ringwallanlage ❺ **Heidenstadt** erkennen.

Am Ende des Weges biegen wir nach rechts in den **Alten Postweg** ein und spazieren nun am Waldrand entlang Richtung Norden. Nach 1 Kilometer zweigt rechtsseitig ein Weg ab, auf dem wir bis zu einem einmündenden Grasweg, der zwischen den Feldern verläuft, weitergehen. Dem Grasweg folgen wir bis zum Ende, halten uns dann links und am Hauptweg rechts. Nun sind es nur noch 150 Meter, bis wir beim ❻ **Grabhügel Plättenberg** ankommen. Hier machen wir eine

*Die **Ringwallanlage Heidenstadt** hat einen Durchmesser von etwa 220 mal 180 Metern. Diese Burg bestand wie die Heidenschanze ab der Mitte des 1. Jahrhunderts v. Chr. bis zum Ende des 1. Jahrhunderts n. Chr.*

Grabhügel Plättenberg

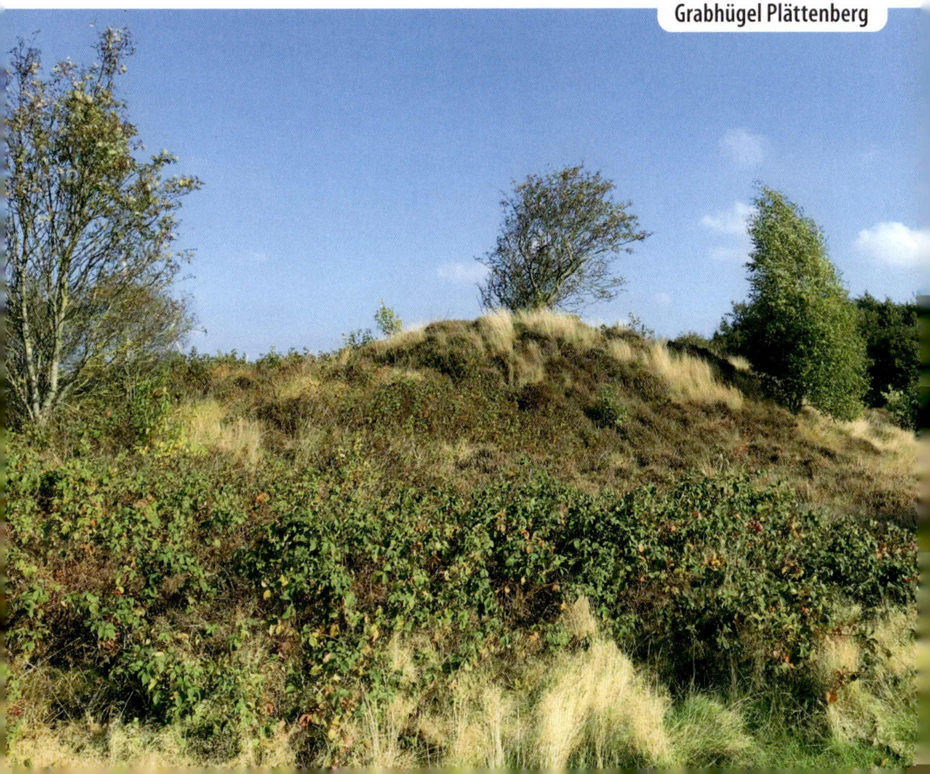

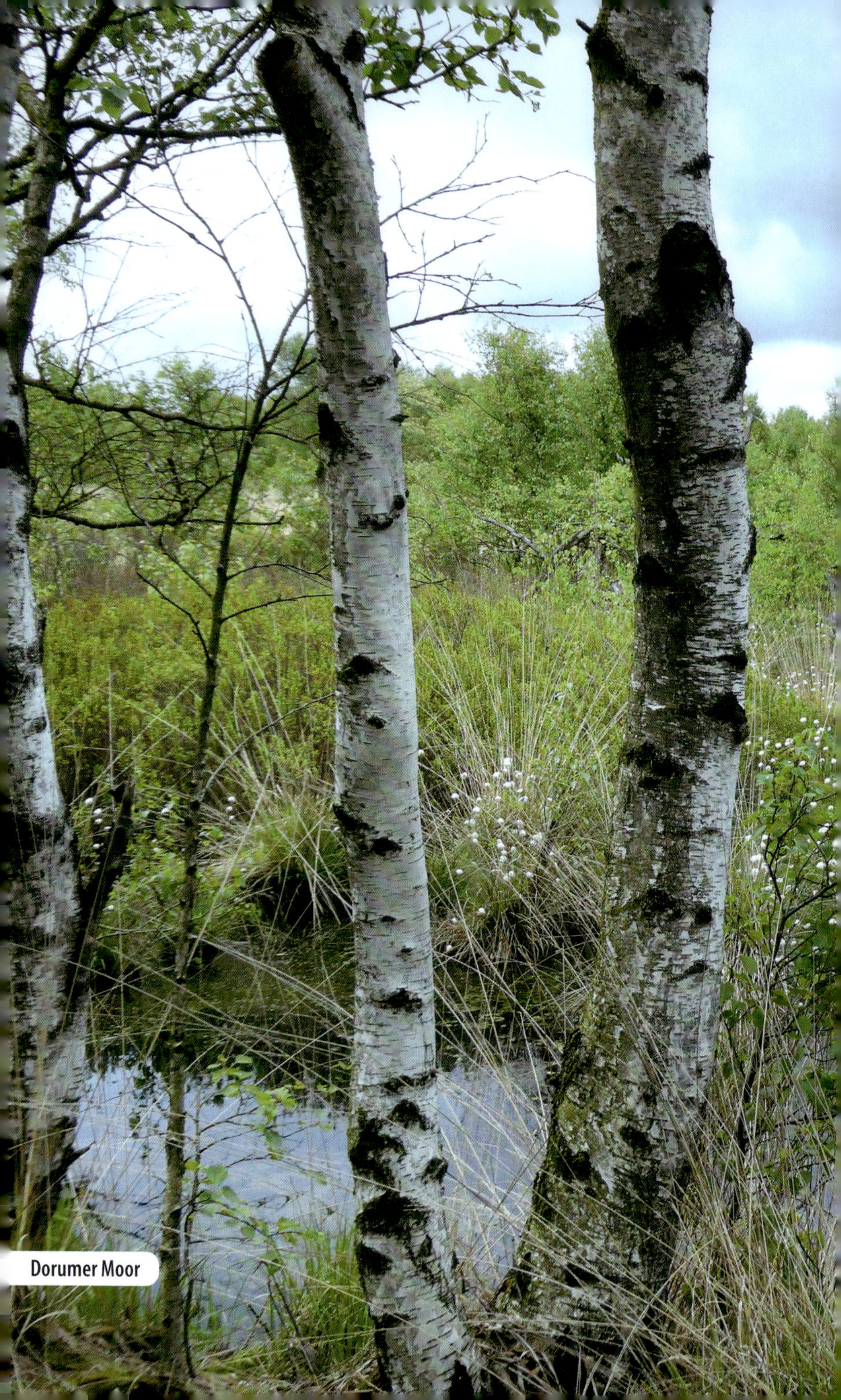

Dorumer Moor

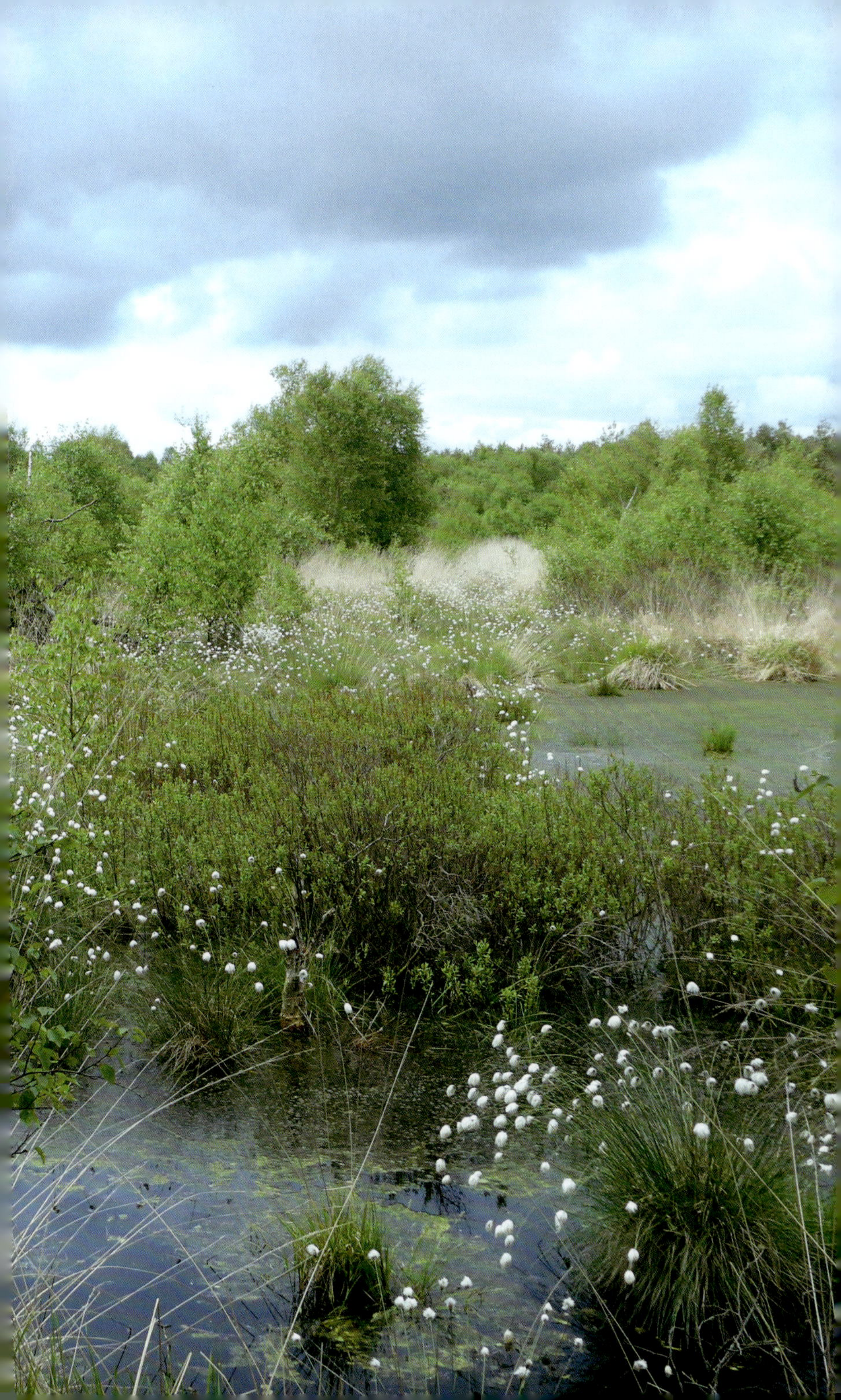

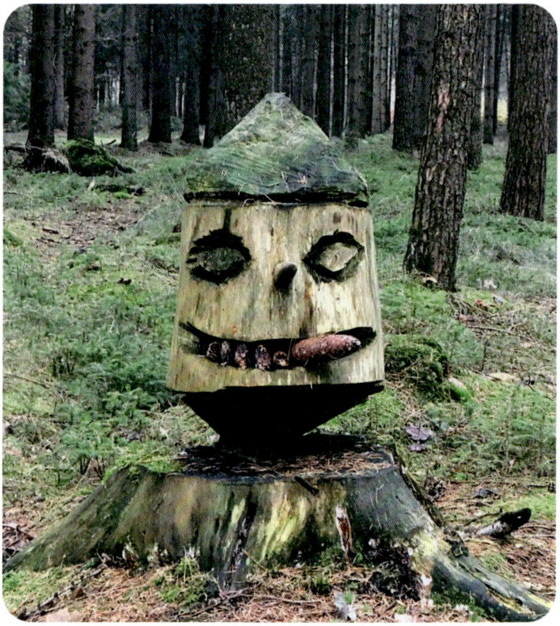

Kehrtwende und wandern auf dem Hauptweg zurück, bis er auf einem Querweg endet. Nach links erreichen wir wenig später wieder den Waldrand.

Gleich zu Anfang führt ein Pfad in den Wald hinein, der kurz darauf in einen weiteren **7 Waldpfad** mündet, dem wir in südliche Richtung folgen. Er verläuft parallel zum Hauptweg und erlaubt uns, ganz in den zauberhaften Wald einzutauchen. Zu jeder Jahreszeit bietet er uns wundervolle Erlebnisse, seien es die verschiedenen Pilzarten, der klopfende Buntspecht oder die faszinierenden Lichtspiele der einfallenden Sonne. Urig gewachsene Bäume lassen unsere Fantasie aufblühen, und nicht nur die: Auch wir blühen hier auf. Einfach langsam dem wundervollen, manchmal auch mystisch wirkenden Waldpfad bis zum Ende folgen und die würzige, mit Terpenen angereicherte Luft tief ein- und ausatmen. Unsere leeren Akkus werden wieder aufgeladen. Was gibt es Herrlicheres?

Am Schluss des Pfades gelangen wir durch hohen Farn wieder in die freie Landschaft. Wir wenden uns nach rechts und am Ende des Grasweges führt uns nach links ein Feldweg durch die oft mit Mais bestellten Felder. Am Querweg halten wir uns rechts und gelangen wieder zum **Alten Postweg,** dem wir nach links folgen. Kurz vor der nächsten Einmündung gibt uns die **8 Info-Station Alter Postweg** ausführlich Auskunft über den jahrhundertealten Postweg zwischen Hannover, Cuxhaven und England. Verweilen wir ein wenig auf der danebenstehenden Bank und träumen davon, wie hier früher die Postkutschen über den öden und baumlosen Geestrücken Hohe Lieth gezuckelt sind. Wir lösen uns dann aus unseren Gedanken und nehmen die nächste Abzweigung nach rechts.

*Das **Bülzenbett** ist eines der bekanntesten Großsteingräber Norddeutschlands und stammt aus der jungsteinzeitlichen Trichterbecherkultur, der zweiten Hälfte des 3. Jahrtausends v. Chr. Die Grabanlage ist rund 35 Meter lang und mit Findlingen eingefasst.*

Großsteingrab Bülzenbett

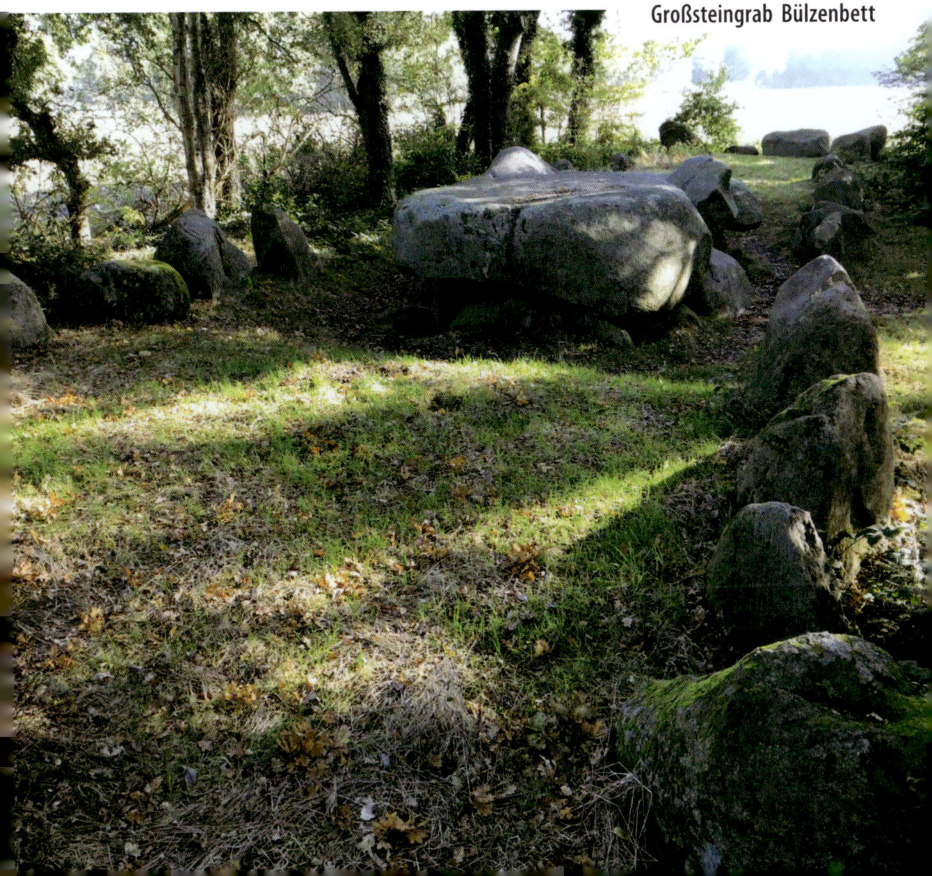

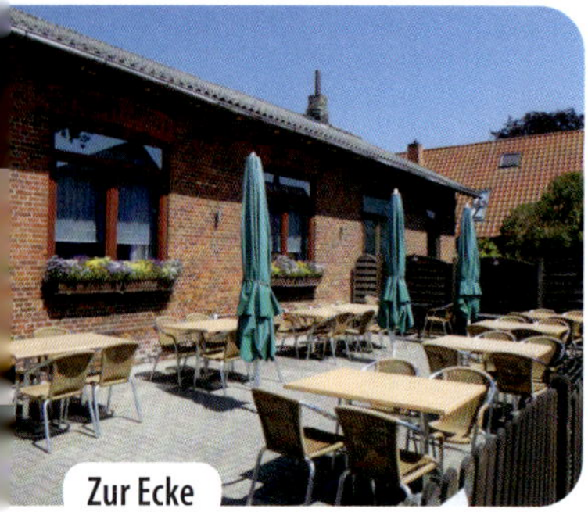

Ein paar Hundert Meter weiter kommen wir zu dem beeindruckenden **9 Großsteingrab Bülzenbett.** Hier können wir noch einmal tief in die Vergangenheit jahrtausenderalter Kultur eintauchen, bevor wir am Hauptweg, wenige Meter weiter, nach links in das uns schon bekannte Birkenwäldchen eintauchen und dem schönen Pfad durch die Heide, weiter bis zur Pipinsburg und zum Parkplatz zurück folgen. Im Anschluss an die Wanderung ist eine Einkehr in Sievern, in der Gaststätte **10 Zur Ecke,** sehr empfehlenswert. Dort gibt es viele Köstlichkeiten und am Wochenende auch leckere selbst gebackene Torten.

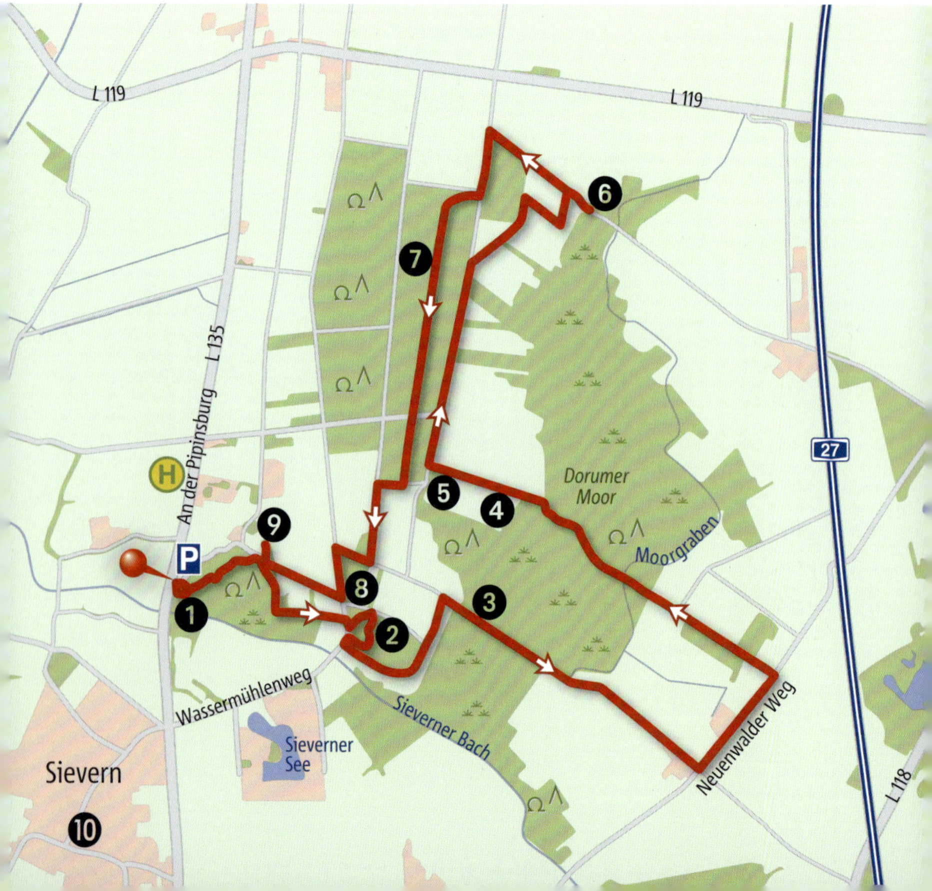

ALLES AUF EINEN BLICK

Entspannung
Abenteuer
Vielfalt

WIE & WANN

Überwiegend naturnahe Wald-, Wiesen und Moorwege, kurze befestige Wegpassagen. Ganzjährig begehbar, da jede Jahreszeit ihren Reiz hat, doch besonders schön zur Wollgrasblüte im Mai oder zur Heideblüte im August. Wenn es viel geregnet hat, können manche Bereiche sehr nass sein. Festes Schuhwerk ist empfehlenswert.

HIN & WEG

Auto: Parkplatz An der Pipinsburg (L135), 27607 Geestland (GPS: 53.657847, 8.608473)
ÖPNV: Bus 528, 550, 551, Haltestelle Holßel Pipinsburg. Der Startpunkt liegt 400 Meter südlich der Bushaltestelle am Parkplatz.

ESSEN & ENTSPANNEN

10 **Zur Ecke,** Mühlenstraße 2, 27607 Geestland, www.zur-ecke-sievern.de

Für unterwegs bitte an Rucksackverpflegung denken. Es gibt keine Einkehrmöglichkeit direkt am Weg.

ENTDECKEN & ERLEBEN

1 **Pipinsburg**
2 **Heidenschanze**
3 **Dorumer Moor**
4 **Jahrtausendstein**
5 **Heidenstadt**
6 **Grabhügel Plättenberg**
7 **Waldpfad**
8 **Info-Station Alter Postweg**
9 **Großsteingrab Bülzenbett**

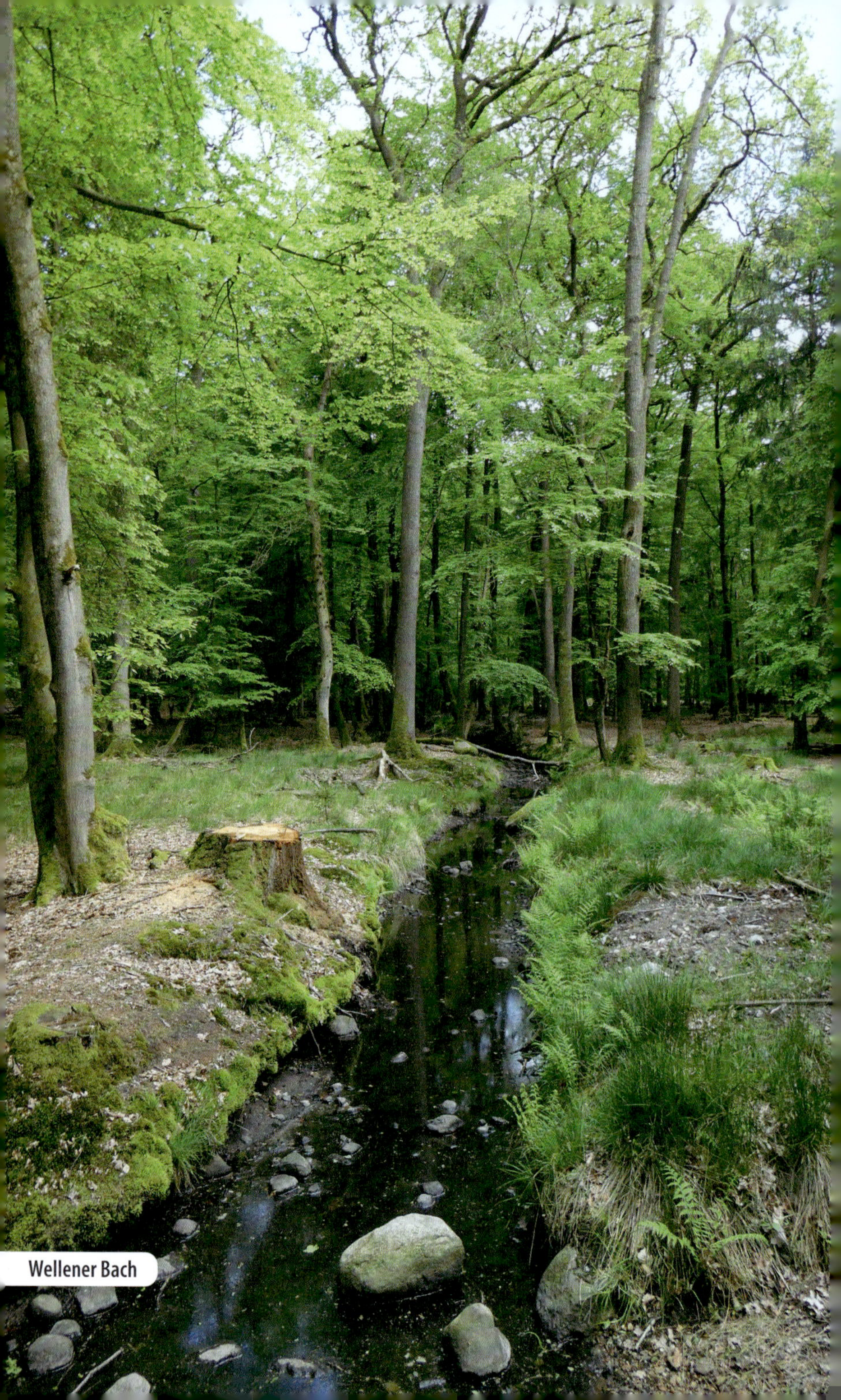

Wellener Bach

Geheimnisvolle Wälle

Von der Burg zur Kunst bei Wellen

Vom Wanderparkplatz aus gehen wir anfangs 200 Meter an der Landstraße in nördliche Richtung und überqueren sie dann vorsichtig an einem Feldweg. Dort weist uns ein Schild zur Monsilienburg, die unser erstes Ziel sein soll. Der von Bäumen und Büschen gesäumte Feldweg verläuft zwischen Feldern und Wiesen und gibt uns den Blick in Richtung Norden in die **Niederung der Lune** frei, die ein Nebenfluss der Weser ist. In diesem Bereich ist das Flussufer komplett mit Büschen und Bäumen gesäumt. Darunter befindet sich eine Menge Weißdorn, der im Mai seine weiße Blütenpracht entfaltet und betörend seinen lieblichen, leicht süßlichen Duft verströmt.

An der Kreuzung gehen wir geradeaus und tauchen nun in den Wald ein. Wenige Meter weiter erreichen wir einen kleinen Wanderparkplatz mit Picknickbänken und Informationstafel. Danach führt uns ein schmaler, idyllischer Pfad tiefer in den Wald hinein. Wir werden von Vogelgezwitscher und einigen sehr alten Buchen und Eichen empfangen. Plötzlich gehen wir bei leichtem Gefälle über mehrere **Wälle** und kommen zu einem sehr tiefen Graben mit anschließendem hohen Hügel. Welche Bedeutung mögen diese Wälle haben? Der Wald mit seinen alten Buchen wirkt mystisch und geheimnisvoll. Oben auf dem Hügel, der sich dann als Wall entpuppt, liegen umgestürzte Baumstämme, die uns zu einer Rast anregen. Eine Buche bietet ebenfalls einen angenehmen, hufförmigen Sitzplatz zum Träumen. Auch wenn wir noch nicht weit

Kilometer: 14
Höhenmeter: 150
Stunden: 3,5
RUNDWEG

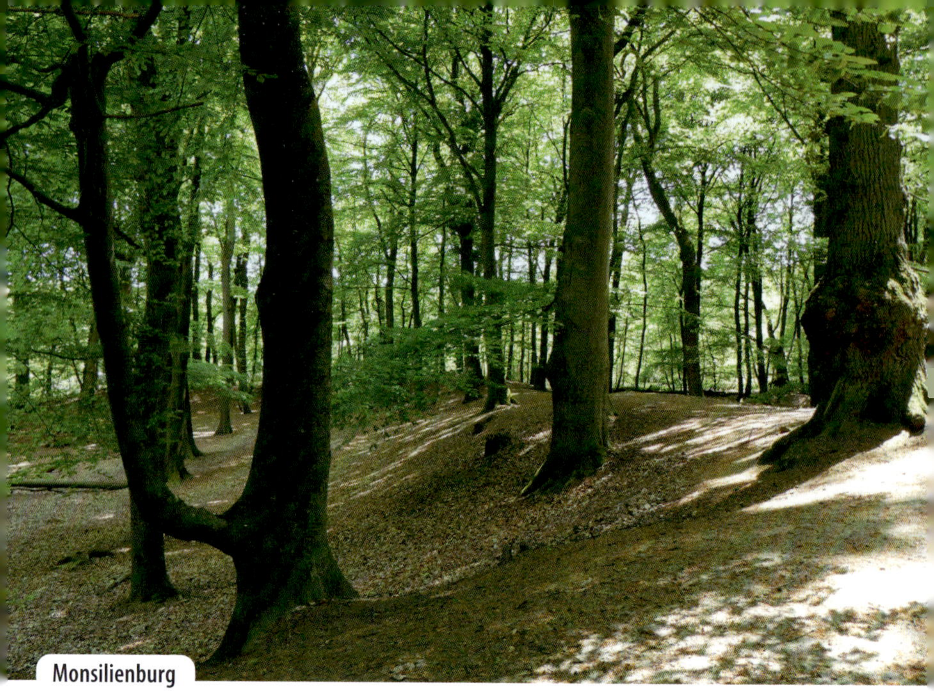
Monsilienburg

Der Geschichte nach gab es eine Burg namens ***Castrum Monsowe,*** *die zwischen dem 9. und 11. Jahrhundert entstanden ist und als eine der größten in Norddeutschland galt. Es wird vermutet, dass sie hier ihren Platz hatte.*

gewandert sind, genießen wir eine kleine Auszeit, um diesen geheimnisvollen Ort zu erspüren. Oben von der Wallkrone aus blicken wir in eine fast kreisförmige Ebene. Das war früher der Bereich des Burginneren – der ❶ **Monsilienburg.** Die Ringwallanlage hatte einen ungefähren Durchmesser von 70 Metern. An der Nord- und Westseite war die Burganlage durch mehrere Wälle geschützt. Lassen wir uns von diesem besonderen Ort verzaubern!

Nach unserer kleinen Auszeit gehen wir über den Wall weiter, sodass wir das Areal halb umrunden und zu einem Feuchtgebiet gelangen. Ursprünglich verlief die Lune, bevor sie begradigt wurde, ganz dicht an der Burg entlang. Am Anfang des Dammweges stehen zwei Buchen eng beieinander. Der von Schilf, gelb blühenden Schwertlilien und Buschwerk eingerahmte Teich wirkt sehr romantisch. Der Pfad über dem Dammweg schlängelt sich entlang des Teiches und führt uns über ein Bachbett. Im Anschluss spazieren wir über den Grasweg eines jungen Waldes, auf dessen Boden sich großflächig Farn entfaltet hat.

Am Ende des Weges gelangen wir zum asphaltierten **Monsilienweg,** auf dem wir nach links einbiegen und durch eine wundervolle Eichenallee wandern, bis wir an der nächsten Straßenkreuzung nach rechts in die Straße **Stemmermühlen** abbiegen. Von hier haben wir einen herrlichen Ausblick über die sanft geschwungene Geest mit ihren Feldern und Wiesen. Nach gut 600 Metern erreichen wir einen wunderschönen ❷ **Aussichtspunkt** bei einer Bank, die uns zu einer kleinen Rast einlädt und von der wir den Blick über die liebliche Landschaft gleiten lassen.

Für die Seele

Auf den Spuren längst vergangener Zeiten führt unser Weg zum romantischen Skulpturenpark.

Danach folgen wir dem leicht abwärts führenden Feldweg in die Niederung gegenüber der Bank und genießen die Aussicht über die Felder. Am Ende des Weges halten wir uns links und gelangen zur **Spintenkamper Straße,** in die wir nach rechts einbiegen. Die Bäume der Allee spenden uns im Sommer angenehmen Schatten. In einer leichten Rechtskurve nehmen wir den nach links abzweigenden Feldweg, der am **Aher Weg** endet. Dort wenden wir uns nach rechts, folgen ihm bis zur nächsten Kreuzung und kommen geradeaus in die **Waldstraße.** Dann tauchen wir links in den **Sellhorst** ein, einen privaten Wald. Wir respektieren die Bitte des Besitzers und bleiben auf den Wegen.

Bald darauf erreichen wir den **Wellener Bach,** den wir auf einer kleinen, schmalen Brücke überqueren. Anschließend nehmen wir die zweite Abzweigung nach rechts. Wir lauschen dem Vogelgezwitscher, betrachten die vielen verschiedenen Grüntöne und riechen den Duft des Waldes. So erreichen wir wenig später die **L128,** wechseln vorsichtig auf die andere Straßenseite und folgen dem Waldweg weiter durch den schönen Mischwald, wo sich einige sehr alte Buchen und Eichen entdecken lassen. Wir stoßen auf einen Querweg, halten uns dort links und an der nächsten Kreuzung rechts.

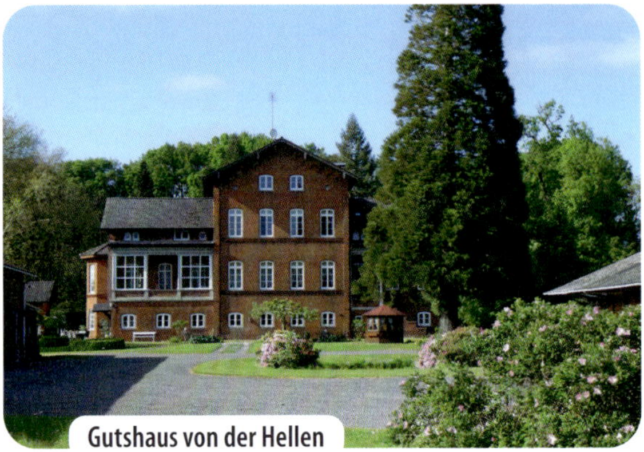

Gutshaus von der Hellen

Nun ignorieren wir alle weiteren Abzweigungen und bleiben immer auf dem Hauptweg, der bald darauf eine 90-Grad-Kurve nach rechts macht und uns wenig später erneut über den **Wellener Bach** führt. Nach Osten fällt unser Blick auf einen großen, idyllischen Teich. Doch unser Weg leitet uns in Richtung Norden, vorbei an alten, mächtigen Buchen, bis wir den Wald verlassen und wir vor uns einen kleinen Ententeich erblicken, an dem eine uralte, knorrige Eiche steht.

Unser Weg mündet auf die **Nasse Straße,** genau gegenüber dem ❸ **Gutshaus von der Hellen.** Das 1866 aus Backsteinen erbaute Gutshaus steht unter Denkmalschutz. Die Gründung des Gutes geht sogar auf das Jahr 1390 zurück. Wer sich jetzt stärken möchte, kann von hier aus einen Abstecher zu ❹ **Suhr´s Gasthaus** machen – oder sich die Einkehr bis zum Ende der Wanderung aufheben.

Vom Gutshaus folgen wir der **Nasser Straße** in Richtung Westen, bis wir die **Dorfkreuzung von Kramelheide** erreichen, wenden uns nach rechts und kommen nach 80 Metern zum ❺ **Skulpturenpark Kramelheide.** Nehmen wir uns Zeit und gehen auf Entdeckungsreise zu einem Rundgang durch den idyllischen Park mit seinen Teichen, Wasserläufen und Kunstobjekten. Die grüne Oase lädt zum Entschleunigen geradezu ein.

*Ursprünglich betrieb hier ein Bremer Krankenhaus ein Erholungsheim für Patienten mit Atemwegserkrankungen. Später übernahm die Arbeiterwohlfahrt das Gelände. Um die Jahrtausendwende entstand der **Skulpturenpark** als private Initiative von Künstlern.*

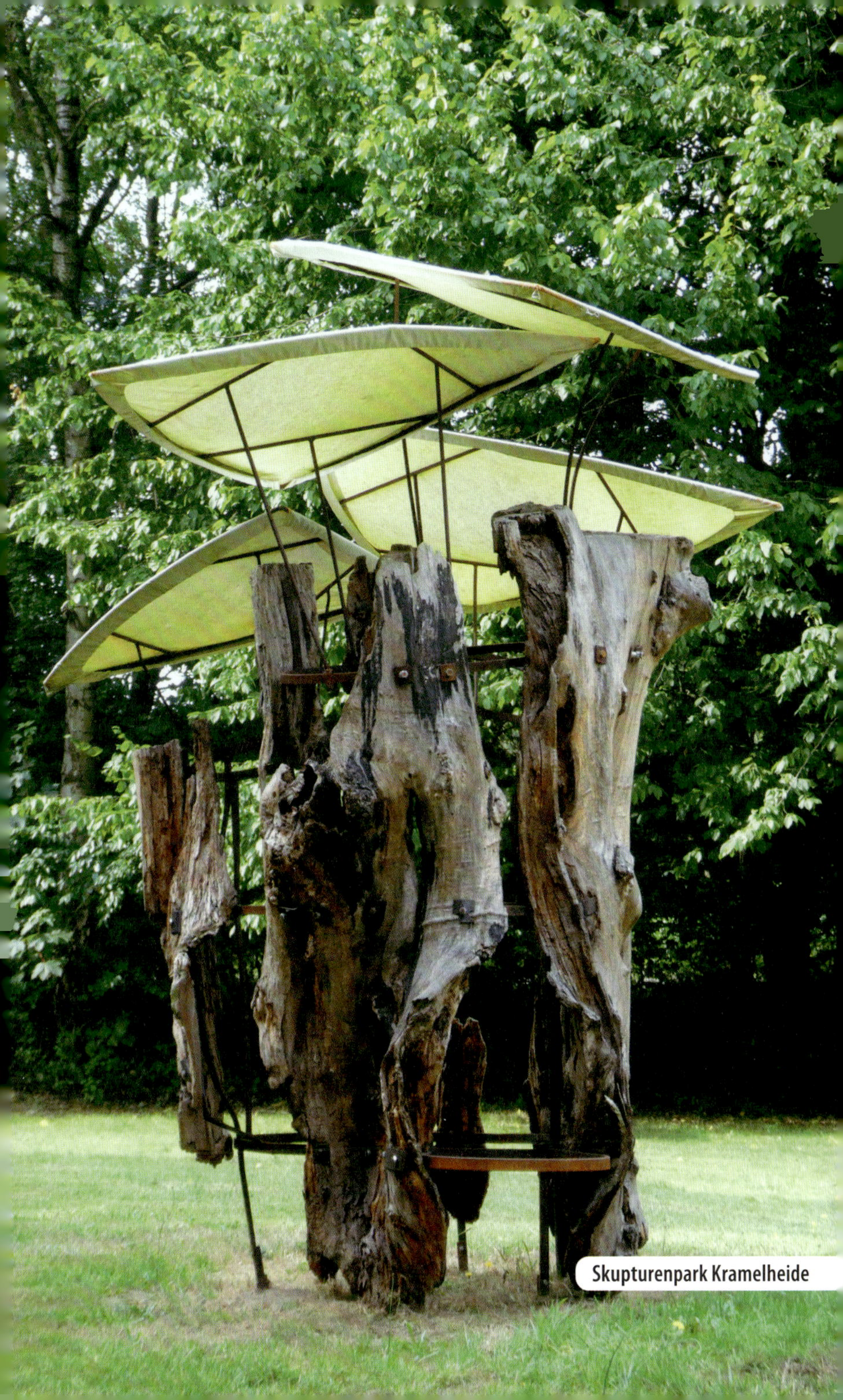

Skupturenpark Kramelheide

Eine Eiche und eine Buche, ganz eng beieinanderstehend, bilden optisch eine riesige gemeinsame Baumkrone und eine Einheit als Naturdenkmal. Sie wurden ***Adam und Eva*** *genannt und haben viele Jahrzehnte zusammen stürmische Zeiten erlebt und überstanden.*

Nach dem Kunstgenuss und unserer wundervollen Auszeit nehmen wir unsere Wanderung wieder auf und gehen zurück zur Dorfkreuzung, wenden uns dort nach rechts und wandern im Schatten einer alten Wallhecke, bis wir in den rechts abgehenden Feldweg einbiegen, von dem aus wir einen weiten Blick in die Luneniederung haben. Durch Wald und vorbei an Äckern und Wiesen kommen wir erneut zur **L128,** biegen nach links in den Fuß- und Radweg ein und erreichen nach etwa 60 Metern das Baumpaar **6** **Adam und Eva** auf der gegenüberliegenden Straßenseite.

Nun sind es nur noch ein paar Hundert Meter auf dem lauschigen grünen, waldähnlichen Weg, bis wir die Abzweigung zum Parkplatz erreichen.

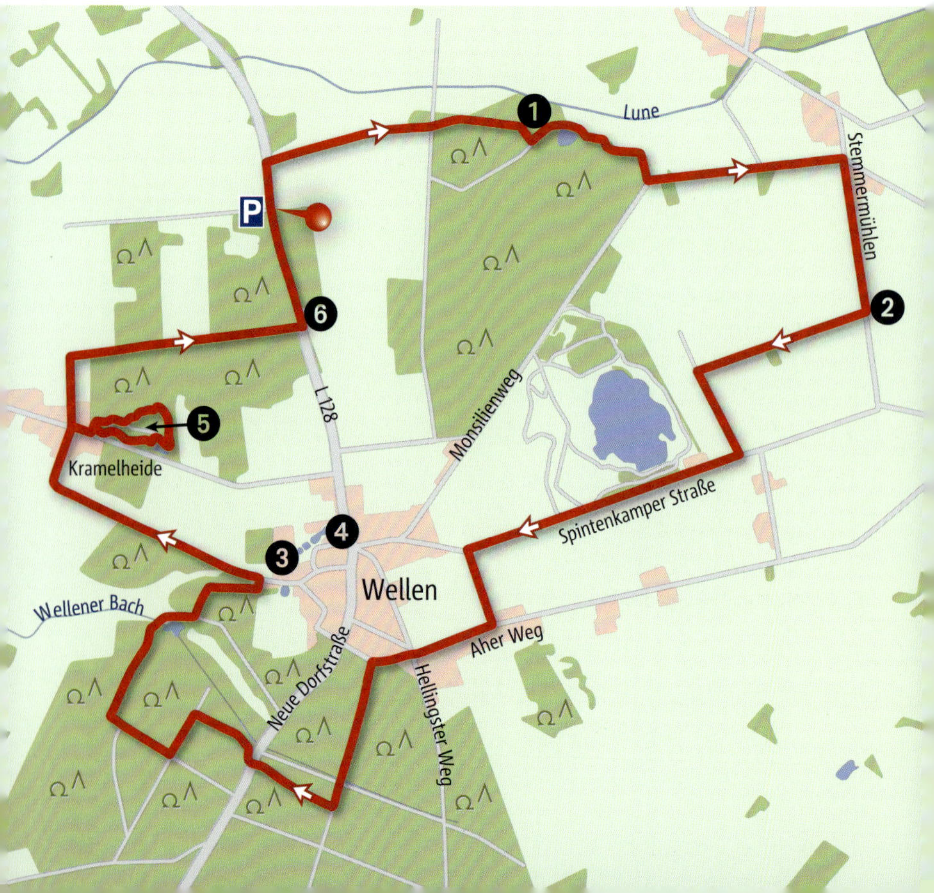

ALLES AUF EINEN BLICK

Entspannung 4/5
Abenteuer 3/5
Vielfalt 3/5

WIE & WANN

Überwiegend Wald- und Feldwege sowie asphaltierte, kaum befahrene Straßenabschnitte. Beste Wanderzeit von April bis November.

HIN & WEG

Auto: Wanderparkplatz an der L128 zwischen Beverstedt und Wellen (GPS: 53.418058, 8.842305)
ÖPNV: Keine direkte Anbindung an die Strecke

ESSEN & ENTSPANNEN

4 **Suhr`s Gasthaus**, Neue Dorfstraße 14, 27616 Beverstedt, Tel. (0 47 47) 70 26, www.suhrs-gasthaus.de

Für unterwegs bitte an Rucksackverpflegung denken, da das Gasthaus nicht direkt am Weg liegt.

Abseits der Route gibt es auch im nahen Beverstedt ein paar Möglichkeiten zur Einkehr, zum Beispiel:
Vittoria Restaurant Eiscafé, Logestraße 8, 27616 Beverstedt, Tel. (0 47 47) 87 47 84, www.vittoria-beverstedt.de

ENTDECKEN & ERLEBEN

1 **Monsilienburg**
2 **Ausichtspunkt mit Bank**
3 **Gutshaus von der Hellen**
5 **Skulpturenpark Kramelheide**
6 **Naturdenkmal Adam und Eva**

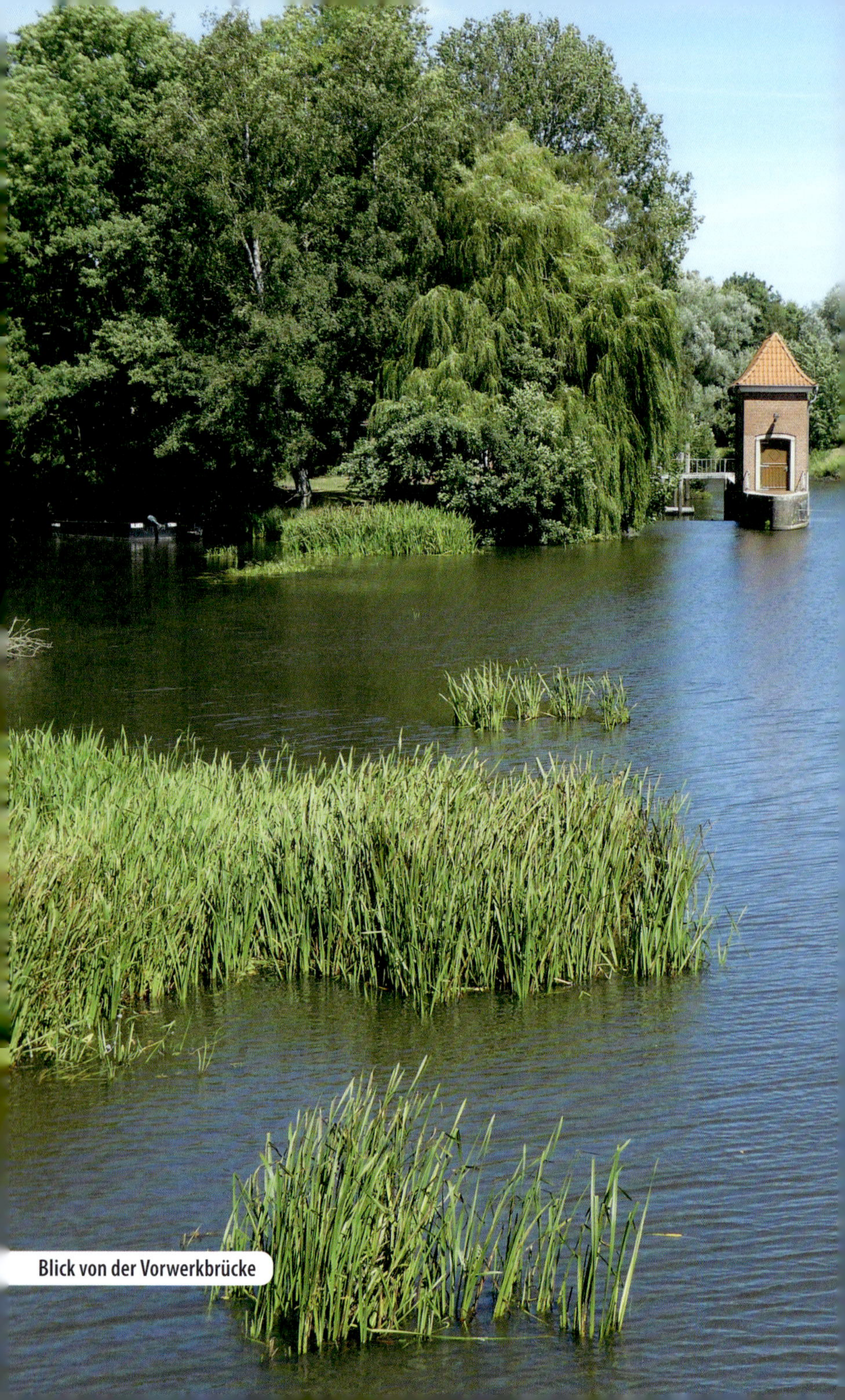

Blick von der Vorwerkbrücke

Tour der Sinne

Um Oste und See in Bremervörde

Bremervörde liegt ziemlich mittig im Elbe-Weser-Dreieck und hieß bis in das 17. Jahrhundert hinein Vorde oder Vörde. Das heißt so viel wie: Furt durch die Oste, oder einfacher gesagt: Übergang. Dieser Übergang war ein sehr wichtiger über die Oste, die ein Nebenfluss der Elbe ist. So war die Lage von Bremervörde schon früher ein strategisch bedeutsamer Punkt.

In der ❶ **Bahnhofshalle** können wir zwei wundervolle Wandbilder von der prächtigen Hauptburg des Stifts bewundern. Vom **Bahnhofsvorplatz** starten wir unsere Wanderung in südöstliche Richtung. Wir queren die **Bremer Straße** und folgen im Anschluss dem mit Ahornbäumen besäumten Rad- und Fußweg. Im Sommer spenden die hohen Bäume angenehmen Schatten. Nach 650 Metern erreichen wir eine Kreuzung, auf der wir nach rechts einbiegen, kurz darauf noch einmal nach rechts. So gelangen wir zur hölzernen ❷ **Vorwerksbrücke,** die uns über die Oste bringt. Von der Brücke genießen wir eine idyllische Aussicht. Nach Norden hin sieht es so aus, als würde sich der Fluss teilen, jedoch liegt hier eine grüne Insel mitten in der Oste, auf der sich das Oste-Hotel Restaurant befindet, früher Standort einer Mühle.

Auf der anderen Seite angekommen, erreichen wir einen schönen überdeckten Picknickplatz, der zum Verweilen einlädt. Anschließend spazieren wir rechts in die Straße **Am Vorwerk,** folgen ihr über die Bahngleise hinweg und erreichen dahinter eine Kreuzung. Nun tauchen wir in den **Wald Vorwerk**

Kilometer: 11,2

Höhenmeter: 80

Stunden: 3

RUNDWEG

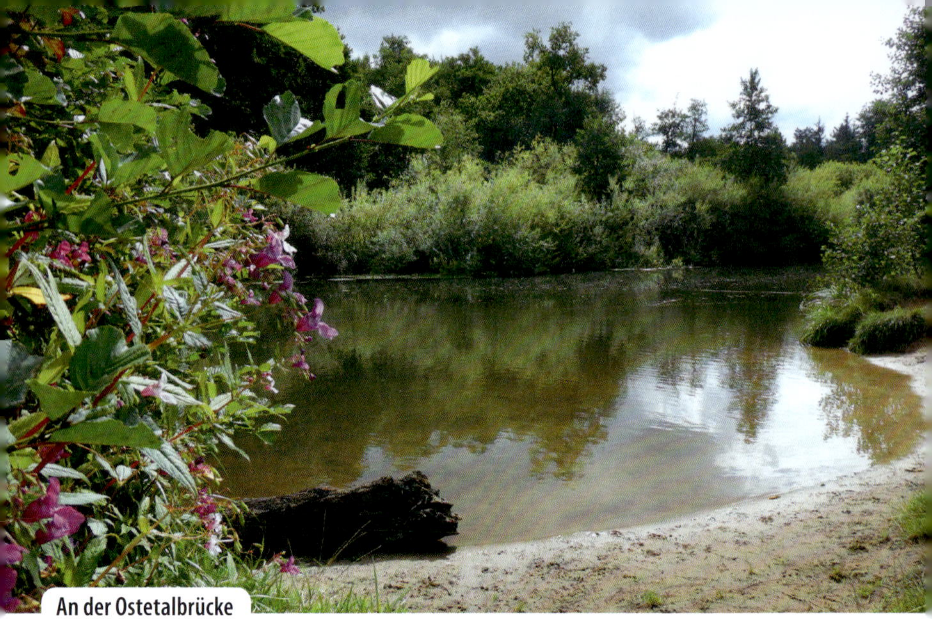

An der Ostetalbrücke

ein. Dieses Gebiet gehörte früher zum ehemaligen Schloss- und Burggelände. Heute können wir in dem schönen Mischwald auftanken. Wir gehen kurz geradeaus weiter, an der kommenden Gabelung halten wir uns links und an der darauffolgenden Kreuzung ebenfalls links. Am Ende des dammartigen Waldweges biegen wir nach rechts auf den grasbewachsenen Querweg ein. Manchmal ist dieser Weg etwas zugewuchert, aber es ist nur ein kurzes Stück, bis wir zur ❸ **Aussichtsplattform** gelangen. Von ihr aus haben wir einen schönen Blick in das angrenzende Naturschutzgebiet. Nehmen wir Platz auf der Bank, genießen einfach den malerischen Ausblick und die himmlische Ruhe.

Das ***Drüsige Springkraut*** *gehört zu den Balsaminengewächsen und hat viele Namen: Rotes Springkraut, Indisches Springkraut oder Himalaya-Balsamine, um nur einige zu nennen. Es wurde im 19. Jahrhundert aus dem Himalaya in Europa und Nordamerika eingebürgert.*

Wir setzen unseren Weg fort, der nach wenigen Metern in einen Querweg mündet, wo wir nach links abbiegen und seinem Verlauf bis zum Ende folgen. Nach links wendend führt uns ein schmaler, wundervoll idyllischer Waldpfad, der in Teilen von hohem Farn gesäumt ist, zu einem Hauptweg. Dort halten wir uns rechts und kommen zur ❹ **Ostetalbrücke.** Auf der anderen Uferseite steht eine Bank, auf der wir uns eine kleine Auszeit nehmen. Hier können wir loslassen. Die wundervolle Aussicht auf die dahinfließende Oste nimmt all unsere schweren Gedanken mit. Achtsam erkunden unsere Augen die Umgebung und öffnen uns den Blick für die Schönheiten der Natur. Mit etwas Glück können wir einen Eisvogel entdecken, aber auch andere Vögel lassen sich gut beobachten. Das im Sommer blühende Rote Springkraut bietet einen schönen Kontrast zu den vielfältigen Grüntönen der Uferbepflanzung.

Für die Seele

Wir lassen uns auf romantischen Wegen an der Oste verzaubern und entspannen in der Welt der Sinne.

Nachdem wir uns entschleunigt haben, gelangen wir zum reizvollsten Abschnitt entlang der Oste. Nehmen wir uns Zeit und lassen uns von dieser Etappe, einem ganz besonderen Herzstück, verzaubern. Auf einem schmalen, sich dahinschlängelnden Pfad schlendern wir entlang der Oste flussaufwärts. Schnuppern wir mal am Gewöhnlichen Wasserdost, der Schmetterlinge magisch anzieht, oder beobachten wir die großen und kleinen Libellen, die uns umtanzen. Diese Vielfalt der Sinneseindrücke lässt tiefe Zufriedenheit aufkommen. Was braucht es mehr? Vorbei geht es an Weiden, Erlen und urigen Eichen, die schräg über den Fluss wachsen.

Nach gut 1 Kilometer unterqueren wir die Eisenbahnbrücke und biegen vor der nächsten Holzbrücke

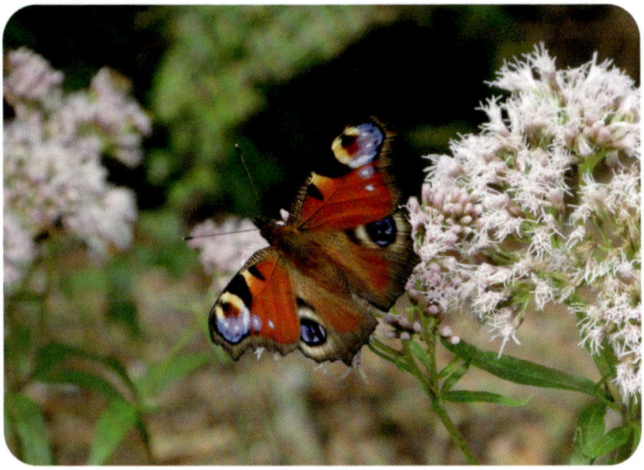

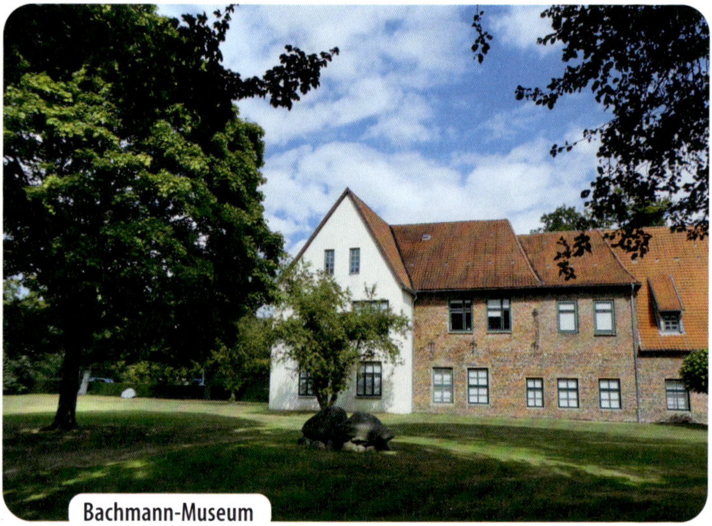

Bachmann-Museum

*Das **Bachmann-Museum** ist das älteste Gebäude von Bremervörde. Das ehemalige erzbischöfliche Kanzleigebäude entstand in der Zeit um 1608. Heute ist hier das Museum für Regionalgeschichte untergebracht.*

in einen Grasweg ein. Bald darauf treffen wir rechts auf einen wurzeligen Pfad und wenig später halten wir uns an der Gabelung erneut rechts. Nun spazieren wir über einen von Schilf gesäumten Weg durch den wilden Bruchwald mit urigen alten Bäumen. An der kommenden Kreuzung biegen wir nach links ab, queren den uns schon bekannten Rad- und Fußweg und setzen unseren Weg entlang des ehemaligen Burggrabens fort. Wenig später erreichen wir über einen Damm die gegenüberliegende Seite des Gewässers. Vor uns sehen wir jetzt die Rückseite des ⑤ **Bachmann-Museums** mit dem davorliegenden, rekonstruierten Steinkistengrab Farven.

Wir queren die **Amtsallee,** gehen über den Parkplatz und spazieren durch den Park um das Kreishaus herum, dabei macht unser Weg einen Rechtsbogen, sodass wir zu einer Rad- und Fußwegunterführung der viel befahrenen **B71** kommen. Auf der anderen Seite angekommen, überrascht uns eine völlig neue Perspektive: Wir blicken auf den malerischen ⑥ **Sportboothafen** von Bremervörde. Entlang der Promenade und

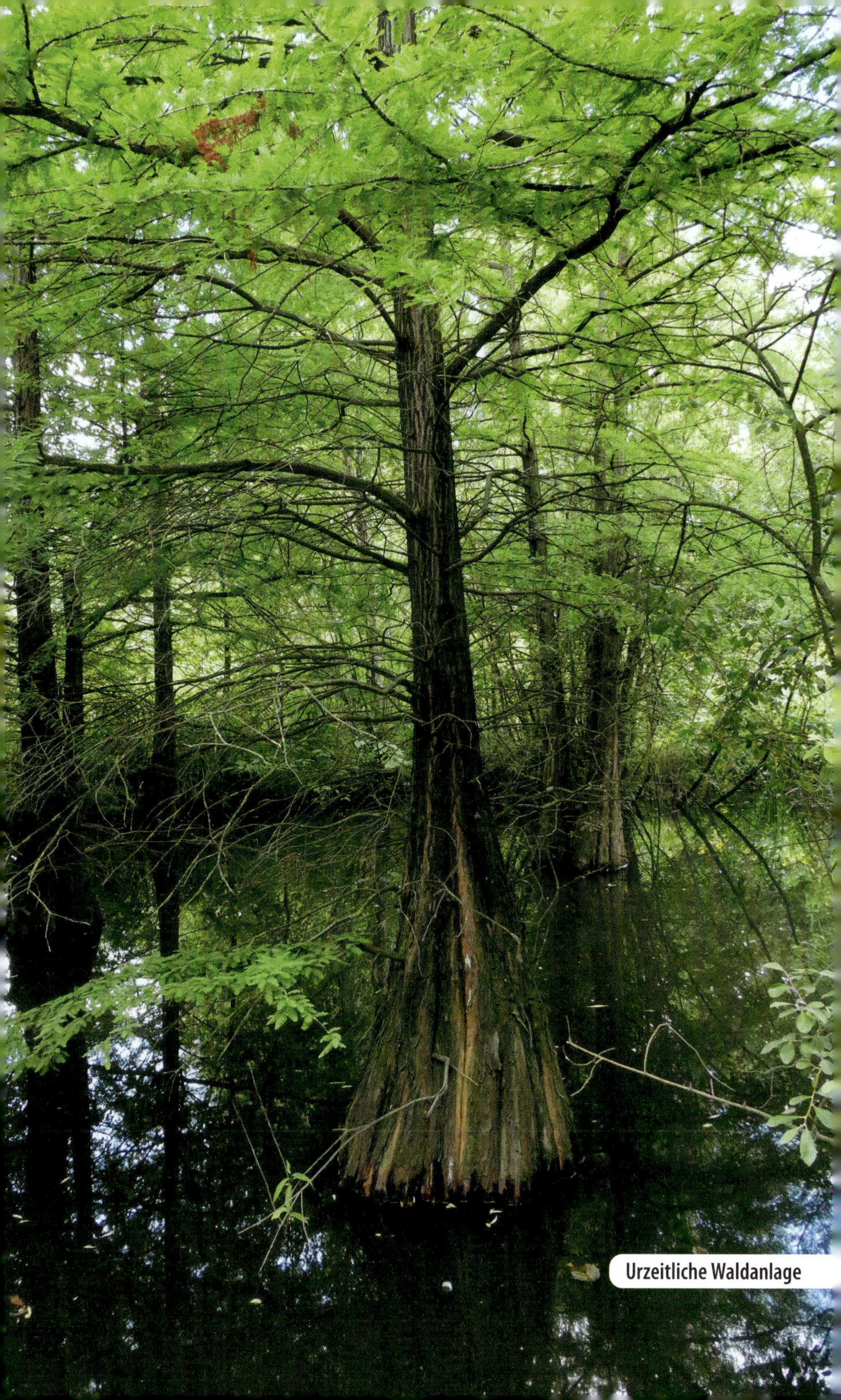

Urzeitliche Waldanlage

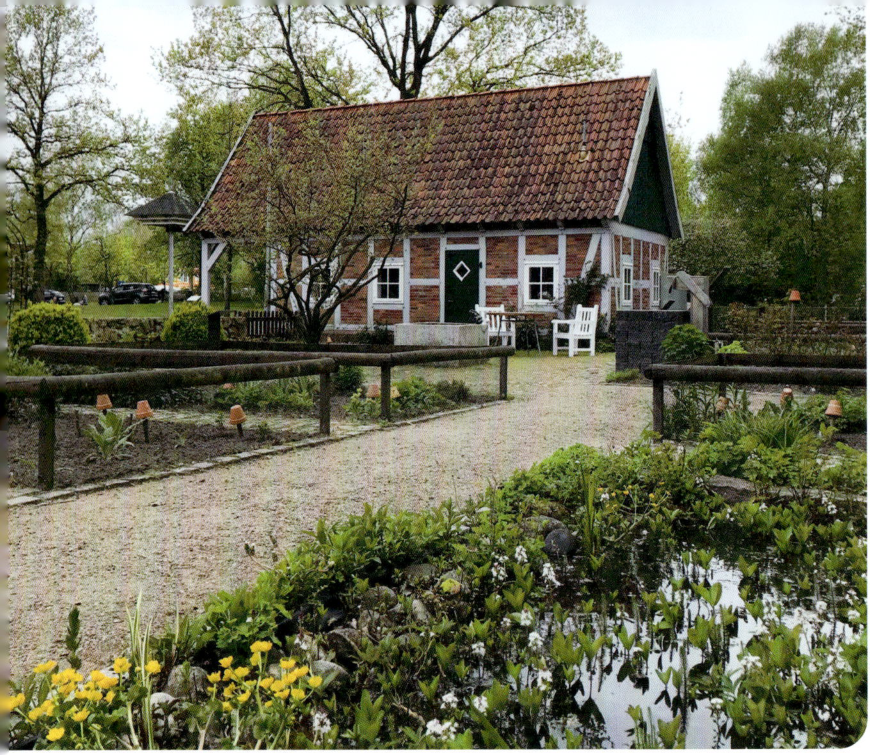

immer geradeaus weitergehend erreichen wir nach gut 500 Metern einen etwas höher gelegenen Picknickplatz mit wunderschöner Aussicht auf den Vörder See. Nehmen wir Platz und genießen die Ruhe und Idylle mit Blick auf den beschaulichen See.

In nördliche Richtung, entlang des Sees, setzen wir unsere Wanderung fort und erreichen nach gut 1 Kilometer einen hölzernen **7 Aussichtsturm,** von dem wir einen herrlichen Blick auf See und Oste genießen können. Auf dem überdachten Turm gibt es die Möglichkeit, ein Picknick zu machen. Wir folgen dem Seerundweg weiter in westliche Richtung, bis wir die **8 Urzeit liche Waldanlage** erreichen, wo uns der Eindruck eines Sumpfwaldes mit Mammutbäumen vermittelt wird. Nach 200 Metern gelangen wir zu einem kleinen **9 Sandstrand** mit Ruheliegen. Dort lassen wir uns nieder und genießen den wunderschönen Blick über den blau schimmernden See. Wir lauschen dem leisen Plätschern des Wassers und mit etwas Glück können wir

Der rund 50 Hektar große ***Vörder See*** *ist ein Baggersee, der in den 1970er-Jahren künstlich in der Niederung der Zevener Geest angelegt wurde. Heute bietet er nicht nur viele Wassersportmöglichkeiten, sondern ist ein beliebter Natur- und Erlebnispark.*

den Fischadler beobachten, wie er sich einen Fisch aus dem See schnappt, oder einen Schmetterling, der sich auf uns niederlässt. Einfach nur im Hier und Jetzt sein und die Seeidylle mit allen Sinnen genießen. Vielleicht lädt das Wetter auch zu einem erfrischendem Bad im See ein?

Hier haben wir viele Möglichkeiten, etwas zu erleben oder einfach nur dem Nichtstun zu frönen. Und wenn unsere Sinne noch mehr erleben möchten, dann gehen wir an der nächsten Gabelung rechts, direkt auf das **10 Restaurant Haus am See** zu und lassen uns dort kulinarisch verwöhnen. Vor dem Restaurant befindet sich links des Weges die **11 SkulpturenWiese,** und wenn wir

*Auf der **SkulpturenWiese** vor dem Haus am See können wir ganz unterschiedliche Skulpturen bewundern, zum Beispiel „Willi Wandervogel" und „Seefee" von Heike Lauterbach, „Seemann" und „Seefrau" von Jonas Kötz.*

Welt der Sinne

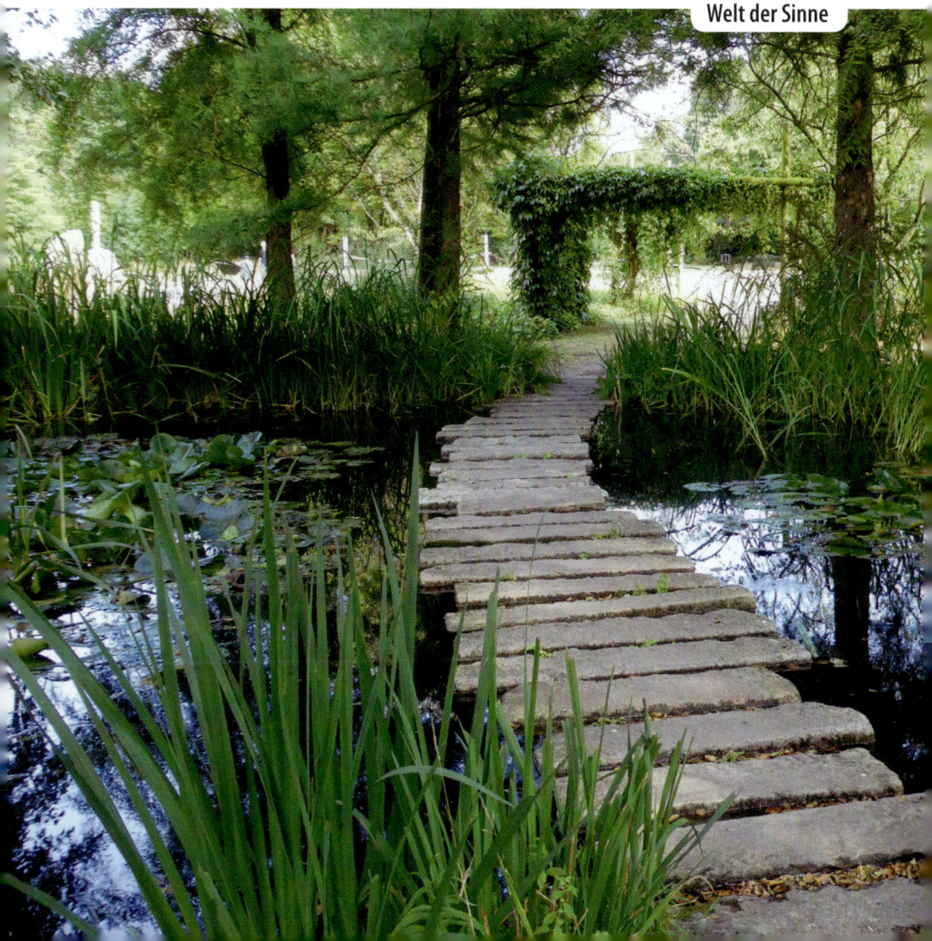

nach rechts abbiegen, erreichen wir den sehr interessanten und erlebnisreichen Park ⑫ **Welt der Sinne,** der zu einer Erkundigung mit vielen Überraschungen und Spaß einlädt.

Beim Rosengarten neigt sich unser Seerundweg dem Ende zu und wir verlassen diese zauberhafte Parklandschaft der Sinne. Durch die **Marktstraße** spazieren wir in Richtung Zentrum, indem wir die **B71** queren und auf die **Brunnenstraße** stoßen, die Fußgängerzone ist. Hier können wir das geschäftige Treiben der Ortsmitte beobachten. Weiter geradeaus über die **Bahnhofsstraße** erreichen wir in wenigen Minuten den Banhof, wo unsere Tour endet.

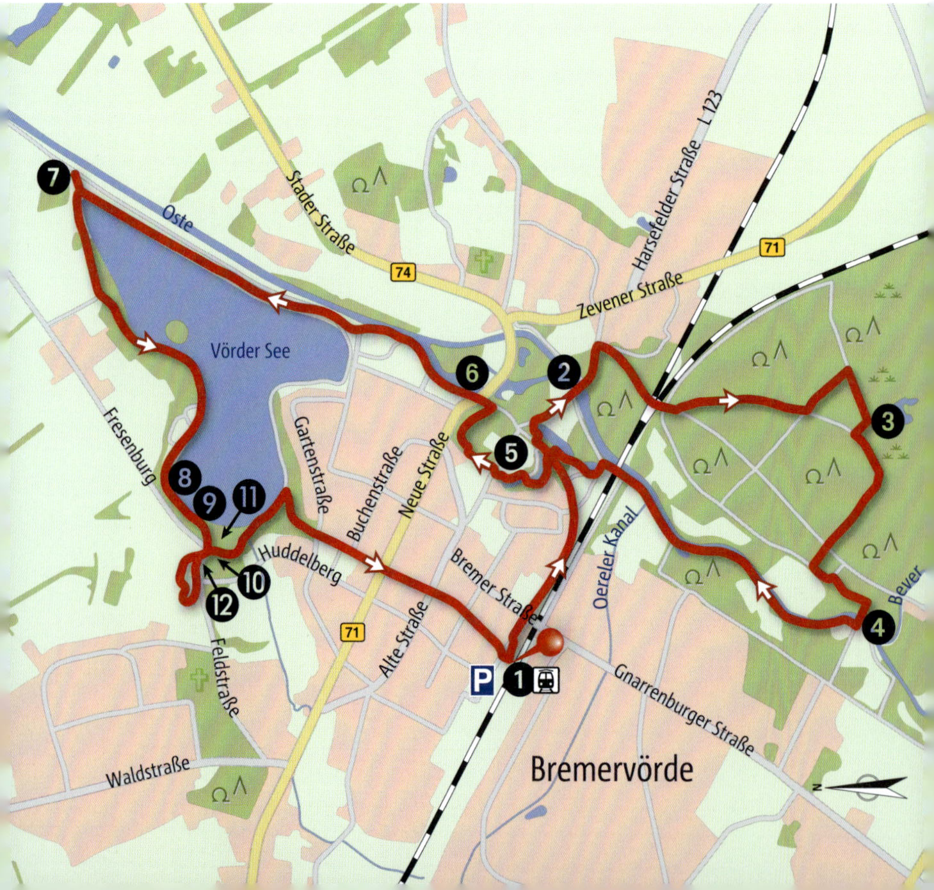

ALLES AUF EINEN BLICK

Entspannung 5/5
Abenteuer 3/5
Vielfalt 5/5

WIE & WANN

Überwiegend naturnahe Wege an Oste und Vörder See, innerorts Pflasterung. Ganzjährig begehbar, beste Wanderzeit von April bis November.

HIN & WEG

Auto: Park&Ride-Parkplatz Am Bahnhof, 27432 Bremervörde (GPS: 53.483500, 9.140304)
ÖPNV: EVB RB33, Bus 640, 800, 810, 2028, Bahnhof Bremervörde, oder mit dem historischen Moorexpress (fährt von Mai bis Oktober am Wochenende), www.moorexpress.de

ESSEN & ENTSPANNEN

10 **Haus am See,** Huddelberg 15, 27432 Bremervörde, Tel. (0 47 61) 9 24 52 00, www.hausamsee-bremervoerde.de

ENTDECKEN & ERLEBEN

1 **Bahnhofshalle mit Wandbildern**
2 **Vorwerksbrücke**
3 **Aussichtsplattform**
4 **Ostetalbrücke**
5 **Bachmann-Museum,** Amtsallee 8, 27432 Bremervörde, Tel. (0 47 61) 9 83 46 03, www.bachmann-museum.de
6 **Sportboothafen**
7 **Aussichtsturm**
8 **Urzeitliche Waldanlage**
9 **Strand**
11 **SkulpturenWiese**
12 **Welt der Sinne,** Feldstraße 35, 27432 Bremervörde, www.parkdersinne-brv.de

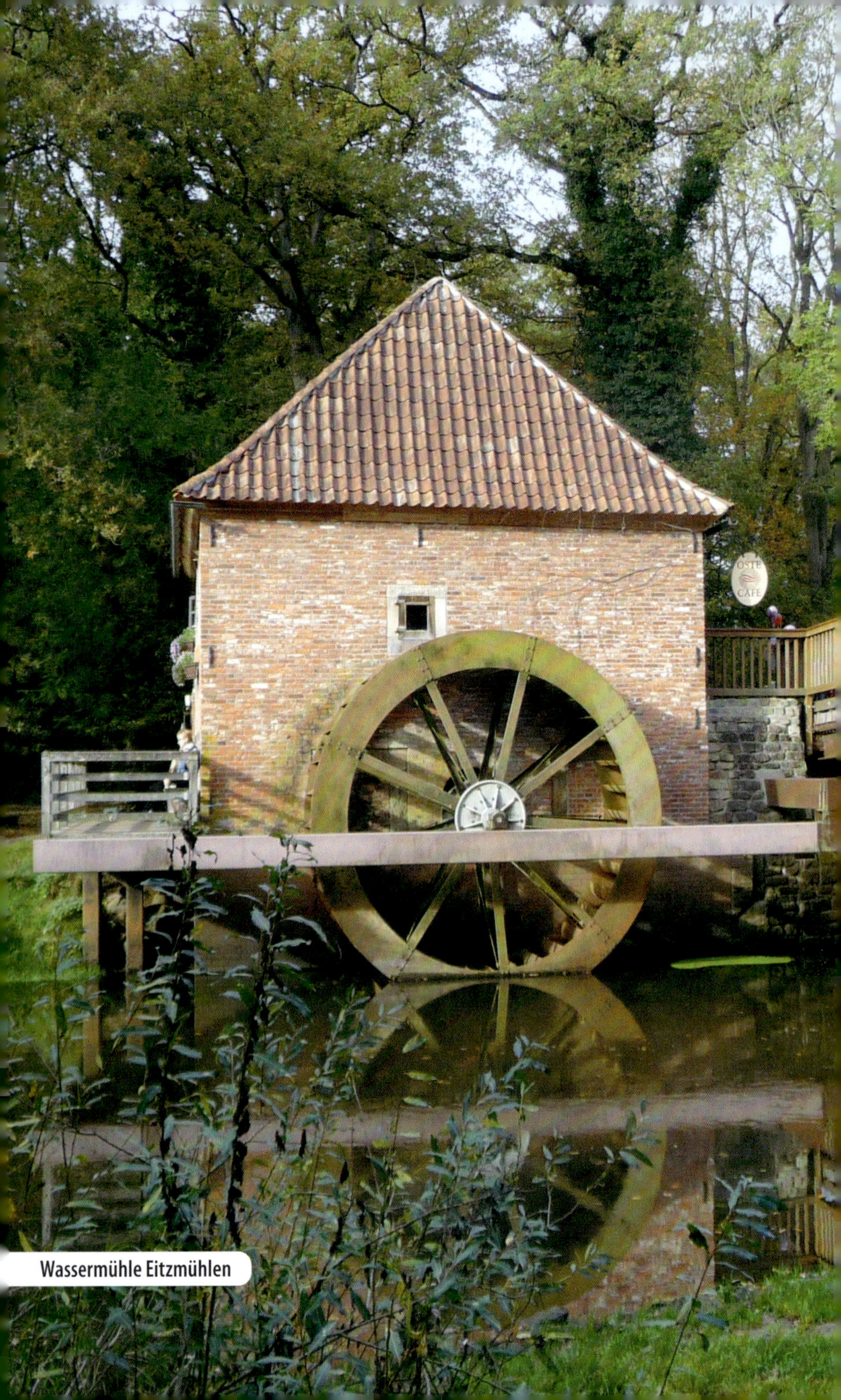

Wassermühle Eitzmühlen

Alte Zeitzeugen

Wassermühlen der Zevener Geest

Direkt vom Parkplatz, der neben der aus Backsteinen erbauten ❶ **Wassermühle Eitzmühlen** liegt, starten wir unsere Tour zu den alten Zeitzeugen. Die erste alte Zeugin können wir respektvoll von der Ostebrücke aus bewundern. Wir gehen in südliche Richtung weiter und nehmen den nächsten links abzweigenden Pfad, der uns im Schutz von Bäumen an Feld und Wiese entlangführt. Am Querweg biegen wir nach links ab und erreichen wenig später eine ehemalige ❷ **Mergelgrube.** Heute ist die frühere Kuhle ein lauschiger kleiner See, der sich vor uns auftut und inzwischen unter Naturschutz steht.

*Die **historische Wassermühle Eitzmühlen** wurde erstmalig um 1300 urkundlich erwähnt. Früher führte man ihre Wasserenergie einem Sägewerk zu. In den Jahren 1993 bis 1997 wurde sie aufwendig restauriert.*

Entlang des Sees führt uns der Weg weiter und kurz darauf erreichen wir bei einem Rechtsbogen einen kleinen Hang. Über einen breiten Grasstreifen zwischen den Bäumen und Sträuchern gehen wir den Hang hinauf. Oben halten wir uns links und spazieren am Feldrand entlang, bis wir auf einen befestigten Weg stoßen. Von dort aus tut sich uns ein herrlicher Blick in die Niederung auf. Wir folgen dem Weg nach rechts, biegen am kommenden Querweg nach links ab, spazieren an einer Hecke aus Gehölzen entlang und erreichen so die **K143.**

Dort gehen wir kurz rechts und queren vorsichtig die Landstraße an der gegenüberliegenden Einmündung. Nun wandern wir am Waldrand entlang, mit herrlichem Ausblick auf die abfallenden Niederungen der Geestlandschaft. Bei einer alten Eiche befindet sich eine Bank, auf der wir uns ein wenig ausruhen, den Blick in die Weite schweifen

Kilometer: 14
Höhenmeter: 110
Stunden: 3,5
RUNDWEG

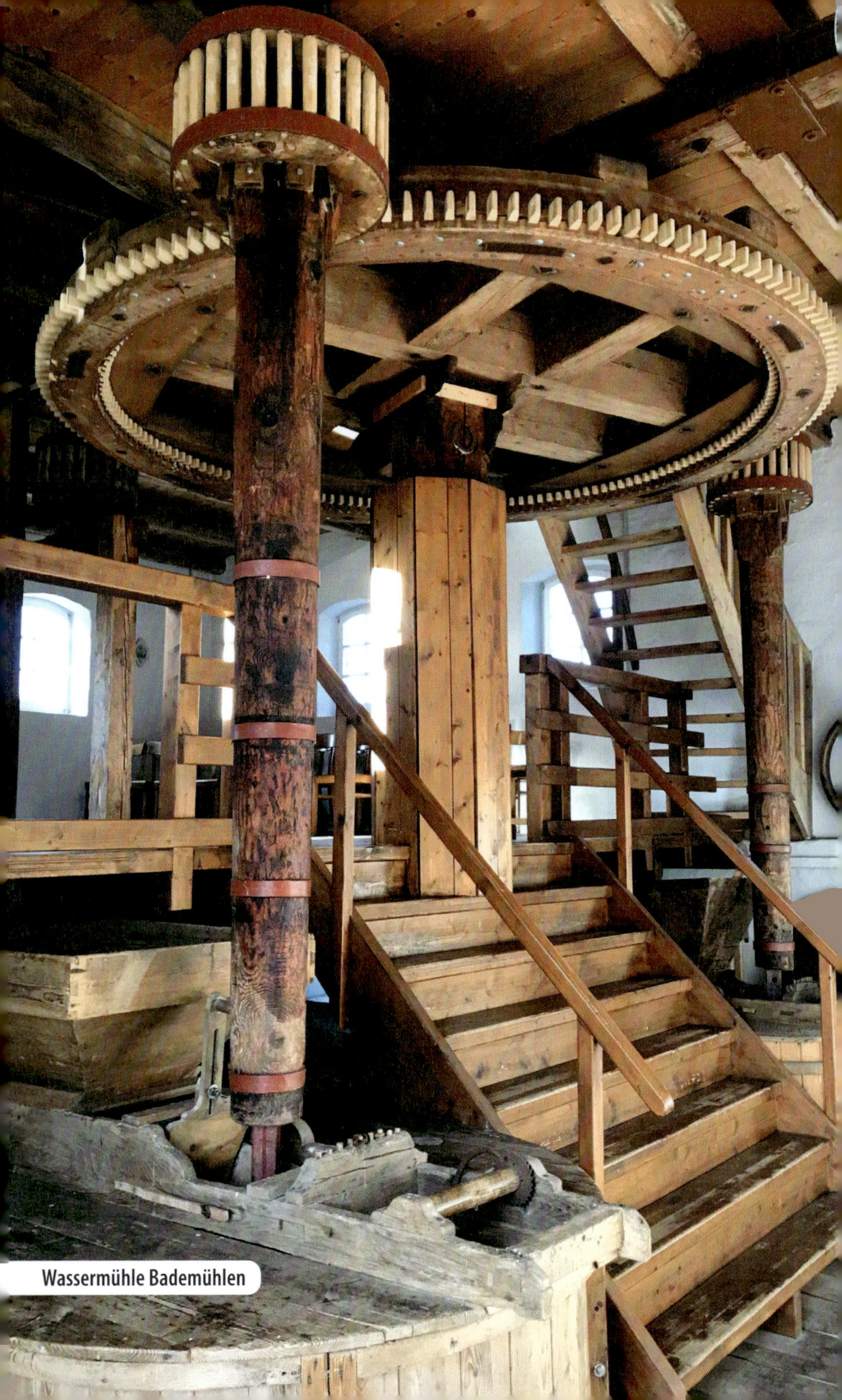

Wassermühle Bademühlen

lassen und einfach den Ausblick genießen. Bald darauf tauchen wir in den Wald ein und an der großen Kreuzung mit einer riesigen Buche wenden wir uns nach rechts und kommen nach 100 Metern zum **3 Hanni Hase Wald.** In dem kleinen Waldstückchen nahe Ostereistedt ist die Heimat von Hanni Hase. Alljährlich findet hier ein großes Ostereiersuchen statt, das ein riesiger Spaß für Kinder ist. Wir können ein bisschen hier verweilen und uns in die Welt von Hanni Hase träumen, bevor wir wieder zur Kreuzung zurückkehren und den Weg nach rechts fortsetzen. Der zauberhafte Waldweg, der im Herbst besonders malerisch ist, geleitet uns geradeaus zur **4 Wassermühle Bademühlen,** unserer zweiten Zeitzeugin.

Am malerischen Mühlenteich gibt es viele Bänke, die zu einer Rast einladen oder dazu, einfach nur die ländliche Idylle zu genießen. Meist wird man von reichlichem Geschnatter der Gänse empfangen. Das ist immer ein herrliches und erheiterndes Spektakel. Ein Blick in den Innenraum der Wassermühle ist sehr interessant, das sollten wir uns nicht entgehen lassen.

Nach der entspannten Auszeit setzen wir unsere Wanderung fort. Dafür gehen wir ein kleines Stückchen zurück. Wir nehmen den nach Norden abzweigenden Feldweg, auf dem wir gekommen sind, und gelangen zu einer T-Kreuzung, wo wir nach rechts einbiegen, kurz darauf nach links und dann erneut rechts. Danach gabelt sich der Weg und wir wählen den nach rechts oder Osten führenden **Grasweg am Waldrand** entlang, bis wir die nächste Abzweigung, wo sich eine erhöht liegende Bank befindet, erreichen. Von dort aus bietet sich ein wunderschöner Blick über die Felder und zum gegenüberliegenden Waldrand. Gönnen wir uns noch einmal einen Moment zum Innehalten und Krafttanken und genießen die Stille.

Für die Seele

Auf idyllischen Pfaden wandern wir vorbei an historischen Wassermühlen und durch verträumte Wälder.

*Viele Jahrzehnte wurde in der Mergelgrube **Kalkmergel** abgebaut, der als Dünger verwendet wurde. Beim Abbau entdeckte man Reste eines wollhaarigen Mammuts und einen Stoßzahn. Anfang des 20. Jahrhundert wurde die Förderung eingestellt.*

*Die ursprüngliche **Wassermühle Bademühlen** wurde 1542 erbaut und ist heute wieder voll funktionsfähig. Früher kamen die Bauern von weit her, um hier ihr Korn mahlen zu lassen, sogar Buchweizen, das drei Mahlgänge erforderte.*

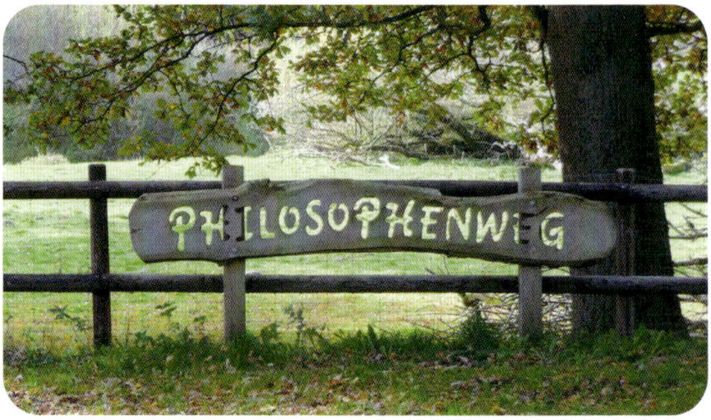

Wir setzen unseren Weg nach rechts fort, queren das Flüsschen Bade, einen Zufluss der Oste, und durchschreiten das **Badetal.** Zu unserer Rechten liegt ein still ruhender Teich. Der Weg macht im Anschluss eine Linkskurve und führt uns erneut an einem Waldrand mit hohen Kiefern und Laubbäumen entlang und bietet wieder herrliche Ausblicke in die Geestlandschaft. Dieser schöne Weg leitet uns zur K143, wo wir nach links gehend erneut über eine **Brücke** der Bade kommen. Wenige Meter weiter überqueren wir die **K143** und gehen an einem Feld entlang, das wir umrunden und so, den Godenstedter Friedhof passierend, wieder auf die K143 treffen.

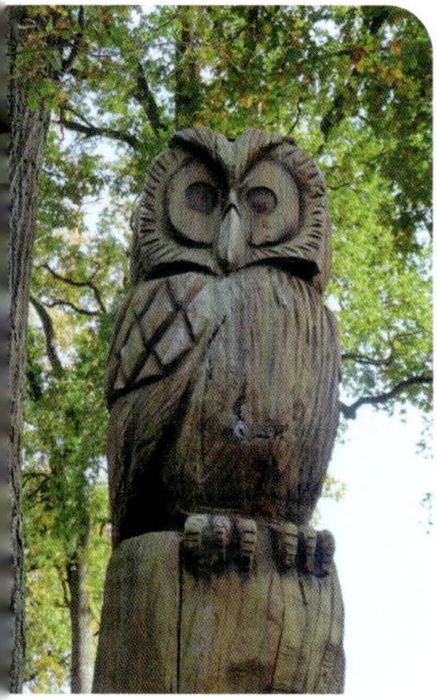

Dort wechseln wir erneut die Straßenseite und spazieren auf dem Rad- und Fußweg weiter, der uns in die schöne ländliche Ortschaft **Godenstedt** führt. Da, wo der Rad- und Fußweg im Ort endet, wechseln wir wieder die Straßenseite und biegen anschließend in die Straße **Im Dorfe** ein. Vorbei geht es am markanten Turm der Freiwilligen Feuerwehr und an der nächsten Abzweigung nach rechts. Gegenüber der Kreuzung befindet sich ein großer Geflügelhof und am Straßenrand stehen einige geschnitzte Holzskulpturen. Wir gehen durch eine alte Allee und erreichen die Oste. Von der **Ostebrücke** sehen wir rechts einen schönen überdachten **5 Picknickplatz,** der uns zu einer Pause einlädt. Hier lässt es sich wunderbar und mit herrlichem Blick auf die Osteniederung sitzen. Am Ufer der Oste befindet sich unter einer großen, majestätischen Eiche ein Bootsanlegeplatz für die Wasserwanderer.

Unsere letzte Etappe führt uns über den romantischen **6 Philosophenweg,** der von der **Bahnhofsstraße,** kurz nach der Ostebrücke, linksseitig abzweigt und unübersehbar von einem großen Holzschild markiert ist. Direkt zu Beginn stehen auch einige Holzskulpturen. Der Philosophenweg ist ein Pfad, der sich über die hügelige, bewaldete Geest schlängelt und uns hoch und runter bis zu einem zauberhaft, verträumt daliegenden **7 Teich** führt.

Suchen wir uns ein Plätzchen und lassen diesen Moment der Vollkommenheit auf uns wirken. Wenn es ganz still ist, sehen wir vielleicht die kleine Schwanenfamilie auf dem Teich nach Futter suchen oder gegenüber auf dem Ufer einen Reiher stehen. Hier können wir unverfälschte Natur erleben. Dieser Ort ist eine wunderbare Kraftoase.

Links und rechts des Philosophenweges wächst auffallend viel ***Ilex,*** *die immergrüne heimische Stechpalme. Triebe dürfen weder abgeschnitten noch mitgenommen werden! Bereits vor 100 Jahren wurde die Pflanze unter Naturschutz gestellt.*

Am Teich

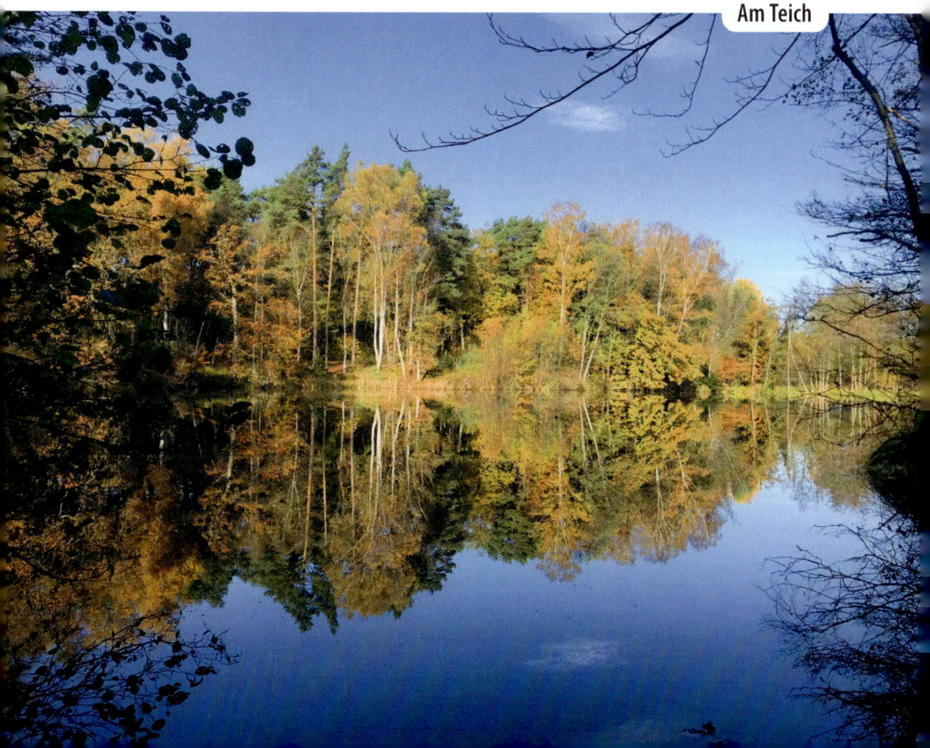

Wir spazieren auf einem dammartigen Weg weiter, der uns geradeaus zu einem Feld bringt. Dort halten wir uns rechts, folgen dem Weg erst am Feld entlang, dann unter Bäumen und mit leichter Steigung aufwärts zur **Rethkampstraße.** Nun wenden wir uns nach links, halten uns an der nächsten Kreuzung nochmals links und gelangen über die **Wiemertstraße** auf die Querstraße **Eitzte.** Nach links gehend kommen wir nach wenigen Metern am Parkplatz an der Wassermühle Eitzmühlen an und können uns nun auf eine wohlverdiente Pause im **Oste-Café** 8 im Mühlengebäude freuen. Im Außenbereich, direkt an der Oste unter einem riesigen Eichenbaum, können wir Kaffee und selbst gebackenen Kuchen genießen und die Wanderung ausklingen lassen.

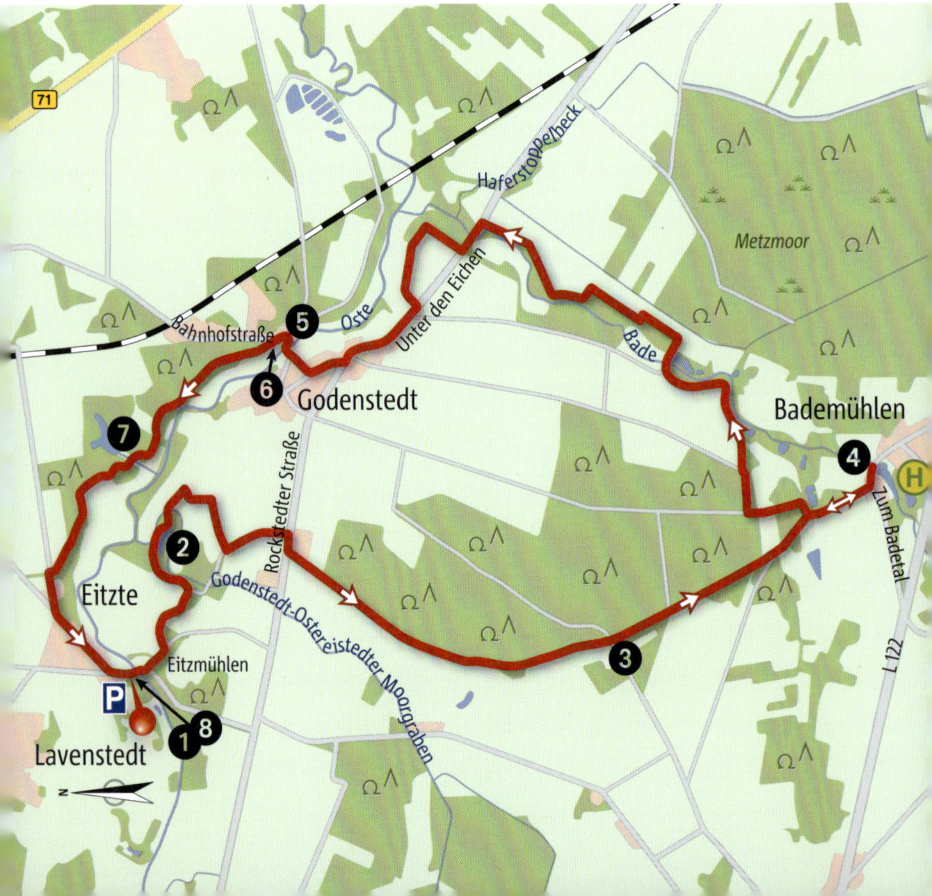

ALLES AUF EINEN BLICK

Entspannung 5/5
Abenteuer 2/5
Vielfalt 3/5

WIE & WANN

Überwiegend naturnahe Wege und im Ortsbereich Betonsteinpflaster. Beste Wanderzeit von April bis November.

HIN & WEG

Auto: Parkplatz an der Wassermühle Eitzmühlen, Eitzte 4, 27446 Selsingen (GPS: 53.334456, 9.199369)
ÖPNV: Bus 620, Haltestelle Bademühlen, dann Wanderung von Bademühlen starten

ESSEN & ENTSPANNEN

8 **Oste-Café,** Eitzte 4, 27446 Selsingen, Tel. (0 42 84) 92 72 62, www.oste-cafe.de

ENTDECKEN & ERLEBEN

1 **Wassermühle Eitzmühlen**
2 **Mergelgrube**
3 **Hanni Hase Wald**
4 **Wassermühle Bademühlen**
5 **Picknickplatz an der Oste**
6 **Philosophenweg**
7 **Teich**

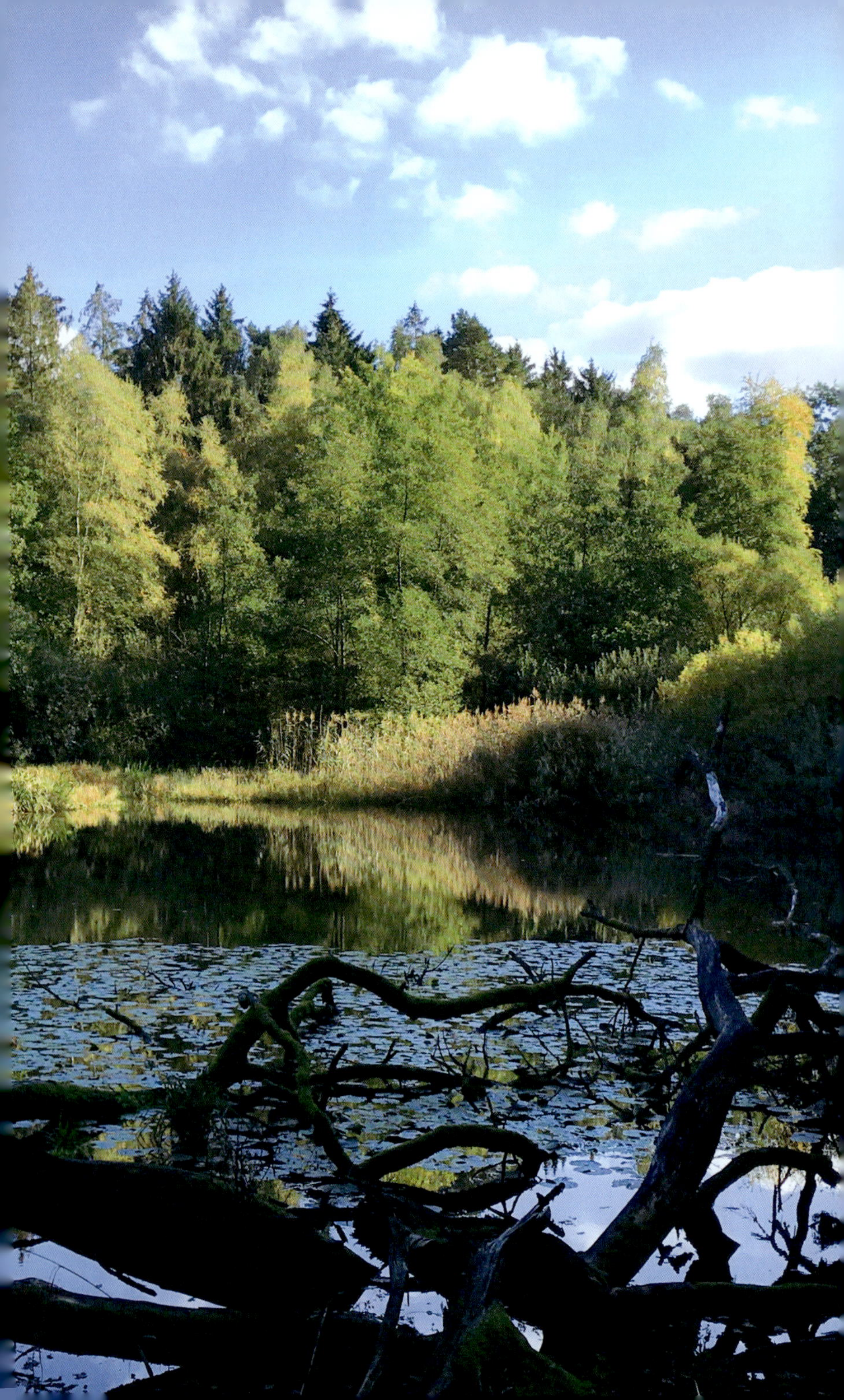

Ein Bad im Wald

Buchenwald im Neukloster Forst

Der südlich am Parkplatz verlaufende **Lärchenweg** führt uns in wenigen Schritten in westliche Richtung direkt in den Neukloster Forst. Gleich anfangs beeindrucken die großen, majestätischen Buchen. Kurz darauf befindet sich zur linken Seite ein großes ❶ **Denkmal** zur Erinnerung an die im Krieg verstorbenen Soldaten. Wir folgen dem Hauptweg in einem Linksbogen und sehen rechts, durch die Bäume schimmernd, einen Teich. Eine Bank lädt zum Verweilen ein. In der folgenden Rechtskurve zweigt ein Pfad ab, auf dem wir geradeaus weitergehen und uns bei der nächsten Gabelung rechts halten.

*Das **Naturschutzgebiet Neuklosterholz** umfasst einen der größten Buchenwaldbestände im Elbe-Weser-Dreieck. Zum Teil sind die Buchen und Eichen bis zu 200 Jahre alt. Dieser knapp 40 Meter hohe Geestrand der Stader Geest resultiert aus der Saale-Eiszeit.*

Nun schlängelt sich der Weg mit leichter Steigung und gesäumt von Farnen aufwärts. Im weiteren Verlauf wird der Pfad zu einem Grasweg mit tiefen Spurrillen, bei denen wir etwas vorsichtig sein sollten, da sie sich mit Wasser füllen, was nicht immer gleich erkennbar ist. Hier ist es jetzt sehr still und wir können den Geräuschen des Waldes lauschen. Vielleicht hören auch wir gerade einen Specht klopfen? Mit leichter Steigung schwingt sich der Weg weiter nach oben, bis wir auf einen Querweg stoßen und ihm nach links folgen. Kurz bevor wir auf den asphaltierten Neukloster-Forst-Weg gelangen, erblicken wir auf der linken Seite einen alten historischen ❷ **Grenzstein** mit Kreuz.

Wir biegen rechts in den **Neukloster-Forst-Weg** ein und gehen nach wenigen Schritten links in den Wald hinein. Dort, wo hinter einer riesigen Kiefer ein Schild mit der Aufschrift „FriedWald“ zu lesen ist. Dahinter ist

Kilometer: 8,8
Höhenmeter: 100
Stunden: 2,5
RUNDWEG

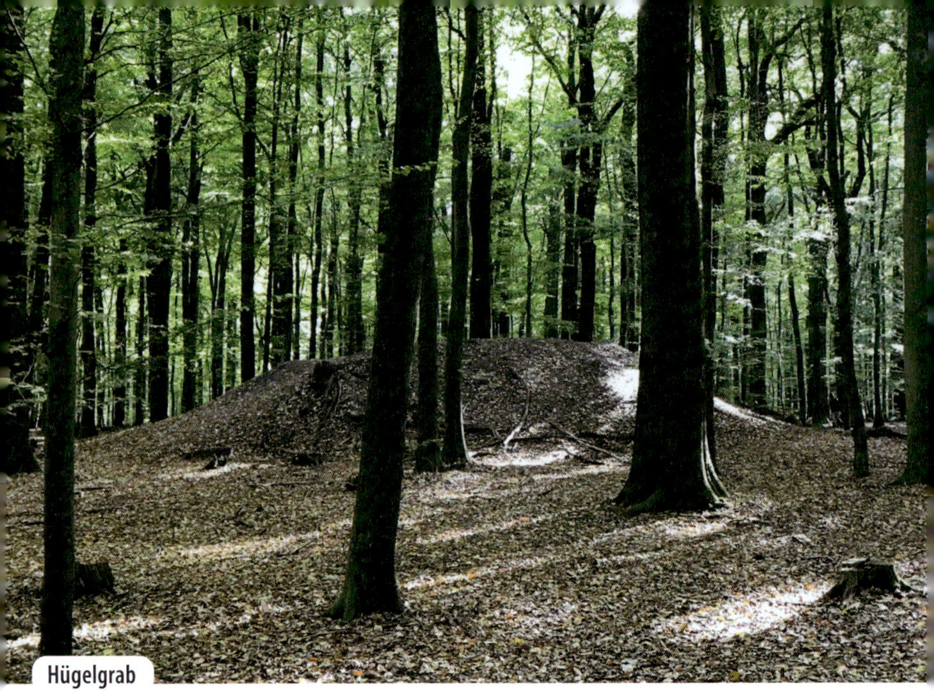

Hügelgrab

Im Neukloster Forst sind **13 Grenzsteine** aus der Zeit vor 1750 erhalten. Sie markierten die Grenze zwischen Neukloster Forst und Buxtehuder Wald. Außerdem gibt es noch 73 sichtbare Hügelgräber, überwiegend aus der älteren Bronzezeit.

ein ③ **Hügelgrab** zu erkennen. Wir spazieren rechts am Hügelgrab vorbei und halten uns am nächsten Querweg wieder rechts. In diesem Bereich des Waldes gibt es einige Hügelgräber zu entdecken. Beim Schild „Zum Hügelgrab" wenden wir uns nach links und kommen wenig später zum **Wilhelm-Cohrs-Weg.** Etwas weiter links befindet sich eine Schutzhütte auf zwei Rädern in einem ehemaligen Anhänger, daneben ein weiteres Hügelgrab und gegenüber am Wegrand ein Grenzstein. Dahinter ist der Andachtsplatz des Fried-Waldes. Wir wandern jedoch auf dem Hauptweg nach rechts weiter und können am Wegesrand mehrere Kreuzsteine entdecken, bis wir nach knapp 600 Metern linksseitig eine unscheinbare Abzweigung erreichen. Dort führt uns ein von Farnen gesäumter Grasweg zu einer Lichtung, auf der eine riesige ④ **Japanische Sicheltanne** steht. Ihre beeindruckende Größe können wir hier in aller Ruhe bewundern.

Zurück am Wilhelm-Cohrs-Weg wandern wir 100 Meter bis zur nächsten Kreuzung, biegen dort nach links ab und halten uns an der kommenden Gabelung rechts. In der Mitte der zwei Wege steht eine mächtige Douglasie. Der nun etwas wurzelige Weg führt uns in Richtung B73, macht kurz davor einen leichten Rechtsbogen und leitet uns über einen muldenartigen Weg abwärts. Dieser Bereich ist sehr hügelig und weiches Moos bedeckt den Waldboden. Es sieht hier etwas mystisch aus und so erreichen wir den 5 **Unteren Ilseteich,** der dann sehr idyllisch vor uns liegt. Wir folgen dem Weg weiter bis zum **Ilsebach.**

Wir spazieren nach rechts weiter und biegen an der nächsten Kreuzung links ab. Nun geht es etwas steil einen Hang hoch. Oben angekommen, befinden wir uns bei einem kleinen Birkenhain, und wenige Meter weiter überqueren wir die **Eisenbahngleise** der Bahnstrecke Bremerhaven-Buxtehude. Große Vorsicht ist beim Überqueren der Gleise geboten. „Privater Bahnweg" steht auf einem Schild. Auf der anderen Seite der Gleise gelangen wir über den abwärts führenden Weg zum 6 **Ilsebachtal.** Rechts von uns der **Obere Ilseteich,** der ganz verträumt vor uns liegt und uns zu einer kleinen Pause einlädt. Aus dem Oberen Ilseteich fließt der Ilsebach und schlängelt sich im weiteren Verlauf zum nächsten Teich, von dem wir gerade gekommen sind, der aber von hier nicht erkennbar ist. Über den Holzsteg queren wir den Bachlauf und biegen kurz darauf rechts in den Weg ein, der uns um den Teich und zurück zum Bahnübergang leitet, den wir erneut überqueren.

Auf der anderen Seite der Bahngleise passieren wir erneut den Birkenhain und biegen am Querweg links ab. Nach etwa 100 Metern am Waldrand entlang tauchen wir wieder in den Wald ein. Die mächtigen **Douglasien, Lärchen und Buchen** sind hier sehr beeindruckend, sodass wir nun besonders gut Energie tanken und tief durchatmen können. Alle Anspannungen des Alltags fallen von uns ab.

Für die Seele

Im größten Buchenwald des Elbe-Weser-Dreiecks lassen wir den Alltag hinter uns und die Seele baumeln.

Am Ilsebach gibt es die Möglichkeit, einen kleinen ***jüdischen Friedhof*** *in 350 Metern Entfernung zu besuchen. Dafür quert man den Bach und folgt einem aufwärts führenden Weg. Am nächsten Querweg links halten und in Kürze erreicht man den kleinen Friedhof.*

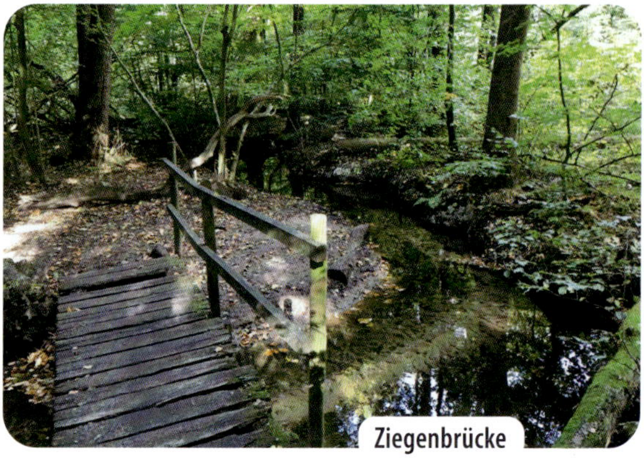

Ziegenbrücke

An der Wegkreuzung mit dem großen Findling, zu der wir mit leichtem Auf und Ab gelangen, wenden wir uns nach links und folgen dem mit Farn gesäumten Pfad bis zum nächsten Querweg. Schräg gegenüber geht es auf einem sehr idyllischen Weg weiter. Wir lassen uns Zeit und genießen die herrliche Ruhe. Wenn wir leise sind, begleitet uns fast ständig das Klopfen eines Spechtes. Viele Spechte müssen hier zu Hause sein. Beim darauffolgenden Querweg wenden wir uns nach links in Richtung Waldrand und biegen erneut nach rund 300 Metern rechts auf einen romantischen Pfad ein. Dieser führt uns zum **Neukloster-Forst-Weg,** der auch mit Pkw befahren werden darf. Noch einmal wenden wir uns nach links in Richtung Waldrand. Kurz vor Ende des Waldrandes, beim Schild „Zum Felde", zweigt unser Weg rechts ab und wir wandern jetzt durch ein Tal mit beidseitig ansteigenden Hängen. Man kann sich gut vorstellen, dass hier vor Tausenden von Jahren Gletscher ihre tiefen Furchen gegraben haben. Am Ende des Weges wenden wir uns nach links und erreichen den Mühlenbach mit der **7 Ziegenbrücke.**

*Wer das **wildromantische Mühlenbachtal** noch 1 Kilometer länger genießen will, spaziert vor der Brücke nach links weiter, bis es nicht mehr geht, quert dort das Bachbett und wandert auf der anderen Bachseite zurück.*

Wie überqueren die Ziegenbrücke und gleich darauf geht es über die **8 Hexentreppe** einen Hang hinauf. (Die Buchen sollen von Hexen verzaubert worden sein, sodass ihre Wurzeln eine Treppe bilden!) Oben angekommen, halten wir uns rechts und wandern parallel zum jetzt tiefer liegenden Mühlenbach. Über die Kreuzung geht es geradeaus weiter, wenig später nehmen wir den nach rechts abwärts führenden Weg und können zwischen den Bäumen den ersten Teich erkennen. Unten am Mühlenbach lockt ein idyllischer Platz mit zwei **9 Ruheliegen,** die zu einem Päuschen einladen. Was gibt es Schöneres, als hier einfach die Seele baumeln und den Blick über den Teich schweifen zu lassen? Den Enten zuzusehen, dem Gezwitscher der Vögel zu lauschen und in die Baumwipfel zu schauen.

Nach dem Päuschen begeben wir uns zurück auf den höher liegenden Weg und setzen unsere Wanderung in Richtung Nordosten fort. Nach kurzer Zeit können wir schemenhaft den zweiten Teich ausmachen und wenig später erreichen wir den **10 Mühlenteich,** den größten der drei Teiche. An der **B73** angekom-

*Die Tour kann hier um 500 Meter **abgekürzt** werden. Dann folgt man über den Steg dem anschließenden Dammweg. Geradeaus gelangt man direkt zurück zum Parkplatz.*

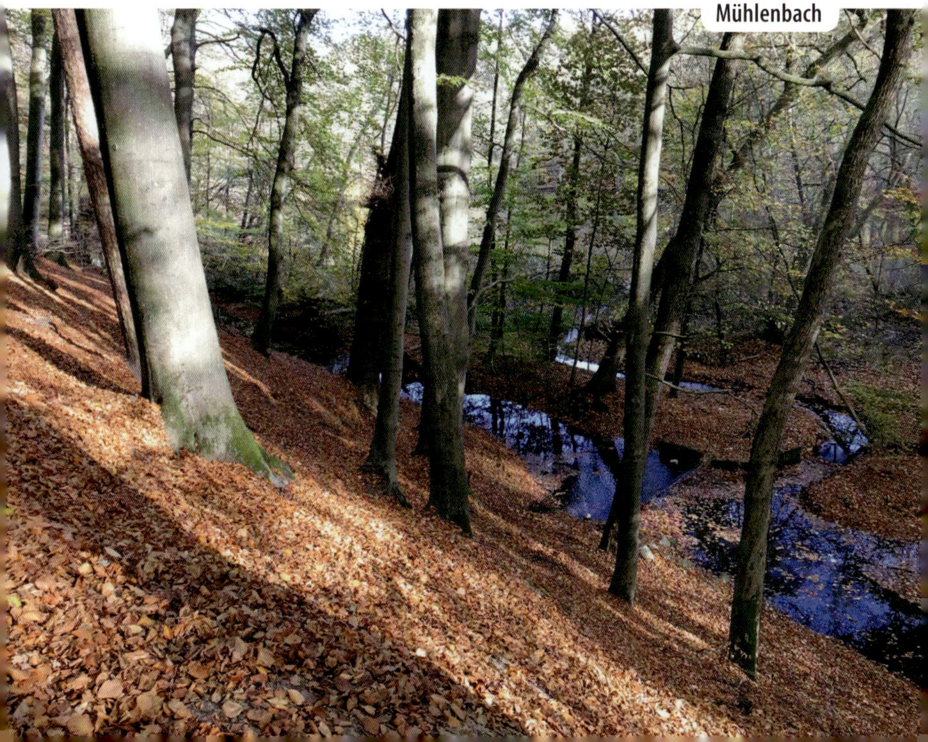

Mühlenbach

men, stoßen wir auf das Gasthaus ⓫ **Robbys House.** Dort kann man gut zum Speisen einkehren. Leckeren Kuchen bekommen wir bei ⓬ **Bäcker Schrader,** der sich nur gut 100 Meter weiter an der B73 in Richtung Osten und an der Einmündung zur **Kringelstraße** befindet. Beide Lokalitäten haben schöne Außenterrassen zum Teich.

Nach der wunderbaren Stärkung haben wir nun die Möglichkeit, die **Kirche St. Marien** auf der anderen Straßenseite anzuschauen oder direkt zum Ausgangspunkt zurückzugehen. Dafür folgen wir der **Kringelstraße,** biegen dann rechts in den **Lärchenweg** ein und erreichen wenig später den Parkplatz.

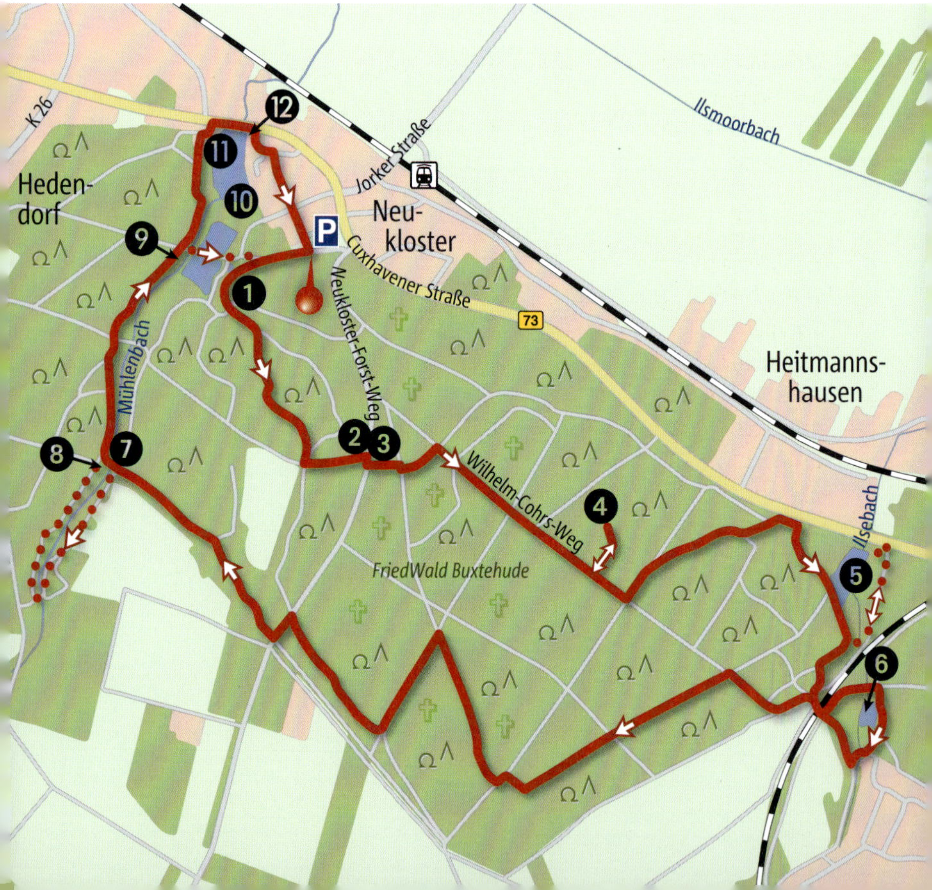

ALLES AUF EINEN BLICK

Entspannung 5/5
Abenteuer 2/5
Vielfalt 2/5

WIE & WANN

Überwiegend naturnahe Wege. Beste Wanderzeit von April bis November.

HIN & WEG

Auto: Pfingstmarktplatz 1, 21614 Buxtehude (GPS: 53.479720, 9.635203). Alljährlich findet am Pfingstwochenende ein großer Pfingstmarkt statt, sodass hier nicht geparkt werden kann: www.heimatverein-neukloster.de/pfingstmarkt.htm
ÖPNV: S3, Bahnhof Neukloster, von dort knapp 500 Meter zum Startpunkt

ESSEN & ENTSPANNEN

11 **Robbys House,** Cuxhavener Straße 147, 21614 Buxtehude, Tel. (0 41 61) 70 28 00, www.robbys-house.de
12 **Bäcker Schrader,** Kringelstraße 1, 21614 Buxtehude, Tel. (0 41 61) 8 66 65 18, www.baecker-schrader.de

ENTDECKEN & ERLEBEN

1 **Kriegerdenkmal**
2 **Historischer Grenzstein**
3 **Hügelgrab**
4 **Japanische Sicheltanne**
5 **Unterer Ilseteich**
6 **Ilsebachtal und Oberer Ilseteich**
7 **Mühlenbach mit Ziegenbrücke**
8 **Hexentreppe**
9 **Platz mit Ruheliegen**
10 **Mühlenteich**

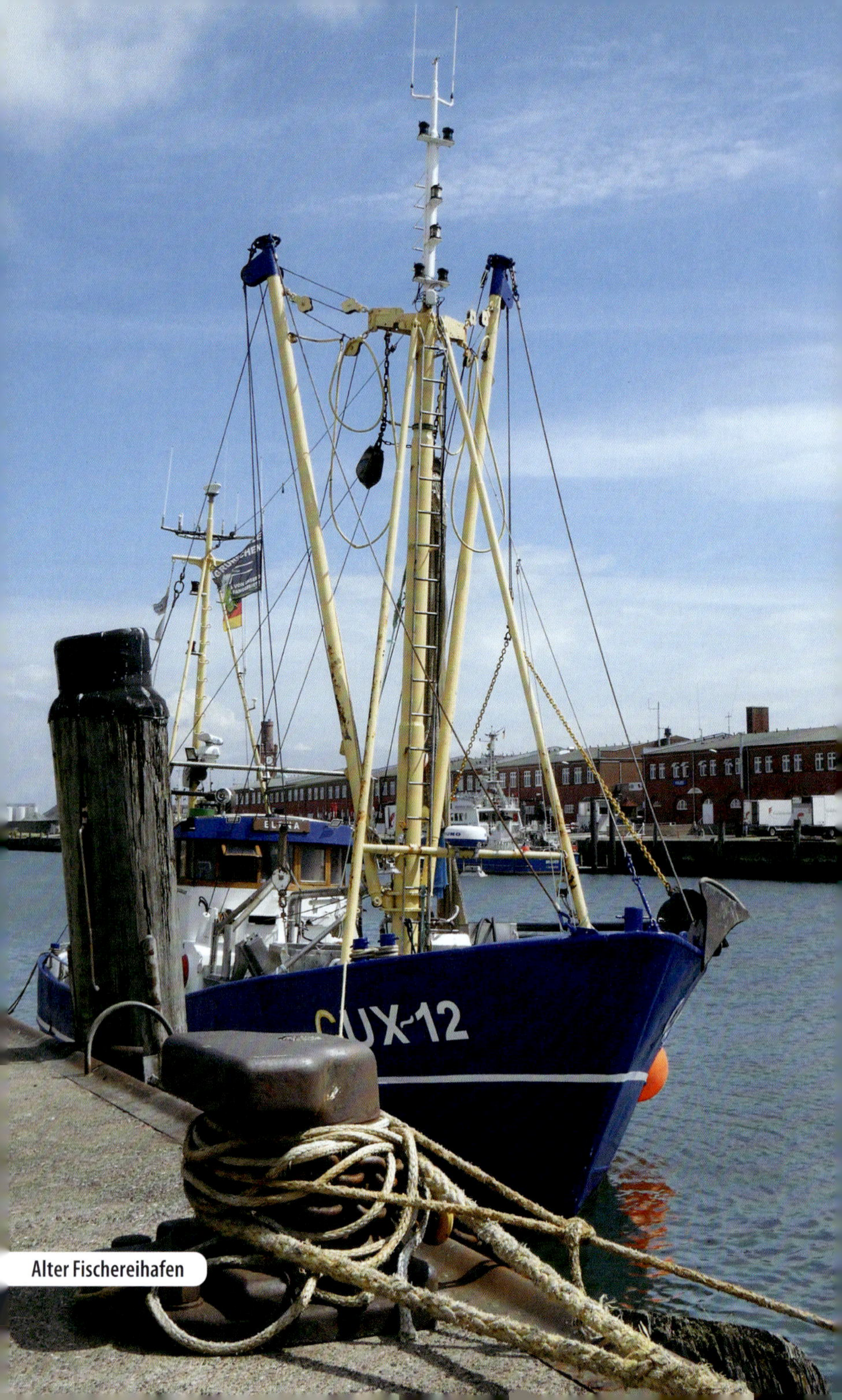

Alter Fischereihafen

Nordsee-Liebe

Grimmershörn-Bucht von Cuxhaven

Der ➊ **Bürgerbahnhof Cuxhaven** ist Start- und Zielpunkt unserer heutigen, spritzigen Wanderung. Wir wenden uns in Richtung Norden und überqueren dabei den neuen Busbahnhof, den Parkplatz eines ehemaligen Supermarktes und die **Neuenfelder Straße.** Gleich am Anfang des ➋ **Alten Fischereihafens** befindet sich das Havenhostel Cuxhaven. Wir spazieren am **Nordseekai** das Hafenbecken entlang und genießen das maritime Flair. Während der Saison findet hier an bestimmten Terminen ein beliebter Fischmarkt mit Karussells, Trödel- und Flohmarkt statt. An der Kaje machen noch die Fischerkutter fest und bringen fangfischen Fisch an Land. Da der Hafen vom Meer frei zugänglich ist, ist der Gezeitenwechsel allgegenwärtig.

*Wir sollten nicht nur an unser Badezeug denken, sondern uns unbedingt vorher über die Badezeiten (Tidenkalender) informieren, wenn wir ein erfrischendes **Bad in der Nordsee** genießen wollen.*

Am Ende des Nordseekais treffen wir auf die **Fährstraße,** schwenken nach links und überqueren wenig später die grüne **Klappbrücke.** Von ihr haben wir in Richtung Süden einen herrlichen Blick auf die City-Marina und den Landwehrkanal. In der kommenden Rechtskurve überqueren wir vorsichtig die Straße **Am Alten Hafen** und nehmen auf der gegenüberliegenden Seite die Treppe hinauf zum Deich. Auf der Deichkrone geht es weiter in Richtung Norden, sodass wir bald darauf den **Alten Hafen** erreichen. Dort herrscht reger Trubel, es ist immer was los. Ausflugsschiffe starten zu den Seehundbänken, zu Hafenrundfahrten oder nach Neuwerk, um nur einige Ziele zu nennen. Direkt gegenüber des Schiffsanlegers befindet sich das Restaurant ➌ **Am Pier,** wo man entspannt einkehren und

Kilometer: 11
Höhenmeter: 35
Stunden: 3
RUNDWEG

*Die **Alte Liebe** war ursprünglich ein Bauwerk, welches 1733 zum Schutz des Hafens errichtet wurde. Später diente es als Schiffsanleger und wurde immer wieder baulich verändert. Seit 1982 ist es eine zweigeschossige hölzerne Aussichtsplattform.*

gut speisen und dabei dem bunten Treiben und den vorbeiziehenden Schiffen zuschauen kann. Von hier sehen wir auch schon die ④ **Alte Liebe.**

Begeben wir uns zur Galerie der Alten Liebe. Dort laden Bänke zum Verweilen ein und so macht das Beobachten der dicken Pötte richtig Spaß. Von April bis Oktober informieren Lautsprecherdurchsagen über die vorbeiziehenden Schiffe der Unterelbe, eine der meistbefahrenen Wasserstraßen der Welt. Da bekommt man Fernweh! Hier lässt es sich so richtig genießen und träumen. Der Blick schweift weit über das Wasser bis zum Horizont, trifft auf die Windräder der gegenüberliegenden Elbseite Schleswig-Holsteins oder erspäht die nahe gelegene Kugelbake. Der Wind kann hier schon mal ordentlich pusten und manchmal spritzt die Gischt besonders hoch.

Vor der Alten Liebe nehmen wir rechts die Treppe abwärts und spazieren mit Blick auf den Jachthafen immer an der Wasserkante entlang. So umrunden wir den Hafen mit den sanft wippenden Booten und klappernden Masten. Zum Ende halten wir uns links, überqueren den Parkplatz und gehen hinauf auf den

Blick Richtung Kugelbake

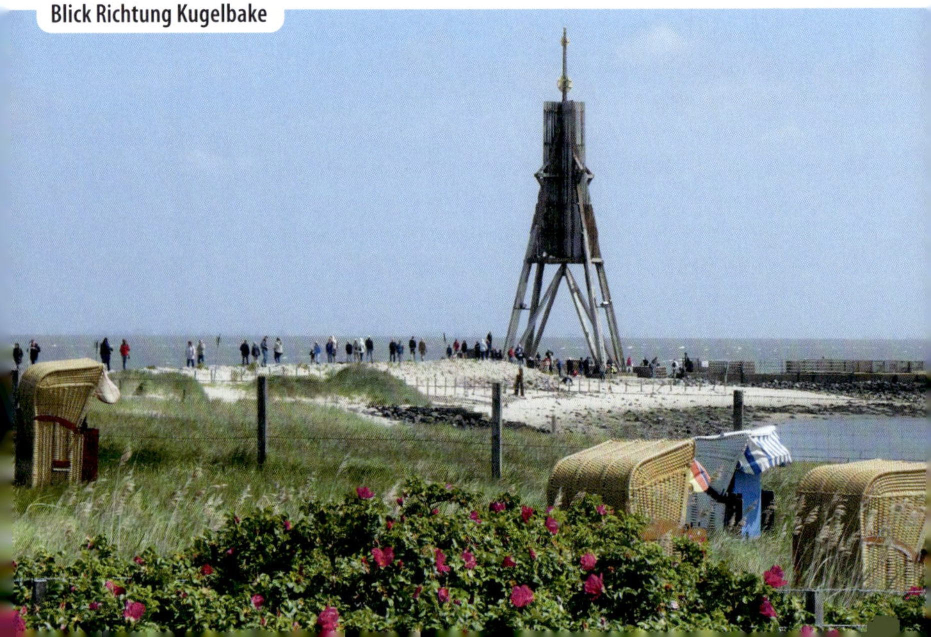

Deich. Nun folgen wir dem Deichverlauf nach Nordwesten, bis wir das Restaurant ⑤ **Seeterrassen** erreichen, wo es unter anderem eine große Auswahl an sehr leckeren Fischgerichten gibt. Eine Einkehr lohnt sich nicht nur wegen des Essens, sondern auch wegen der Aussicht auf das Wasser.

Der Deich macht jetzt eine Linkskurve und bevor wir den Abgang nach unten nehmen, schweift unser Blick über die ⑥ **Grimmershörn-Bucht.** Die unendlich vielen Strandkörbe, die entlang der ganzen Bucht verteilt sind, wirken wie lustige Farbtupfer auf dem grünen Deich. Dann flanieren wir entlang der Promenade und sind dem Wasser ein Stückchen näher – wenn nicht gerade Ebbe ist. Im Winter schwappt es gerne auch mal auf die Promenade. Zwischendurch gibt es kleine Treppen, die den Zugang zum Wasser erleichtern. Suchen wir uns ein schönes Plätzchen und genießen ein erfrischendes Bad im Nordseewasser oder eine Auszeit im Strandkorb. Beim Baden aber bitte auf die Badezeiten und die Tiden achten!

Für die Seele

Ein Besuch der Alten Liebe und ein erfrischendes Bad in der Nordsee schenken uns neue Energie.

Nach dieser erfrischenden Auszeit machen wir uns auf den Weg zum Leuchtfeuer, das wir fest im Blick haben. Ein befestigter Dammweg führt direkt zur ⑦ **Kugelbake.**

*Die **hölzerne Kugelbake** steht auf einem Betonfundament und diente bis 2001 als Seezeichen. Die erste Kugelbake wurde vermutlich 1703 erbaut. Für die Stadt Cuxhaven ist sie Touristenattraktion und Wahrzeichen und seit 1913 im Wappen der Stadt abgebildet.*

Gönnen wir uns eine kleine Pause, denn von hier haben wir eine schöne Aussicht auf die Nordsee. Geografisch endet hier die Elbe und die Nordsee beginnt. Ob wir uns ein Plätzchen zum Schiffeschauen suchen, Muscheln sammeln ober uns einfach nur dem süßen Nichtstun hingeben, alles tut unserer Seele in der frischen Seeluft gut und gibt uns Energie für die richtige Off-On-Balance.

Nach dieser schönen Unterbrechung spazieren wir über den Damm zurück, um oben auf dem Deich weiterzugehen. Im Deichbogen stehen nicht nur Bänke zum Verweilen, sondern dort befinden sich die Start-

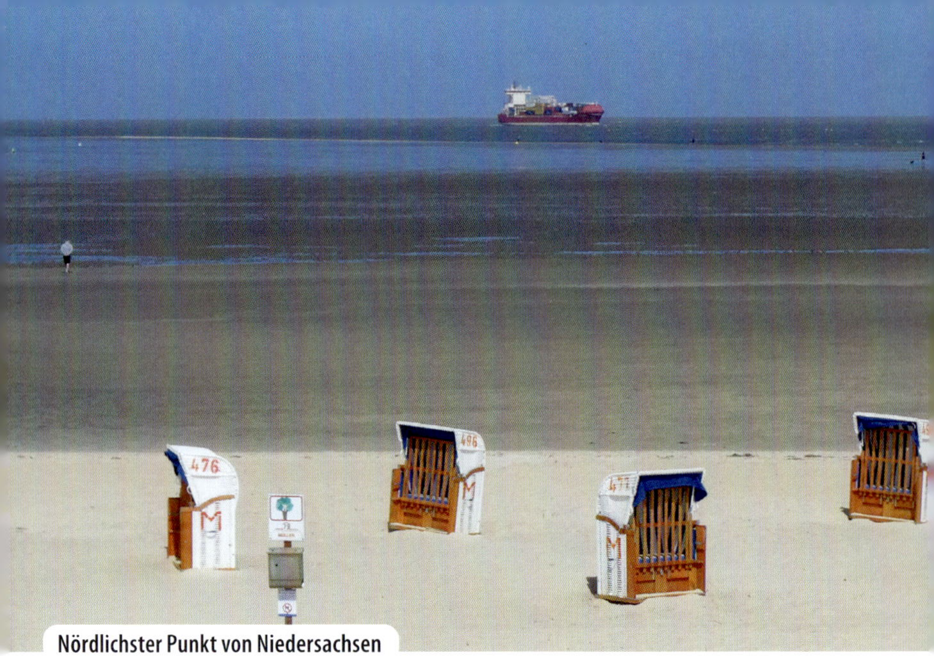

Nördlichster Punkt von Niedersachsen

oder Endpunkte des Weser-Radweges und des Elbe-Radweges. Vor uns im Wattenmeer sehen wir bei guter Sicht die Insel Neuwerk. Zur linken Seite und unterhalb des Deiches steht gut getarnt im idyllischen Wäldchen die ehemalige preußische Befestigungsanlage Fort Kugelbake aus dem Jahr 1869. Eine Besichtigung ist durchaus empfehlenswert.

Bald taucht vor uns eine Treppe auf. Etwa auf gleicher Höhe liegt wasserseitig der **8 nördlichste Punkt von Niedersachsen.** Wir nehmen die Treppe landseitig abwärts und kommen über den **Jonathan-Zenneck-Weg** an einer Budenmeile für den kleinen Hunger vorbei. Geradeaus gelangen wir zur Kurparkhalle und zum Eingang des **9 Kurparks.** Der schön angelegte Park bietet allen Generationen etwas. Während viele Bänke zum Verweilen einladen, sind die Tiergehege mit ihren Vögeln und Kleintieren ein Highlight für Groß und Klein. Dabei ist die Fütterung der Pinguine immer ein ganz besonderes und spaßiges Erlebnis. Wir durchqueren den Park und kommen wieder zu einer Treppe, die wir erneut hinauf auf den Deich nehmen. Auf der Deichkrone wandern wir in südliche Richtung, bis wir im Deichbogen die Treppe landseitig wieder hinuntersteigen, die **Döser Straße** queren und in den **Deichtrift** einbiegen. Dieser stößt auf den **Strichweg,** auf der gegenüberliegenden Seite befindet sich ein kleiner, lauschiger Teich. Dort lässt es sich gut pausieren. Südlich grenzt das Kapitänsviertel mit vielen schönen Villen an.

Wir folgen der Straße **Strichweg** in südöstliche Richtung, biegen dann in die **Catharinenstraße** und anschließend in die **Schillerstraße** ein. Nun beginnt das **⑩ Lotsenviertel.** Hier waren früher die Lotsen zu Hause, die nur 1 Kilometer entfernt von der Lotsenversetzstelle an der Alten Liebe wohnen durften. Heute gibt es hier eine verkehrsberuhigte Einkaufs- und Erlebnisstraße mit maritimem Flair, netten Geschäften, urigen Kneipen, Cafés und Restaurants, die zum Verweilen und Genießen einladen.

Ganz entspannt bummeln wir die Straße hinunter, halten uns am Ende rechts und folgen dem **Alten Deichweg** bis zum Schluss. Bevor wir die **Deichstraße** überqueren und die Treppe bei den vier Linden hinauf auf den Deich nehmen, können wir am Gebäude **Deichstraße Nr. 24** eine weitere Besonderheit sehen. Dafür gehen wir kurz nach rechts. Schauen nun nach oben. Auf der Unterseite des Balkons erblicken wir einen **⑪ modellierten Schiffsrumpf,** einen Seitenriss der Europa. Die Abbildung wurde vermutlich von Jakob Melbye, einem Maler des 19. Jahrhunderts, erschaffen.

Dann spazieren wir über die Deichkrone weiter in Richtung Süden, überqueren die **Konrad-Adenauer-Allee** und nehmen die Brücke über den Landwehrkanal. Neben dem Kanal liegt das **Segelschiff Hermine,** das dort als maritimes Denkmal seinen Platz gefunden hat. Der 1904 ganz aus Holz erbaute Gaffelschoner ist der einzig erhalten gebliebene seiner Art in Deutschland. Inmitten der angrenzenden grünen Oase rund um den Teich befinden sich viele Bänke, die uns zu einer Ruhepause einladen. So können wir uns dem süßen Nichtstun hingeben, die vielen Eindrücke der

*In der **Hamburg-Amerika-Straße** Nr. 7 ziert eine Besonderheit die Fassade: ein aus Ziegelsteinen gemauerter Anker. Gegenüber an Haus Nr. 6 ist das Hamburger Wappen zu sehen. Einst gehörte Cuxhaven zu Hamburg, deshalb sind Wappen der Hansestadt noch weit verbreitet.*

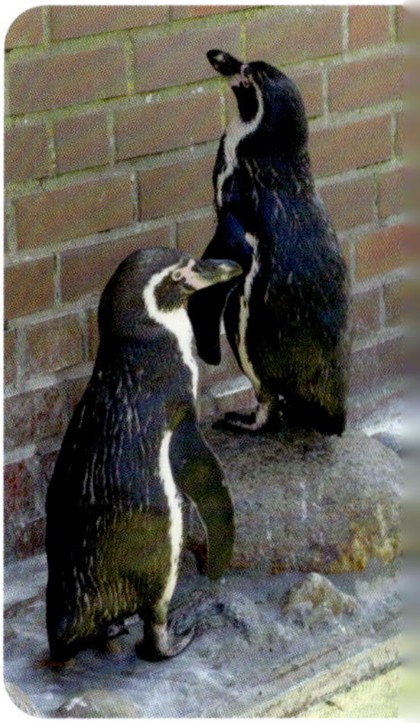

*Der **Bürgerbahnhof** wurde 1898 eröffnet, noch vor der Gründung der Stadt Cuxhaven. Seit 2017/18 wird er, nach einer Sanierung, von einer Genossenschaft betrieben, die Cuxhavener Bürgerinnen und Bürger 2013 gründeten, um das Gebäude vor dem Abriss zu bewahren.*

Tour Revue passieren lassen und uns bei dieser Auszeit erfrischen.

Im Anschluss setzen wir unseren Weg in Richtung ⑫ **Wasserturm** fort. Der imposante Turm erfüllt seit 2004 nicht mehr seine Funktion als Wasserreservoir, da er außer Betrieb genommen wurde. Inzwischen steht er unter Denkmalschutz und befindet sich in privatem Besitz eines Schweizer Ehepaares, das ihn liebevoll restauriert. Im Turm soll man nach Fertigstellung übernachten können und im Erdgeschoss ist ein Café geplant. An der Ampel überqueren wir die **Wernerstraße** und schon haben wir den Bürgerbahnhof wieder erreicht.

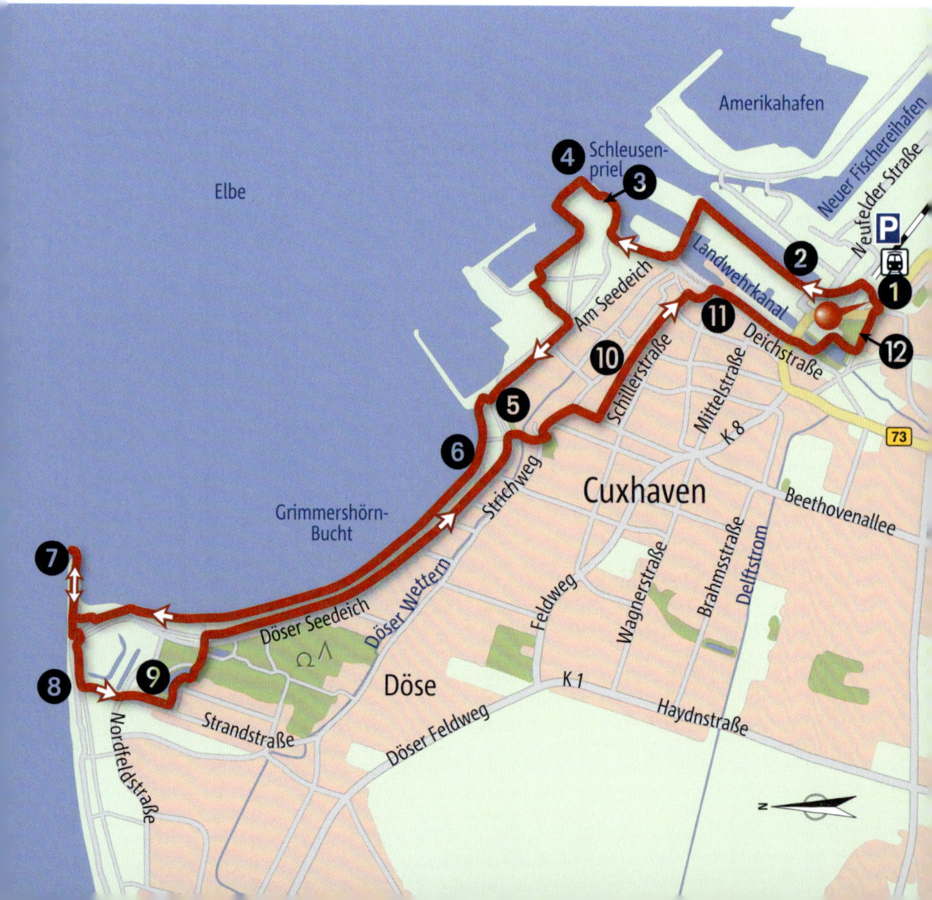

ALLES AUF EINEN BLICK

Entspannung 4/5
Abenteuer 2/5
Vielfalt 4/5

WIE & WANN

Gepflasterte Wege in der Stadt. Beste Wanderzeit von April bis Oktober, jedoch haben alle Jahreszeiten ihren Reiz, sodass die Tour ganzjährig wanderbar ist.

HIN & WEG

Auto: Parkplatz direkt neben dem Bahnhof, Zufahrt über die Straße Am Bahnhof, 27472 Cuxhaven (GPS: 53.861076, 8.703895)
ÖPNV: RE5, EVB RB33, Bahnhof Cuxhaven

ESSEN & ENTSPANNEN

3 **Restaurant Am Pier Cuxhaven,** Am Alten Hafen 4, 27472 Cuxhaven, Tel. (0 47 21) 50 08 27, www.ampier.de
5 **Seeterrassen,** Am Seedeich 38, 27472 Cuxhaven, Tel. (0 47 21) 3 77 00, www.seeterrassen-cuxhaven.de

ENTDECKEN & ERLEBEN

1 **Bürgerbahnhof Cuxhaven,** Am Bahnhof 1, 27472 Cuxhaven, Tel. (0 47 21) 3 96 64 44, www.buergerbahnhof-cuxhaven.de
2 **Alter Fischereihafen**
4 **Alte Liebe**
6 **Grimmershörn-Bucht mit Badestrand**
7 **Kugelbake**
8 **Nördlichster Punkt Niedersachsens**
9 **Kurpark,** Nordfeldstraße, 27476 Cuxhaven
10 **Lotsenviertel,** www.lotsenviertel.de
11 **Modellierter Schiffsrumpf,** Deichstraße 24, 27472 Cuxhaven
12 **Wasserturm,** Kapitän-Alexander-Straße, 27472 Cuxhaven

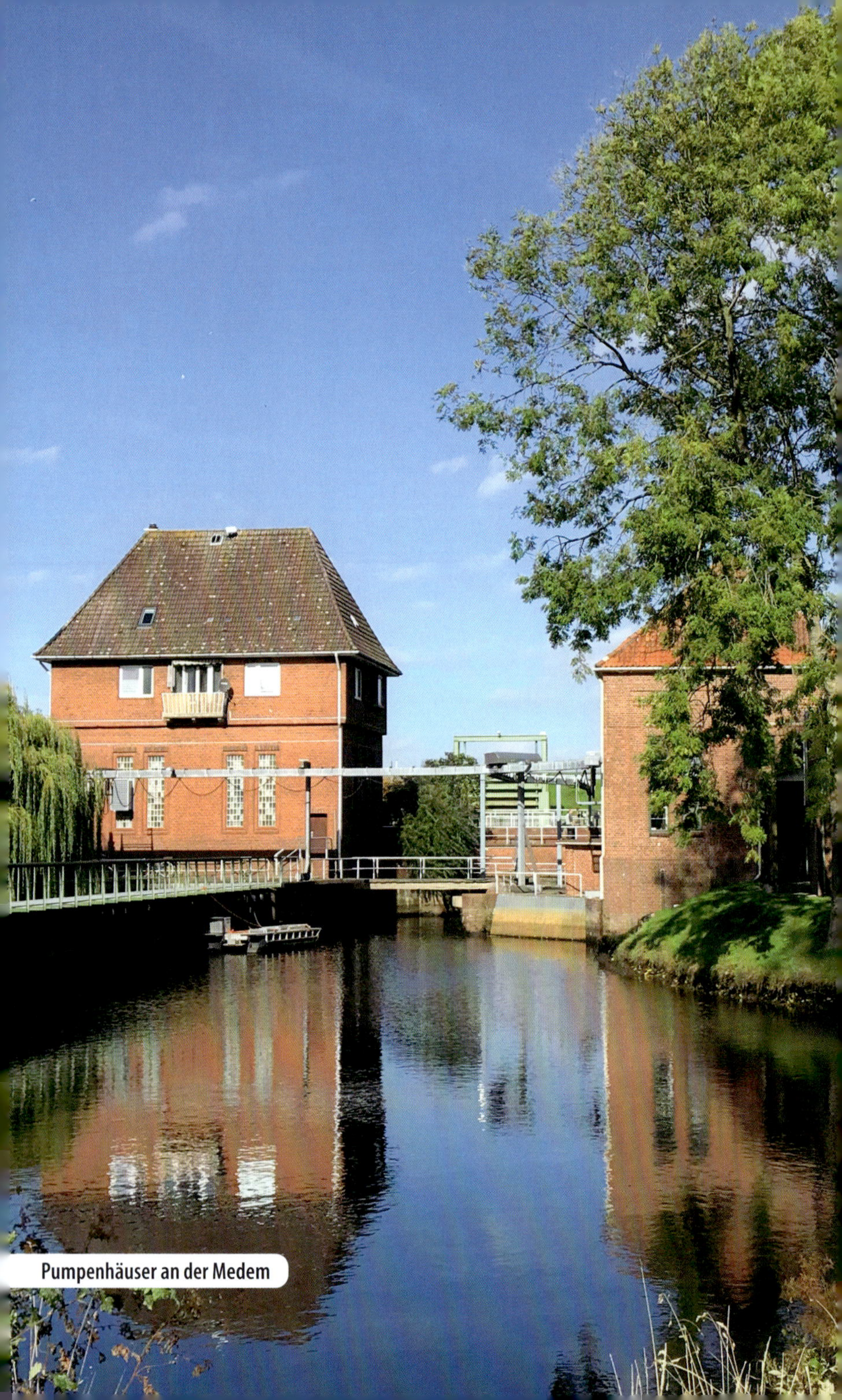

Pumpenhäuser an der Medem

Wassersymphonie

Nord- und Südsee von Otterndorf

Südlich des Parkplatzes starten wir unsere Wanderung am **Norderteiler Weg.** Dort befindet sich die Abzweigung zum **Norderteiler Deichweg,** der uns an Apfelplantagen vorbeiführt, bis wir eine **Weggabelung** erreichen und auf den **Philosophenweg** stoßen. Wer die Altstadt von Otterndorf erkunden will, läuft hier rechts weiter, alle anderen halten sich links.

Wem diese Wanderung zu kurz ist, der kann sie um 6 Kilometer durch die schöne und historische ***Altstadt von Otterndorf*** *erweitern. Die alten Fachwerkhäuser laden zum Entdecken ein und eine romantische Fahrt auf der Medem rundet den Altstadtbesuch ab.* *Diese Variante ist ab Seite 170 beschrieben.*

Es geht an der Wasserlöse entlang und kurz darauf erreichen wir das Ufer der Medem. Die Medem entsteht bei Ihlienworth und ist etwa 16 Kilometer lang, bis sie in die Elbe mündet. Nun spazieren wir am romantischen Flussufer weiter und überqueren bald darauf die Brücke der Medem. Auf der anderen Flussseite setzen wir unseren Weg fort, bis wir zur **Schleusenstraße** gelangen. Wir überqueren die Brücke über den Kanal und biegen gleich danach links in die Straße **Schleuse** ein. Nach 100 Metern erreichen wir den Elbdeich mit den **Skulpturen der Deichbauer.** Von der Deichkrone aus haben wir einen Panoramablick auf den **1 Jachthafen,** die Medem und die Elbe. Wir spazieren auf der Deichkrone weiter, überschreiten die Schleuse und nehmen anschließend den abwärts führenden Weg in Richtung **2 Ahoi Steffen Henssler** und dann zum Wasser.

Kilometer: 6,5 (12,5)
Höhenmeter: 20 (50)
Stunden: 1,5 (3)
RUNDWEG

Am Ufer angekommen, befindet sich östlich ein kleiner Sandstrand und dahinter die Einmündung der Medem in die Elbe. Über die Promenade flanieren wir entlang der Wasserkante in Richtung Westen und genießen den weiten Blick, die bunten, flatternden Drachen am Himmel und die frische Luft. Bänke laden

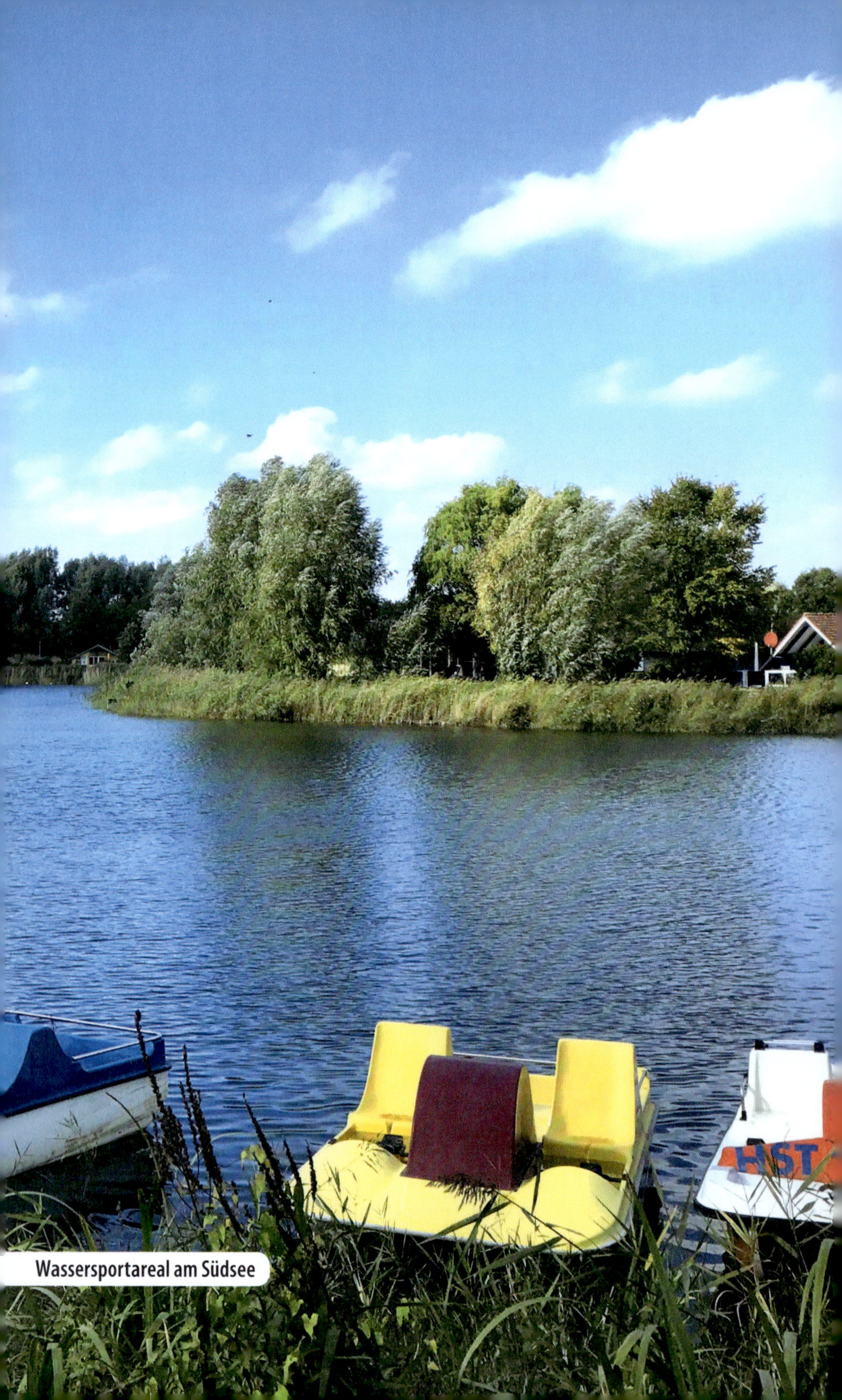

Wassersportareal am Südsee

zum Verweilen ein und es ist entspannend, einfach nur dazusitzen und das bunte Treiben an Deich und Meer zu beobachten. Bei den vielen Strandkörben erstreckt sich auch der ③ **Badestrand** – in Grün! Natürlich ist nicht der Sand grün, sondern es handelt sich um einen Rasenstrand. Treppenstufen führen von der Promenade hinunter ins Watt oder ins Wasser, je nach Gezeitenlage.

Für die Seele

Im Nordsee oder lieber in der Nordsee baden? Wir haben die Wahl und erfrischen dabei Leib und Seele!

Hinter der Strandbar nehmen wir den Aufgang hinauf zum Deich und auf der anderen Seite wieder hinunter. Unten angekommen, überqueren wir vorsichtig die **Deichstraße.** Autos fahren hier eher nicht, aber es kann ein hohes Aufkommen an Fahrradverkehr herrschen, da hier der Elbe-Radweg verläuft. Geradeaus erreichen wir den ④ **Nordsee,** der direkt an dem Campingplatz Achtern Diek grenzt. Ein kleiner und ein etwas größerer Sandstrand am Nordufer laden zu einem Sonnenbad oder einem Bad im erfrischenden Nass ein.

*Diese erfrischende Tour eignet sich gut für **Eltern mit Kindern,** da die Tour kurz ist, es viel zu entdecken gibt und sich alle bei einem erfrischenden Bad abkühlen können. Außerdem gibt es viele Wassersportangebote und eine große Spiel- & Spaßscheune für Kinder.*

Im Anschluss daran setzen wir unsere kleine Tour in Richtung Westen fort und spazieren auf dem Uferweg weiter, bis wir auf einen Querweg stoßen und nach rechts weitergehen. Wir überqueren die **Brücke** am Eingang zum Campingplatz, halten uns im Anschluss gleich links und folgen dem mit Weiden gesäumten Wegverlauf und dem mit Schilf bewachsenen Wassergraben. Auf dieser Seite befinden sich keine Ferienhäuser, jedoch können wir von hier die Ferienidylle aus der Ferne betrachten und doch ungestört durch das parkähnliche Gebiet bummeln. Bei der zweiten Brücke überqueren wir wieder den Wassergraben und erreichen wenig später den Südsee. Wir folgen dem Uferweg nach rechts und kommen zu einem schönen Aussichts- und Rastpunkt. Der ⑤ **Pavillon im Südsee** ist über einen Steg erreichbar und lädt zum Verweilen ein. Von hier haben wir einen herrlichen Blick über den See.

Nachdem wir Aussicht und Seeidylle genossen haben, folgen wir dem Uferweg weiter und erreichen das Wassersportareal. Ob Tretboot, Kanu oder Stand-up-Paddling, um nur einige Wassersportarten von den vielen Möglichkeiten zu nennen, hier ist alles möglich. Sogar Fußball-Golf ist im Angebot. Nach Durchqueren des Geländes der vielen Wassersportoptionen erreichen wir wenig später bei der Brücke einen Knotenpunkt. Geradeaus liegt der See, der Nordsee heißt, und nach rechts geht es zurück zum Parkplatz. Auf der östlichen Seite des Parkplatzes befindet sich die **Spiel- & Spaßscheune** für Kinder.

Für die längere **Variante durch die Altstadt von Otternstadt** halten wir uns wie anfangs beschrieben an der **Weggabelung Norderteiler Deichweg/Philosophenweg** rechts. Wir überqueren die Wasserlöse, folgen dem **Philosophenweg** in südöstliche Richtung und kommen wenig später zu einer Allee aus überwiegend alten Linden, einem beeindruckenden **6 Naturdenkmal,** bevor wir nach links in die Müggendorfer Straße einbiegen. Im weiteren Verlauf wird sie zur Großen Ortsstraße, der wir folgen, bis wir gegenüber vom Fröbelweg die **Brücke** über die Medem erreichen und sie überqueren. Von der Brücke haben wir einen schönen Ausblick über den Fluss. Auf der anderen Uferseite folgen wir dem Weg in südöstliche Richtung und erreichen wenig später den **7 Bootsanleger** für die Medemrundfahrten, der sich neben dem großen, 5 Meter hohen Holzkran befindet. So eine beschauliche Bootsfahrt

Bootsanleger Medem

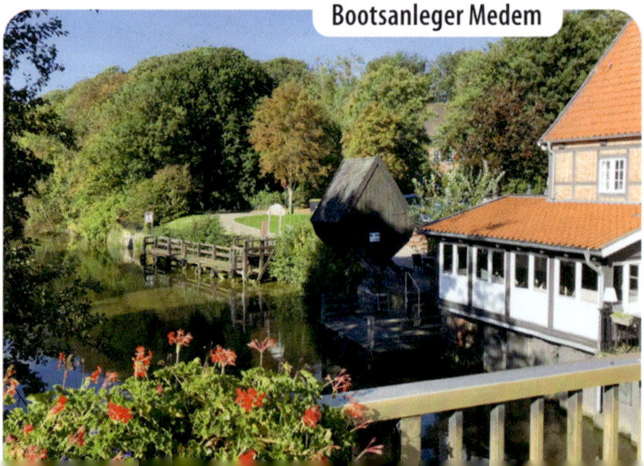

auf der Medem ist nicht nur romantisch, sondern auch sehr entschleunigend.

Wir folgen der Straße **Am Großen Specken** nach Süden und erreichen die Cuxhavener Straße. Wenn wir uns hier nach rechts wenden, haben wir von der Brücke einen malerischen Ausblick auf die Medem, den wir uns nicht entgehen lassen sollten. Nach links gehend folgen wir unserer Route bis zum **Kirchplatz.** Nun befinden wir uns mitten im Herzen der **8 historischen Altstadt.** Vor uns liegt die Kirche St. Severi, die eine der bedeutendsten Barockorgeln des Elbe-Weser-Dreiecks beherbergt. Wir biegen nach rechts in die **Johann-Heinrich-Voß-Straße** ein, bummeln anschließend durch die Straße **Himmelreich** und lassen uns von den historischen Fachwerkhäusern verzaubern, bis wir wieder am **Kirchplatz** ankommen. Hier können wir in den Backsteinfassaden Hexenbesen entdecken.

Am Kirchplatz lässt es sich angenehm verweilen. Viele Bänke laden dazu ein, eine kleine Auszeit zu nehmen, den Blick umherschweifen zu lassen und die liebevolle Gestaltung des Platzes mit der Bronzeplastik **„De Utröper“** („Der Ausrufer“), den Brunnen, das gelbe Barockgiebelhaus zu erkunden oder ein leckeres Eis aus der Eisdiele am Platze zu schlecken. Im weiteren Verlauf folgen wir der Ortsstraße in Richtung Osten. Gehen wir auf Entdeckungsreise, denn wie an einer Perlenschnur reihen sich die Attraktionen Otterndorfs auf. Nach gut 300 Metern biegen wir in den Hadelner Platz ein und erreichen wenig später den idyllischen **Norder Wallgraben,** an dem wir weiter entlangspazieren. Am Ende des Weges erreichen wir die Schleusenstraße und wählen den schräg gegenüberliegenden Weg, der uns durch den Amtsgarten führt, bis wir wieder den Uferweg der Medem erreichen.

Beim **9 Hotel am MedemUfer** können wir uns eine wundervolle Auszeit nehmen. Dann unterqueren wir die Brücke und gehen auf der anderen Seite die Treppe hoch zur **Goethestraße,** folgen ihr in östliche Richtung

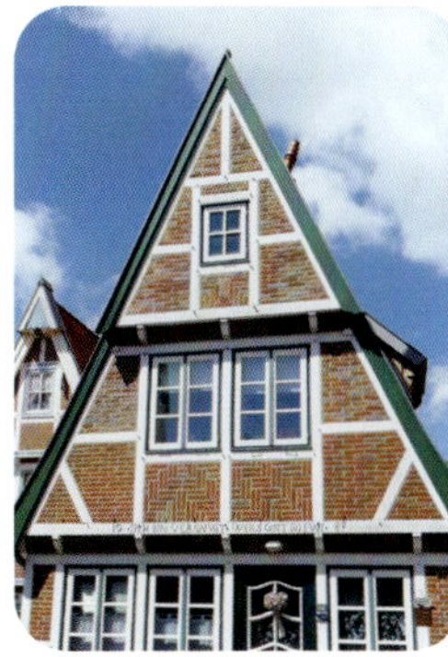

*Damals wurden in vielen Häusern sogenannte **Donnerbesen** ins Giebelmauerwerk eingearbeitet: Die Ziegelsteine sind so angeordnet, dass sie wie ein Besen wirken. Diese Donnerbesen sollten böse Kräfte abwehren.*

und kommen in die Hindenburgstraße. Am Ende biegen wir nach links in die Schleusenstraße und nach knapp 300 Metern erneut links in den Helgoländer Weg. Nun spazieren wir auf einem sehr idyllischen Weg entlang der Medem, bis wir eine kleine Holzbrücke erreichen und diese überqueren. Wir folgen der **Uferstraße** nach rechts, biegen in die **Otterstraße** ein und gehen sie bis zum Ende. An der Großen Ortsstraße wieder angekommen, halten wir uns rechts und schwenken wenig später in den Philosophenweg ein, der uns zurück zur bereits bekannten **Weggabelung** führt. Von dort können wir wie auf Seite 167 beschrieben der kürzeren Wegvariante folgen oder auch direkt zum Parkplatz zurückkehren.

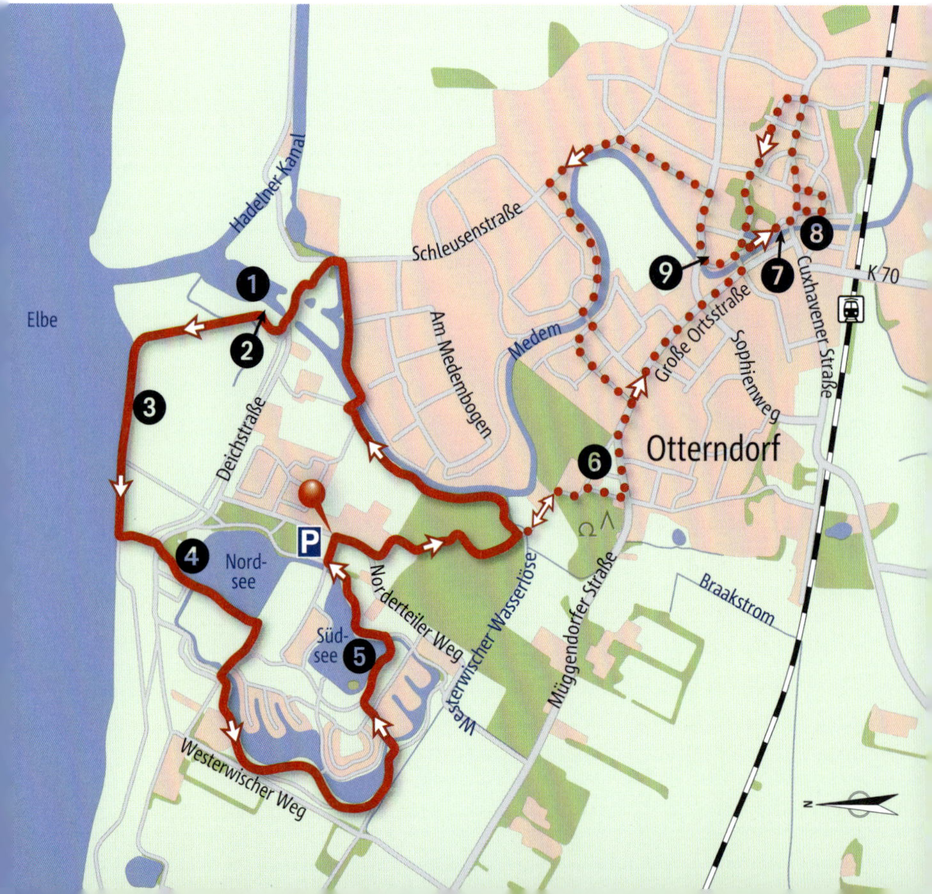

ALLES AUF EINEN BLICK

Entspannung

Abenteuer

Vielfalt

WIE & WANN

Überwiegend gepflasterte Wege. Beste Wanderzeit von April bis Oktober, jedoch ganzjährig begehbar.

HIN & WEG

Auto: Parkplatz am Norderteiler Weg, 21762 Otterndorf (GPS: 53.822097, 8.881055)
ÖPNV: Keine direkte Anbindung an die Strecke. Wer die Gesamtstrecke von 12,5 Kilometern wandern möchte, hat die Möglichkeit, die Tour am Bahnhof Otterndorf beginnen und enden zu lassen: RE5, Bahnhof Otterndorf.

ESSEN & ENTSPANNEN

2. **Ahoi Steffen Henssler,** Schleuse 18, 21762 Otterndorf, Tel. (0 47 51) 22 13, www.ahoisteffenhenssler.de/location/otterndorf/
9. **Restaurant Leuchtfeuer im Hotel am MedemUfer,** Goethestraße 15, 21762 Otterndorf, Tel. (0 47 51) 9 99 90, www.hotel-am-medemufer.de

Strandbuden während der Saison am Deich und am See.

ENTDECKEN & ERLEBEN

1. **Jachthafen**
3. **Badestrand Elbe**
4. **Badestrand Nordsee**
5. **Aussichtspunkt Pavillon im Südsee**
6. **Naturdenkmal Allee**
7. **Bootsanleger Medem,** www.medemfahrten.de
8. **Historische Altstadt**

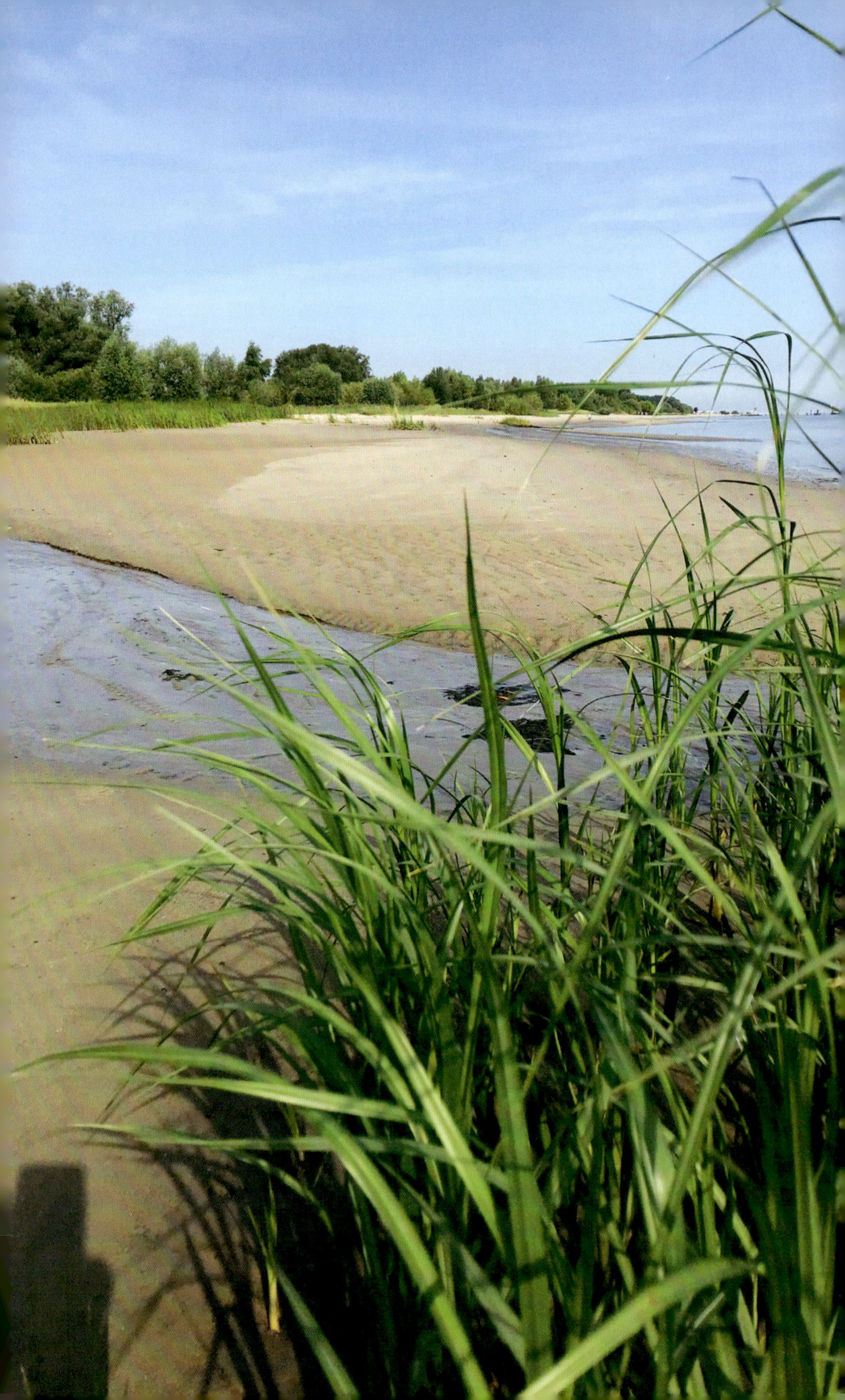

Ab auf die Insel

Elbinsel Krautsand

Ein Besuch der Elbinsel Krautsand ist ganz ohne Fährüberfahrt möglich und so einfach machbar. Man erreicht sie über die schöne alte Klappbrücke bei Dornbusch oder über die Hauptzufahrt bei Drochtersen. Urkundlich wurde Sande, so hießen früher die Inseln in der Elbe, erstmalig 1486 erwähnt. Die Insel war reich an Kraut- und Graswuchs, weshalb sie den charakteristischen Namen Krautsand erhielt. Im Jahr 1568 lag die Insel noch mitten in der Elbe. Im Laufe der Zeit wurde sie immer größer, da sie sich mit anderen kleinen Sanden vereinigte und weiter nach Westen driftete. Heute trennt sie nur noch die schmale Niederelbe vom Festland und sie wird kaum noch als Insel wahrgenommen. Ab dem frühen 17. Jahrhundert wurde die Insel besiedelt. Die Häuser wurden bis 1976 auf Wurten gebaut, künstlich angelegten Hügeln aus Erde, die vor Überschwemmungen und Sturmfluten schützen sollten. Der Deichbau wurde 1977 fertiggestellt. Heute ist Krautsand ein Erholungs- und Sehnsuchtsort, der uns die Sorgen des Alltags vergessen lässt.

Vom Parkplatz sind es nur ein paar Schritte zum **1 Strand.** Eine DLRG-Rettungswache gibt es auch, sodass wir uns jetzt gleich oder auch später eine Erfrischung in der Elbe gönnen können. Auch hier sollten wir die Tidenzeiten beachten. Unser Blick schweift über den Elbstrom, der hier schon recht breit ist. Im Strandbistro **2 StrandZeit** nur wenige Schritte neben der DLRG-Wache können wir uns mit Kleinigkeiten verwöhnen lassen und uns eine Auszeit am Strand mit Elbblick

Kilometer: 8
Höhenmeter: 25
Stunden: 2
RUNDWEG

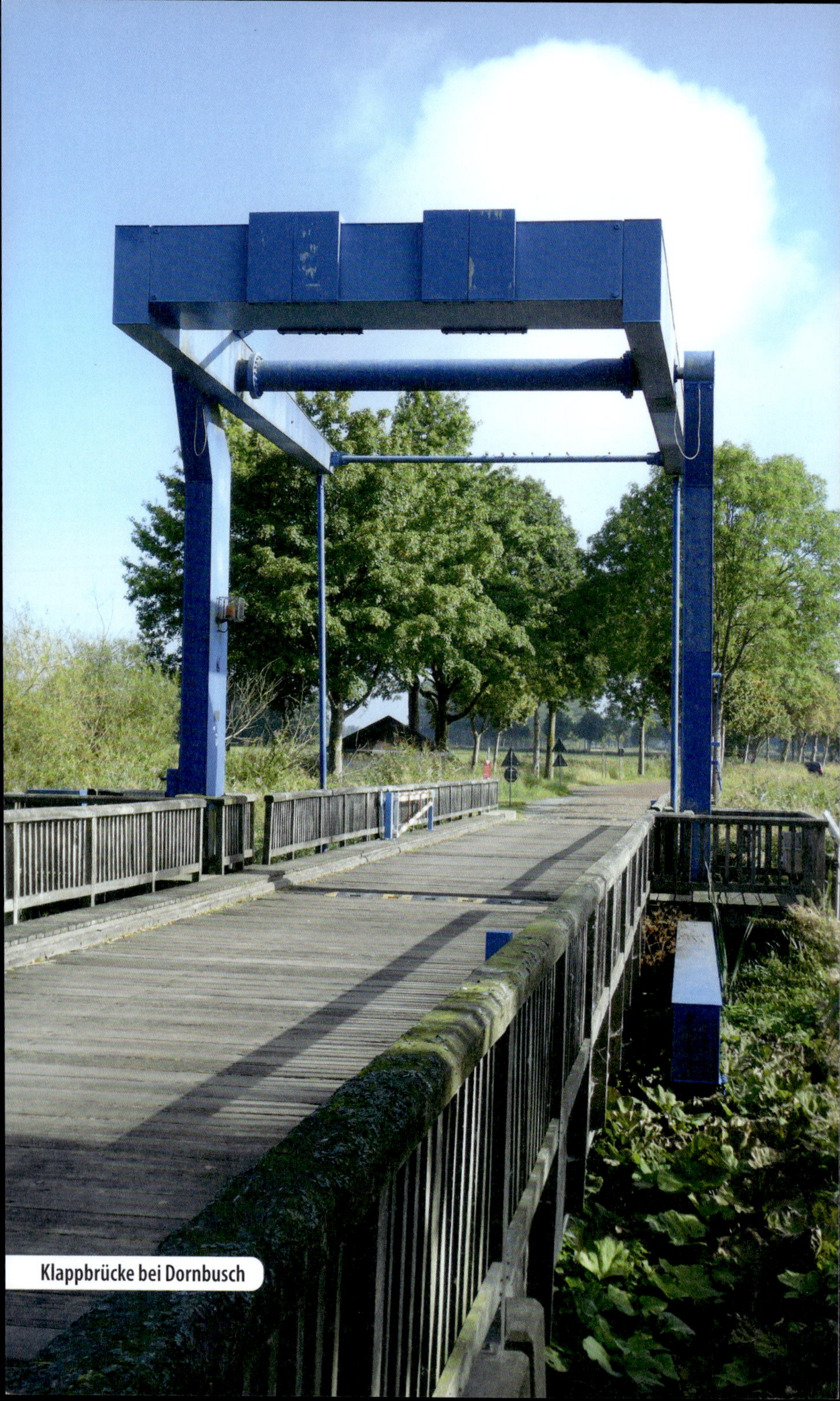

Klappbrücke bei Dornbusch

genehmigen. Direkt vor uns befindet sich die 3 **Landungsbrücke** von Krautsand. Dort legen an einigen Tagen Ausflugsschiffe aus Hamburg an.

Unser Weg führt uns nordwestlich auf dem **Sandstrand** am Wasser entlang. Vielleicht möchten wir Schuhe und Strümpfe ausziehen und den feinen, warmen Sand unter unseren Füßen spüren? Oder wir setzen uns einen Moment auf den weichen Sand, um hier die Weite zu erfahren. Vor uns der lange, mit Weiden gesäumte Sandstrand. Während wir unseren Blick über die Elbe schweifen lassen, können wir auf der gegenüberliegenden Seite des Elbstroms Glückstadt sehen und die Fähren beobachten, wie sie zwischen Wischhafen und Glückstadt hin und her pendeln. Schiffe, die vorüberziehen und uns zum Träumen einladen, wohin die Reise wohl geht.

Für die Seele

Am Strand träumen und den dicken Pötten nachschauen: Das macht unser Wanderglück vollkommen.

Wir schlendern ganz gemütlich weiter und laufen auf das Wäldchen am Ende des Strandes zu. Ein Pfad führt uns vom Strand hinunter und wir kommen auf eine Lichtung. Zur linken Seite befindet sich eine **Apfelplantage** und wir gehen auf dem Grasweg weiter, bis ein Pfad uns wieder in das Wäldchen leitet. Nach einer Linkskurve spazieren wir parallel am Zaun der Apfelplantage entlang in Richtung Deich. Vorsicht ist zum Ende der Plantage hin geboten! Dort queren wir einen Graben, ungefähr auf Höhe eines Schildes, und je nach Jahreszeit ist der winzige Steg wegen Wildwuchs schlecht erkennbar. Anschließend gehen wir rechts den Wiesenweg bis zur Treppe, die uns auf den Deich führt. Bänke laden zum Innehalten ein und wir können wieder die dahinziehenden Schiffe auf der Elbe beobachten. Von hier erblicken wir auch den markanten, rot-weißen Stahlgitterturm, das 4 **Oberfeuer** von Krautsand.

Auf der gegenüberliegenden Treppe gehen wir dann den Deich wieder hinunter und folgen dem schmalen,

*Ein **Ewer** ist ein kleines Plattboden-Segelschiff mit einem oder zwei Masten. Dieser Schiffstyp stammt ursprünglich aus Friesland und ist seit der Mitte des 13. Jahrhunderts bekannt. Der Elb-Ewer Catharina ist einer der ersten, der aus Stahl erbaut wurde.*

*Vor dem Dorfgemeinschaftshaus steht eine Skulptur des Künstlers **JonasKötz,** der seit 1992 auf der Elbinsel Krautsand lebt. Er schafft nicht nur Kunstwerke für draußen oder drinnen, sondern ist auch ein bekannter Kinderbuchillustrator.*

asphaltieren Weg. Nach einer Linkskurve geht es weiter geradeaus, an einem Teich entlang, und über die **Krautsander Hafenstraße** erreichen wir den **5 Alten Hafen.** Das heute idyllische Plätzchen lädt zu einer Pause oder einem Picknick ein. Früher lag hier der Hafen, der 1977 geschlossen wurde. Daraus ist zum Andenken der Teich entstanden, in dem der liebevoll restaurierte Ewer Catharina einen neuen Heimathafen gefunden hat.

Weiter geradeaus geht es vorbei am Parkplatz Pastorenweide, dem Dorfgemeinschaftshaus, der **Kirche Zum guten Hirten** und dem angegliederten **Inselfriedhof.**

Wer dem **6 Leuchtturm Unterfeuer** näherkommen möchte, erreicht ihn einfach über den Parkplatz Pastorenweide. Gegenüber der **Elbstraße** biegen wir in den dammartigen Fuß- und Radweg ein. Dem romantischen, mit vielerlei Weiden und Gewächsen bewachsenen Weg, folgen wir weiter, vorbei an der ehemaligen Schule, bis wir auf die Straße Elbinsel Krautsand stoßen und nach links abbiegen. Nun geht es an der **Großen Räthe,** einem breiten Wassergraben, entlang, der sich idyllisch dahinschlängelt. Auf der linken Seite sehen wir einen kleinen See, der zum Drochtersen Modellbauclub e. V. gehört. Rechts erblicken wir eine

Unterfeuer mit Deich

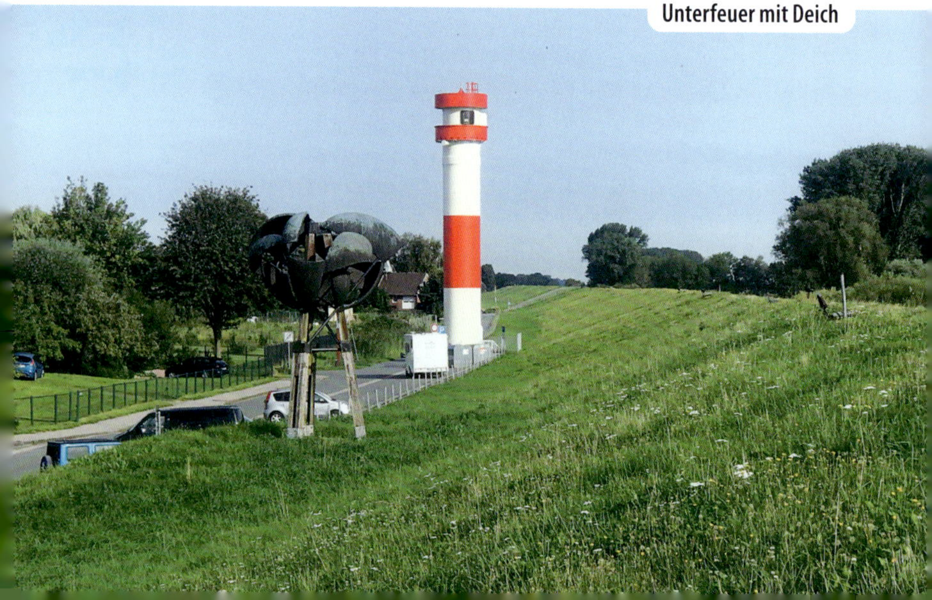

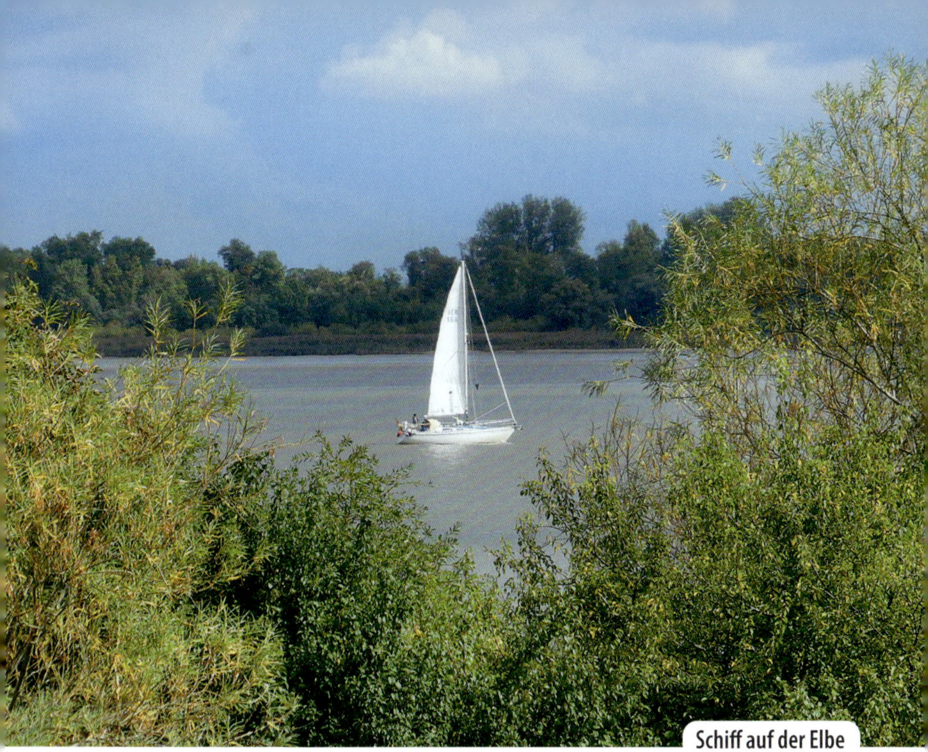
Schiff auf der Elbe

Apfelplantage. Kurz darauf queren wir eine Holzbrücke. Ihr gegenüber steht ein schönes altes Haus aus dem Jahr 1907. Von den Hausbesitzern wurde ein liebevoll gestalteter Platz zum Verweilen eingerichtet, an dem sich Wandersleute kostenlos mit Wasser versorgen können.

Nun befinden wir uns auf der **Süderstraße,** die von Weiden, Eschen und Birnenbäumen gesäumt ist. Wir gelangen zu einer Querstraße, die ebenfalls Süderstraße heißt, und schwenken nach links. Jetzt wandern wir knapp 1 Kilometer geradeaus. Es geht vorbei an saftigen, grünen Wiesen und Apfelplantagen, bis wir ein Naturschutzgebiet erreichen. Hinter dem Wohngebäude **Süderstraße 29** biegen wir links auf einen Grasweg ein und spazieren bis zur Hauptstraße weiter. Dort wenden wir uns nach links und biegen wenig später in die Straße **Zur Elbaussicht** ein, der wir Richtung Deich folgen. Wir nehmen die Treppe hoch zum Deich und wandern auf der Deichkrone in südliche Richtung

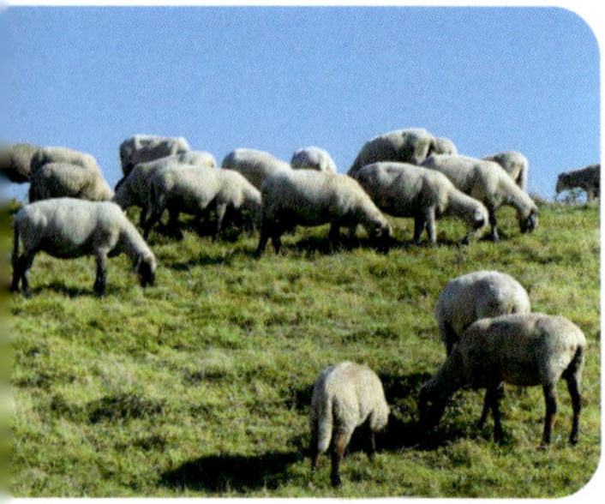

weiter, bis ein asphaltierter Weg uns wieder hinab vom Deich, in Richtung Elbe, leitet.

Am Strand angekommen, genießen wir auf unserer letzten Etappe noch einmal den Sandstrand, das Wasser und die Weite. Vielleicht nehmen wir ein erfrischendes Bad in der Elbe, bestaunen die vorbeiziehenden dicken Pötte oder relaxen in einem der Strandkörbe. Erlauben wir uns einfach nur zu entspannen, um wieder frische Kraft zu tanken. Am Ausgangspunkt angekommen, können wir im Strandbistro StrandZeit einkehren und den wunderschönen Tag ausklingen lassen.

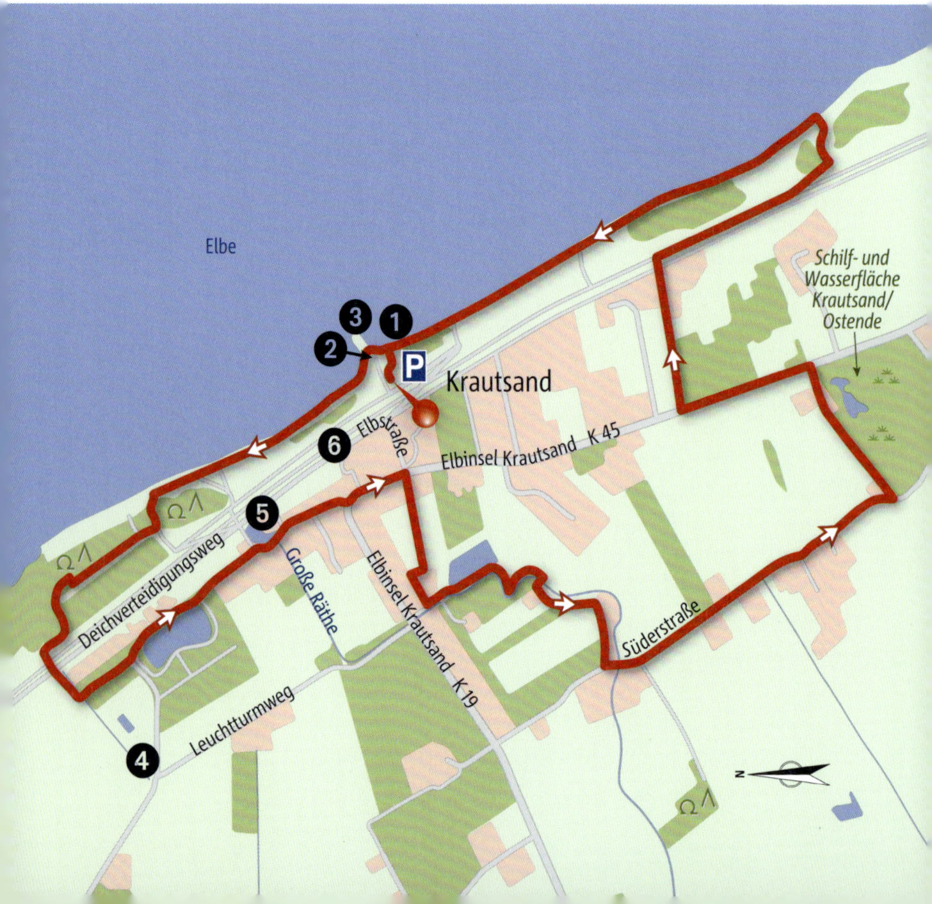

ALLES AUF EINEN BLICK

Entspannung ●●●●●
Abenteuer ●●○○○
Vielfalt ●●○○○

WIE & WANN

Über Sandstrand, naturnahe und befestigte Wege geht es über die Insel. Ganzjährig begehbar, jede Jahreszeit hat ihren Reiz.

HIN & WEG

Auto: Parkplatz direkt am Strand, 21706 Drochtersen (GPS: 53.752985, 9.388718)
ÖPNV: Nur mit Anruf-Sammeltaxi über Drochtersen

ESSEN & ENTSPANNEN

2 **StrandZeit**, Elbstraße 1, 21706 Drochtersen, direkt am Strand in Parkplatznähe, Tel. (0 41 43) 9 12 06 25, www.elbstrand-resort.de/bistro-strandbar-strandzeit

Mehrere Restaurants in Deich- und Campingplatznähe. Rucksackverpflegung, vor allem mit Getränken, empfohlen.

ENTDECKEN & ERLEBEN

1 **Strand**
3 **Landungsbrücke Krautsand**
4 **Oberfeuer Krautsand**
5 **Alter Hafen**
6 **Unterfeuer**

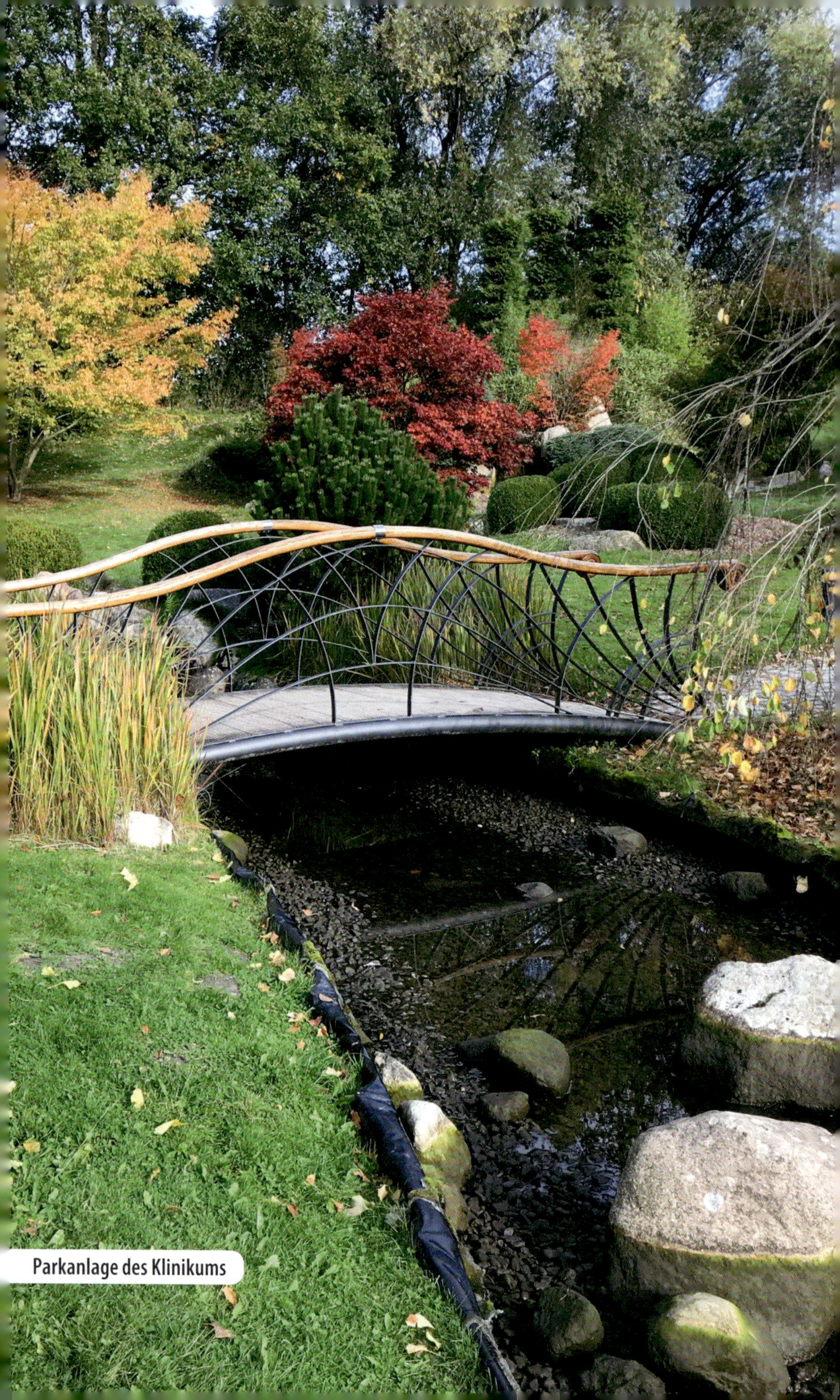

Parkanlage des Klinikums

Wassererlebnisse

Bremerhavens Marschlandschaften

Abseits der bekannten touristischen Attraktionen von Bremerhaven lernen wir die Stadt von einer anderen Seite kennen und werden überrascht sein, dass uns diese Stadtwanderung durch das grüne Marschenland so wundervolle Naturerlebnisse bietet.

Die Wanderung startet direkt am Hauptbahnhof und führt uns in nördliche Richtung zur **Bismarckstraße,** auf die wir nach rechts einbiegen und ihr bis zum Ende folgen. Beim großen ❶ **Brunnen** liegt auch schon der Zugang zum über 100-jährigen **Bürgerpark.** Wenn es windig ist, kann uns hier schon die erste erfrischende Brise vom Brunnen anwehen. Wir gehen geradeaus, gelangen zu einer schönen Rabatte, die in einer Rasenfläche eingebettet vor uns liegt, und umrunden sie rechtsseitig. Denn seitlich befindet sich die ❷ **Skulptur von Hein Mück** aus Bremerhaven.

*Der **Bürgerpark** wurde im Jahr 1908 eingeweiht. Englische Gärten dienten ihm als Vorbild. Der Entwurf stammte von Adolf Hoff und wurde mithilfe von vielen Bürgern umgesetzt. Er ist ein sehr beliebtes Naherholungsgebiet und hält einige botanische Exoten bereit.*

Wir gehen weiter in Richtung Teich, halten uns am Ende des Weges links und spazieren über die nun vor uns liegende Brücke. Rechts erstreckt sich eine Wiese mit Ruheliegen. Dort lässt es sich richtig gut entspannen und den Enten auf dem Teich zuschauen. Der Bürgerpark bietet viele Gelegenheiten, einfach die Seele baumeln zu lassen. Hinter der Brücke geht es weiter geradeaus und auf den 8 Meter hohen ❸ **Drachenberg,** von dem wir die Aussicht in den Park genießen können. Diese Erhöhung ist als Nebenprodukt beim Ausbaggern des Bootsteiches entstanden. Die zweite Abzweigung nach links führt uns wieder von dem Hügel herunter und auf den **Adolf-Hoff-Weg.** Nach links gehend kom-

Kilometer: 12,5

Höhenmeter: 40

Stunden: 3

RUNDWEG

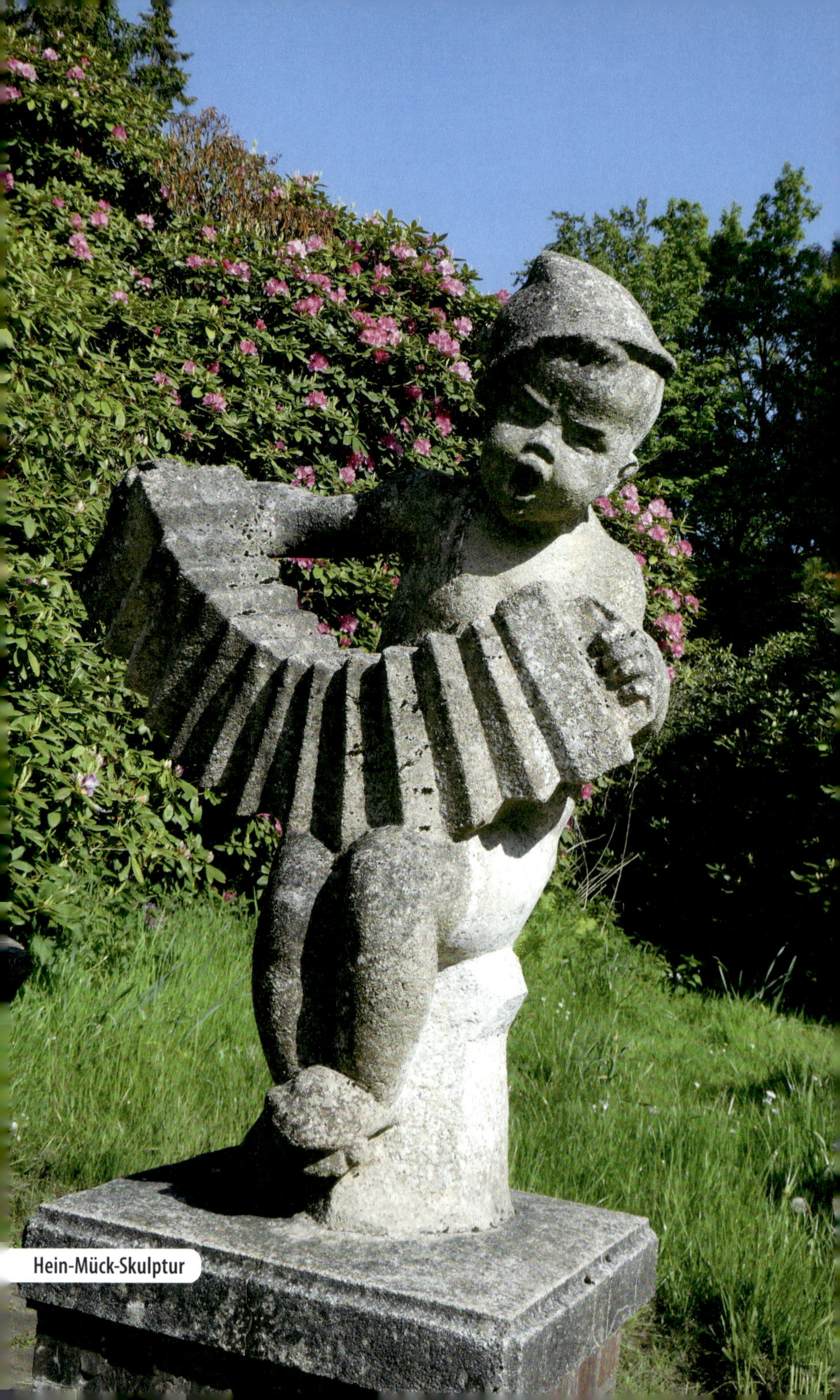

Hein-Mück-Skulptur

men wir zum schön angelegten Rosengarten, der zum Verweilen einlädt. In ihm finden wir eine weitere Hein-Mück-Skulptur. Nach rechts setzen wir unsere Wanderung fort und kommen zum ❹ **Taschentuchbaum,** der linker Hand kurz vor dem Weg zum Bauerngarten steht. Im Mai lassen sich die prächtigen weißen Blüten des Baumes bestaunen, die wie im Wind wehende Taschentücher aussehen.

Für die Seele

Alles im Fluss! Wasser begleitet uns am idyllischen Geesteufer und durch vielfältige Parkanlagen.

Nach gut 200 Metern wenden wir uns nach links, schreiten über eine Holzbrücke und gelangen auf einen asphaltierten Rad- und Fußweg. Vorbei geht es an grünen Wiesen und verschiedenen Weidenarten. Mehrere Bänke laden zum Verweilen ein, von denen aus sich die riesigen alten Eichen bewundern lassen, die im Herbst einen Hauch von Indian Summer vermitteln. Am Ende halten wir uns am Querweg aufwärts gehend rechts, dann wandern wir links über die **Brücke,** die über die Grimsbystraße führt, und weiter, bis wir auf die Straße **Zur Hexenbrücke** stoßen. Dort überqueren wir die Straße vorsichtig, sodass wir auf den gegenüberliegenden Weg in Richtung Geeste gelangen.

__Hein Mück aus Bremerhaven__ ist nicht nur ein Lied, das von Lale Andersen und Hans Albers gesungen wurde, sondern ein richtiges Original. Welcher Mann aus Bremerhaven der „wahre" Hein Mück war, lässt sich heute nicht mehr nachweisen.

In östliche Richtung wandern wir am Flussufer der Geeste weiter, unterqueren bald darauf die **A27** und folgen dem sich dahinschlängelnden Flusslauf durch die Marsch. Die Geeste ist ein Zufluss der Weser, hier befinden wir uns am Oberlauf des Flusses. Lassen wir uns vom Flusslauf verzaubern und entschleunigen. Auf dem von Bäumen gesäumten Weg befinden sich Bänke, die zum Verweilen einladen, sodass wir das gegenüberliegende Ufer gut beobachten können, wo oft Graureiher zu sehen sind. Die Baumreihe ist gut durchmischt mit heimischen Hölzern wie Weide, Pappel, Eiche, Ahorn, Esche und Buche. An der Böschung

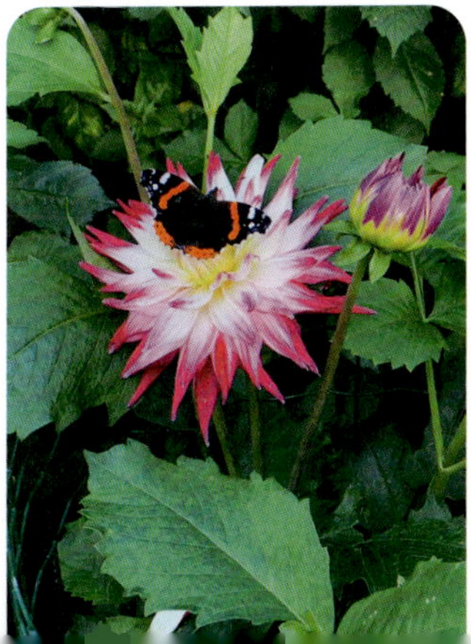

*Die **Schiffdorfer Stauschleuse** wurde von 1889 bis 1892 erbaut und diente bis 1967 als Schutz vor Überschwemmungen durch Sturmfluten. Eine Schleusung war nur bei Wassergleichstand möglich. Seit 1985 steht die Schleuse unter Denkmalschutz.*

zum Wasser wachsen überwiegend Gräser, Brombeeren und Schilf. Im Herbst leuchtet das Gelb der Laubbäume golden im Schein der Sonne. Ein Mäusebussard zieht seine Kreise in luftiger Höhe und stößt immer mal wieder einen Schrei aus. So wandern wir am Flusslauf dahin und genießen die verschiedenen Eindrücke, bis wir die 5 **Schiffdorfer Stauschleuse** erreichen.

Von der Schleusenbrücke haben wir einen unendlich weiten Blick über die grünen Wiesen des Marschenlandes. Die Landesgrenze zwischen Bremen und Niedersachsen verläuft in der Flussmitte, sodass die andere Uferseite in Niedersachsen liegt.

Nachdem wir das technische Baudenkmal inspiziert haben, setzen wir unsere Wanderung in südliche Richtung fort und biegen an der nächsten Kreuzung rechts in Richtung Wald ab. Dann tauchen wir in den kleinen, aber schönen **Reinkenheider Forst** ein und halten uns an der nächsten Kreuzung links. Nun können wir den Wald mit allen Facetten genießen. Hier haben wir nicht mehr die Weite der Marsch, sondern erfahren die Nähe der Bäume um uns herum. Ein klopfen-

Schiffdorfer Stauschleuse

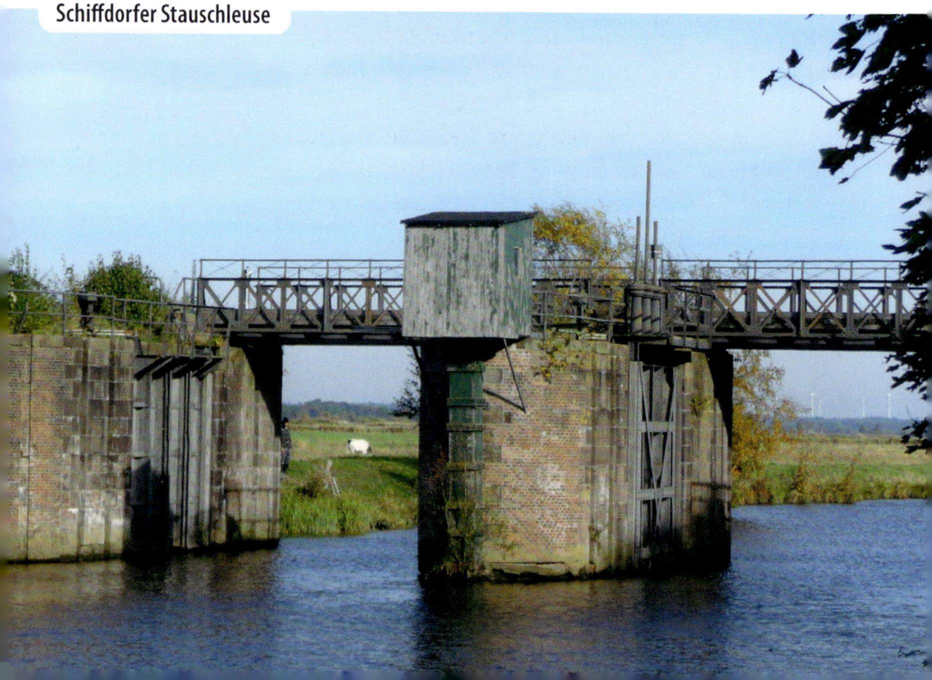

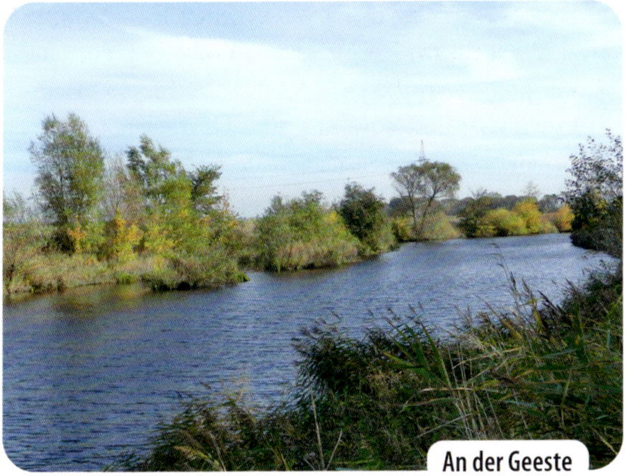
An der Geeste

der Specht, der Ruf eines Mäusebussards oder das Rascheln der sich wiegenden Blätter im Wind streicheln unsere Seele und unsere Sinne. Der schmale Waldweg mündet in einen breiten Hauptweg, wo wir uns rechts halten und wenige Schritte danach links weitergehen, bis wir auf die Straße **Weg 67** gelangen und ihr nach links folgen.

An der nächsten Straßeneinmündung biegen wir in die **Postbrookstraße** ein. Durch eine Allee aus urig gewachsenen Eichenbäumen erreichen wir den Parkplatz des Klinikums Bremerhaven Reinkenheide und gehen auf dem Fußweg in Richtung Gebäude weiter. Am Eingang zum Ärztehaus befindet sich die **6 Stadtbäckerei Engelbrecht,** wo wir uns bei Kaffee und Kuchen stärken können. Wir gehen vor dem Gebäude nach links, vorbei an der Außenterrasse der Bäckerei und gelangen zum kleinen, aber wunderschönen **7 Park des Klinikums,** der allen Besuchern offensteht. Den Weg vor dem Teich nach links nehmend und dann links am romantischen Wasserlauf entlang, erreichen wir die höchste Erhebung des Parks. Oben laden Bänke zum Verweilen ein und wir genießen von dort einen herrlichen Blick in den Park, der zu jeder Jahreszeit eine Augenweide ist. Gönnen wir uns hier eine Auszeit.

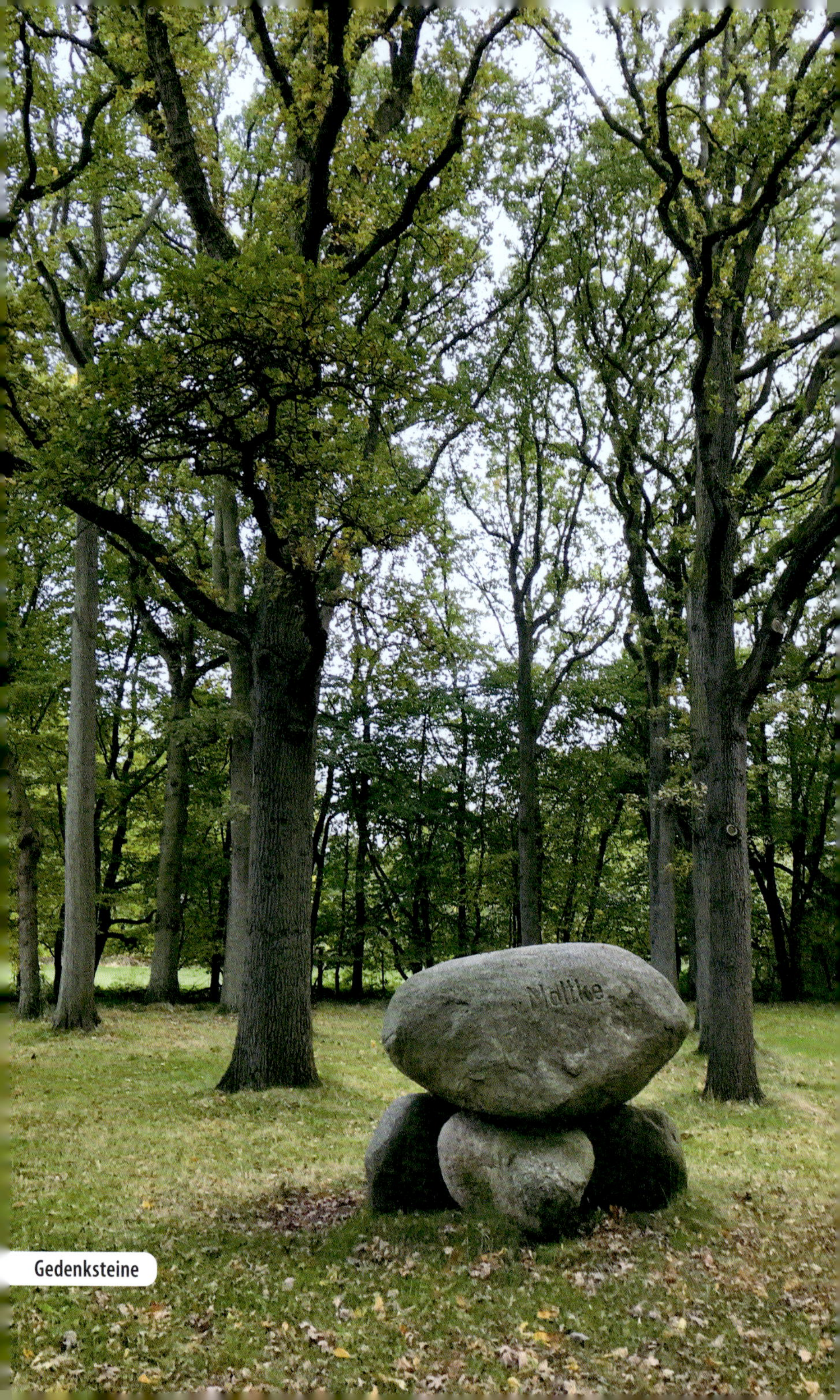

Gedenksteine

Nach unserer kleinen Rast nehmen wir den linksseitigen Weg abwärts, sodass wir um den Teich spazieren und dann dieses Kleinod verlassen. Wir erreichen die **Postbrookstraße** und biegen schräg gegenüber in den **Nordholzweg** ein. Nach gut 100 Metern auf dem Rad- und Fußweg wenden wir uns nach links und erreichen den **8 Park Reinkenheide.** An der ersten Kreuzung wenden wir uns nach rechts und schlendern durch den weitläufigen Park mit der großzügigen Teichanlage. Hier ist in der Regel wenig los und wir können die Ruhe voll und ganz genießen. Kurz vor dem Bürgerhain teilt sich der Weg, wir halten uns rechts. Entlang des Hains kommen wir zur Kreuzung Johann-Wichels-Weg/Taxusstraße/Nordholzweg.

*Auf der Wiese mit den alten Eichen stand von 1911 bis 1966 der **Bismarckturm.** Er war baufällig und wurde abgetragen. Der Sockel des Aussichtsturmes war aus Findlingen gebaut. Heute erinnern nur noch die Gedenksteine für Moltke und von Roon an die alte Zeit.*

Wir folgen dem **Johann-Wichels-Weg** 1 Kilometer in westliche Richtung. Dabei überqueren wir die A27. Hinter der Brücke biegen wir links auf einen Rad- und Fußweg ein. An der nächsten rechtsseitigen Abzweigung gelangen wir wieder in den Bürgerpark. Vorbei an der Hundewiese kommen wir zu einer Kreuzung und umrunden nach links gehend einen Teich. Wir spazieren unter dem Laubdach der mächtigen Bäume

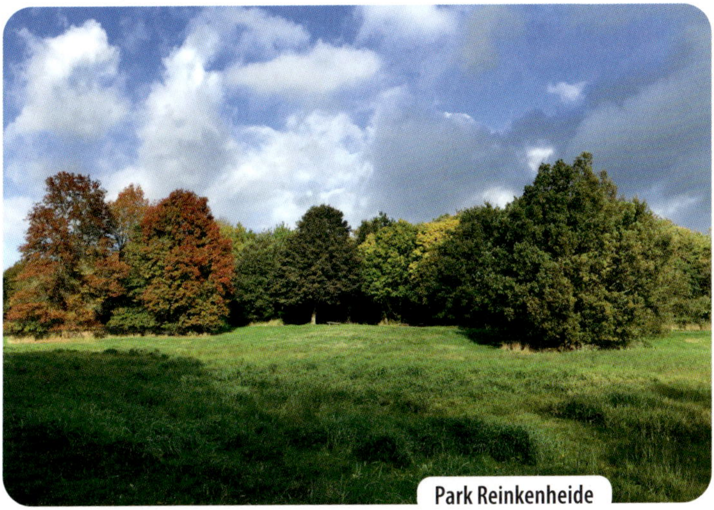

Park Reinkenheide

hindurch und an Teichen entlang, bis wir den **Kammerweg** erreichen. Dort überqueren wir die Straße und wandern auf dem gegenüberliegenden Parkweg weiter, parallel zu einem Graben, und erreichen bald darauf wieder den großen Brunnen am Eingang zum Bürgerpark. Zurück zum Hauptbahnhof gelangen wir auf dem uns schon vertrauten Weg.

Wer noch Lust auf eine Einkehr hat, wendet sich nach rechts und am Hauptweg nach links. So erreicht man nach wenigen Hundert Metern das Lokal 9 **Bootshaus im Bürgerpark,** wo es sich nicht nur herrlich entspannen, sondern auch gut einkehren lässt.

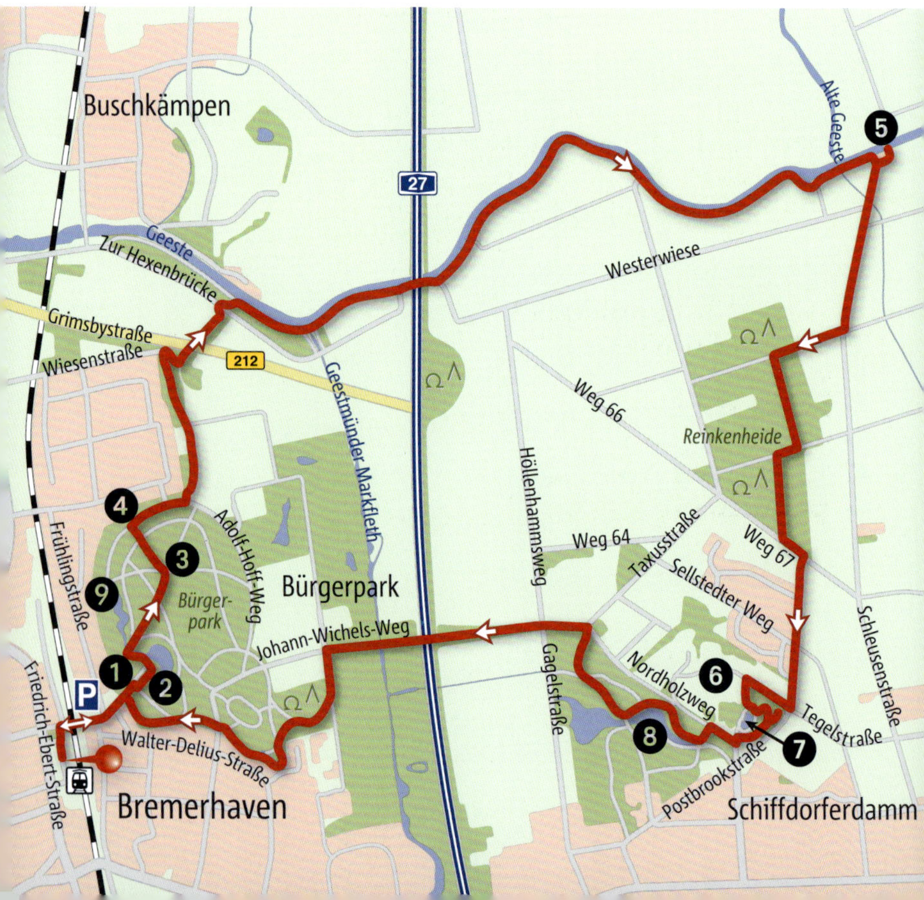

ALLES AUF EINEN BLICK

Entspannung ●●●●○
Abenteuer ●●○○○
Vielfalt ●●●○○

WIE & WANN

Befestigte Wege in der Stadt, Parkwege und naturnahe Wege. Ganzjährig begehbar, beste Wanderzeit von April bis November.

HIN & WEG

Auto: Park&Ride Parkplatz Bismarckstraße/Frühlingstraße, 27570 Bremerhaven (GPS: 53.536481, 8.600436). Wer mit dem Pkw anreist, startet direkt beim Brunnen am Eingang zum Bürgerpark.
ÖPNV: RE 8, RE 9, NWB RS2, EVB RB33, Hauptbahnhof Bremerhaven

ESSEN & ENTSPANNEN

6 **Stadtbäckerei Engelbrecht,** Postbrookstraße 103, 27574 Bremerhaven, Tel. (04 71) 30 94 28 81, www.stadtbaeckerei-engelbrecht.org
9 **Bootshaus im Bürgerpark,** Adolf-Hoff-Weg 24, 27574 Bremerhaven, Tel. (04 71) 1 42 93 35, www.bootshaus-buergerpark.com

ENTDECKEN & ERLEBEN

1 **Brunnen am Eingang zum Bürgerpark**
2 **Skulptur von Hein Mück**
3 **Drachenberg**
4 **Taschentuchbaum**
5 **Schiffdorfer Stauschleuse**
7 **Parkanlage Klinikum Bremerhaven**
8 **Park Reinkenheide**

Die GPS-Daten zu jeder Tour gibt es auf
www.droste-verlag.de

Konzeption/Satz: Droste Verlag, Düsseldorf
Einbandgestaltung: Britta Rungwerth, Düsseldorf, unter Verwendung von Bildern von © Fotolia.com: Andrey Kuzmin, undrey, dabost, niroworld; © www.stock.adobe.com: Guenter Albers
Fotos: Birgit Ewe
Das Foto auf S. 95 wurde mit freundlicher Genehmigung des Kuriosen Muschel-Museums aufgenommen.
Textlektorat: Birgit Knape, Mainz
Karten: Thorsten David, Bochum
Druck und Bindung: LUC GmbH, Greven

ISBN 978-3-7700-2536-7
www.droste-verlag.de

FSC www.fsc.org
MIX
Papier | Fördert gute Waldnutzung
FSC® C011279